2025年度版

鳥取県の
教職教養

過　去　問

協同教育研究会 編

協同出版

本書には，鳥取県の教員採用試験の過去問題を
収録しています。各問題ごとに，以下のように5段
階表記で，難易度，頻出度を示しています。

難 易 度

非常に難しい　☆☆☆☆☆
やや難しい　　☆☆☆☆
普通の難易度　☆☆☆
やや易しい　　☆☆
非常に易しい　☆

頻 出 度

◎　　　ほとんど出題されない
◎◎　　あまり出題されない
◎◎◎　普通の頻出度
◎◎◎◎　よく出題される
◎◎◎◎◎　非常によく出題される

はじめに〜「過去問」シリーズ利用に際して〜

　教育を取り巻く環境は変化しつつあり，日本の公教育そのものも，教員免許更新制の廃止やGIGAスクール構想の実現などの改革が進められています。また，現行の学習指導要領では「主体的・対話的で深い学び」を実現するため，指導方法や指導体制の工夫改善により，「個に応じた指導」の充実を図るとともに，コンピュータや情報通信ネットワーク等の情報手段を活用するために必要な環境を整えることが示されています。

　一方で，いじめや体罰，不登校，暴力行為など，教育現場の問題もあいかわらず取り沙汰されており，教員に求められるスキルは，今後さらに高いものになっていくことが予想されます。

　本書の基本構成としては，出題傾向と対策，過去5年間の出題傾向分析表，過去問題，解答および解説を掲載しています。各自治体や教科によって掲載年数をはじめ，「チェックテスト」や「問題演習」を掲載するなど，内容が異なります。

　また原則的には一般受験を対象としております。特別選考等については対応していない場合があります。なお，実際に配布された問題の順番や構成を，編集の都合上，変更している場合があります。あらかじめご了承ください。

　最後に，この「過去問」シリーズは，「参考書」シリーズとの併用を前提に編集されております。参考書で要点整理を行い，過去問で実力試しを行う，セットでの活用をおすすめいたします。

　みなさまが，この書籍を徹底的に活用し，教員採用試験の合格を勝ち取って，教壇に立っていただければ，それはわたくしたちにとって最上の喜びです。

協同教育研究会

C O N T E N T S

第1部

鳥取県の
教職教養
出題傾向分析

鳥取県の教職教養　傾向と対策

　近年，鳥取県の教職教養の問題は各専門教科の試験の一部として出題されており，2024年度も同様であった。問題数は2〜3問で，受験する学校種に関する問題も出題されている。以下，傾向と対策を見ていくことにする。なお，一般教養については「一般常識を問う筆記試験」がマークシート方式で出題されている。

1　本年度の教職教養の出題内容

　2024年度の問題について，小学校は，学習指導要領総則より「学校運営上の留意事項」，「理科」および「外国語活動」の目標，学校教育法(第81条)，中央教育審議会答申「『令和の日本型学校教育』の構築を目指して」の総論から「1. 急激に変化する時代の中で育むべき資質・能力」の項が出題された。中学校及び高等学校では，共通で地方公務員法(第30条，第32〜第36条)，中央教育審議会答申「『令和の日本型学校教育』の構築を目指して」の総論から「3. 2020年代を通じて実現すべき『令和の日本型学校教育』の姿」の項が出題された他，校種別の学習指導要領から志望する教科の「目標」，「内容」，「指導計画の作成と内容の取扱い」等の出題が見られた。2023年度からは養護教諭，特別支援学校に関しても独自の教職教養問題が出題されている。養護教諭では，小学校と同問の学校教育法(第81条)と中央教育審議会答申「『令和の日本型学校教育』の構築を目指して」の総論から「1. 急激に変化する時代の中で育むべき資質・能力」の項，その他，小学校学習指導要領「体育」の「内容」，中学校学習指導要領「保健体育」の「内容」，高等学校学習指導要領「保健」の「目標」から出題された。さらに，学校保健安全法(第7〜第10条，第29条)，学校保健安全法施行規則(第1条，第2条，第7条，第10条，第21条，第22条)，児童虐待の防止等に関する法律(第5条)が出題された。特別支援学校では，特別支援学校学習指導要領の「総則」より「小学部及び中学部における教育の基本と教育課程の役割」の項，中学部の「各教科」より社会科と外国語科の目標及び内容，さらに「特別活動」が出

題された。また，小学校・養護教諭と同問の，学校教育法(第81条)と中央教育審議会答申「『令和の日本型学校教育』の構築を目指して」の総論から「1. 急激に変化する時代の中で育むべき資質・能力」の項が出題された。特別支援学校学習指導要領解説各教科編からも「知的障害者である児童生徒に対する教育を行う特別支援学校の各教科」の「基本的な考え方」，生活科の「目標」，「肢体不自由者」，「病弱者」，「聴覚障害」についての出題があった。また同解説自立活動編からは「視覚障害」が出題され，「『令和の日本型学校教育』の構築を目指して」の各論から「4. 新時代の特別支援教育の在り方について」が，法規では，障害を理由とする差別の解消の推進に関する法律(第7条)，学校教育法施行令(第22条の3)が出題された。そして，令和4年に改訂された「生徒指導提要」より，多様な背景を持つ児童生徒への生徒指導が出題された。

2 出題傾向と対策

まず，「過去5年間の出題傾向分析」を見ると，どの学校種も出題傾向に大きな変化はないことがわかる。まずは，自身が受験する学校種・教科について，学習指導要領を十分に学習することが求められる。学習指導要領に関する問題は全教科共通の問題と教科ごとに異なる問題があるため一通り学習すること。問題は空欄補充形式が多いことから，キーワードを意識しながら学習すること。鳥取県の過去問だけでなく，他の自治体の過去問や問題集を解くことも有効だろう。

教育法規については教育基本法や学校教育法，教育公務員特例法などいわゆるオーソドックスな法令・条文からの出題が多いことから，教科書・参考書等で基礎・基本と位置づけられているものから，確実に習得していきたい。また，2024年度は，養護教諭で学校保健安全法および同法施行規則も多く出題されている。重要な条文については暗記が必要であることから，机上の学習だけでなく，移動時間など，すき間時間の活用も検討してほしい。

生徒指導については，2024年度は特別支援学校，2023年度は中学校で出題があった。過去には，小学校や高等学校においても出題実績があることから，生徒指導への対策も必要だろう。「生徒指導提要」は生徒指導

5

の基本書である。本資料は令和4年に改訂されたが、余裕があれば、旧版(平成22年版)と比較しながら学習すると理解も深まるだろう。

　教育史や教育心理、学習理論などは過去5年出題実績がないことから、学習しないでもよいと考えがちだが、小論文や模擬授業、面接試験などで問われることも考えられる。少なくとも教科書や参考書などで一通り学習すること。特に、鳥取県の教育の現状や課題、教育方針などは、受験する以上必ず学習してほしい。県や教育委員会のホームページ等から最新の情報を入手しておくことを心がけておくこと。

　教職教養問題の試験時間は、問題数などから考えると5〜10分程度だろう。確実に得点しておきたいところだが、場合によっては問題を後回しにする必要が出てくることも考えられる。いずれにしても、専門教養の問題と合わせて優先順位を考えながら、問題を解くことが求められる。対策としては模試の活用や試験時間内に過去問を解くといったことで慣れておくこと、改善点はないか検討しておくことも有効だろう。十分な準備を行い、自信と余裕を持って本試験に臨みたい。

教職教養　過去5年間の出題傾向分析

※2020 ～ 2022 年度は小学校○，中学校▲，高等学校■，2023・2024 年度は小学校○，中学校▲，高等学校■，養護教諭●，特別支援☆で出題された分野を示しています。

①教育一般

大分類	小分類	主な出題事項	2020年度	2021年度	2022年度	2023年度	2024年度
	教育の機能・意義	教化・訓育・陶冶，野生児など					

②教育課程と学習指導要領

大分類	小分類	主な出題事項	2020年度	2021年度	2022年度	2023年度	2024年度
教育課程	教育課程一般	教育課程の原理，カリキュラムの種類（コア・カリキュラムなど）					
	基準と編成	小学校・中学校・高校，学校教育法施行規則52条など			○	○▲■☆	○▲■●☆
	学習指導要領	総則（教育課程編成の一般方針，総合的な学習の時間の取扱い，指導計画等の作成に当たって配慮すべき事項など）	○			○	○☆
		学習指導要領の変遷，各年版の特徴，新旧の比較					
道徳教育	学習指導要領	一般方針（総則）				■	
		目標（「道徳教育の目標は〜」，「道徳の時間においては〜」）				○	
		内容，指導計画の作成と内容の取扱い				☆	
	道徳の時間	指導・評価・評定，指導法，心のノート					
	その他	道徳教育の意義・歴史など					
総合的な学習の時間	学習指導要領	目標					
		内容					
		指導計画の作成と内容の取扱い					
		目標，各学校において定める目標及び内容					
外国語活動	学習指導要領	指導計画の作成と内容の取扱い	○				

大分類	小分類	主な出題事項	2020年度	2021年度	2022年度	2023年度	2024年度
特別活動	学習指導要領	目標（「望ましい集団活動を通して～」）	○				
		内容（学級（ホームルーム）活動，児童（生徒）会活動，クラブ活動，学校行事）					
		指導計画の作成と内容の取扱い					☆

③教育原理

大分類	小分類	主な出題事項	2020年度	2021年度	2022年度	2023年度	2024年度
教授・学習	理論	完全習得学習，発見学習，プログラム学習，問題解決学習，有意味受容学習など					
	学習指導の形態（学習集団）	一斉学習・小集団（グループ）学習，個別学習					
	学習指導の形態（支援組織）	オープン・スクール，ティーム・ティーチング，モジュール方式					
	学習指導の形態（その他）	習熟度別学習，コース選択学習					
	学習指導の方法	バズ学習，講義法，全習法，水道方式など					
	教育機器	CAI，CMI					
生徒指導	基本理念	原理・意義・課題（「生徒指導の手引き」，「生徒指導資料」「生徒指導提要」など）			○		☆
	領域	学業指導，進路指導・キャリア教育，保健指導，安全指導（「学校安全緊急アピール」など）	○▲■				
	方法	集団指導・個別指導					
	教育相談	意義・方法・形式など					
	具体的な指導事例	いじめ（時事問題含む）					
		不登校，高校中退（時事問題含む）				▲	
		暴力行為，学級崩壊など（時事問題含む）					
	その他	生徒指導の関連事項					

大分類	小分類	主な出題事項	2020年度	2021年度	2022年度	2023年度	2024年度
人権・同和教育	歴史	法制史, 解放運動史, 事件					
	答申	「同和対策審議会答申」					
	地対協意見具申	「地域改善対策協議会意見具申」					
	関連法規	「人権擁護施策推進法」,「人権教育及び人権啓発の推進に関する法律」					
	その他	「人権教育のための国連10年行動計画」,各都道府県の人権・同和教育方針など					
特別支援教育	目的	学校教育法72条					
	対象と障害の程度	学校教育法施行令22条の3					☆
特別支援教育	定義・指導法	LD, ADHD, 高機能自閉症, PTSD, CP					
	教育機関	特別支援学校（学校教育法72・76条）, 寄宿舎（学校教育法79条）, 特別支援学級（学校教育法81条）					○●☆
	教育課程	学習指導要領, 教育課程（学校教育法施行規則126～128条）, 特別の教育課程（学校教育法施行規則138・141条）, 教科書使用の特例（学校教育法施行規則139条）					☆
	指導の形態	交流教育, 通級指導, 統合教育（インテグレーション）, インクルーシブ教育システム					
	関連法規	発達障害者支援法, 障害者基本法					
	その他	「特別支援教育の推進について」（通知）,「障害者権利条約」,「障害者基本計画」, 歴史など		○			
社会教育	定義	教育基本法1・7条, 社会教育法2条					
	施設	公民館, 図書館, 博物館, 大学・学校施設の開放					
	その他	関連法規（社会教育法, 図書館法, 博物館法, スポーツ振興法）, 社会教育主事					
生涯学習	展開	ラングラン, リカレント教育, 各種答申（社会教育審議会, 中央教育審議会, 臨時教育審議会, 生涯学習審議会）など					
	その他	生涯学習振興法, 放送大学					

大分類	小分類	主な出題事項	2020年度	2021年度	2022年度	2023年度	2024年度
教育時事	現代の教育	情報教育（「情報化の進展に対応した教育環境の実現に向けて」,「情報教育の実践と学校の情報化」,学習指導要領（総則）など）					
		その他 （環境教育，国際理解教育，ボランティア）					
	中央教育審議会答申	「チームとしての学校の在り方と今後の改善方策について」					
		「共生社会の形成に向けたインクルーシブ教育システム構築のための特別支援教育の推進」					
		「教育課程企画特別部会における論点整理について」					
		「学校安全の推進に関する計画の策定について」					
		「今後の学校におけるキャリア教育・職業教育の在り方について」					
		中央教育審議会初等中等教育分科会の「児童生徒の学習評価の在り方について（報告）」					
		「教育振興基本計画について　―「教育立国」の実現に向けて―」					
		「新しい時代を切り拓く生涯教育の振興方策について～知の循環型社会の構築を目指して～」					
		「幼稚園，小学校，中学校，高等学校及び特別支援学校の学習指導要領等の改善について」					
		「子どもの心身の健康を守り，安全・安心を確保するために学校全体としての取組を進めるための方策について」					
		「教育基本法の改正を受けて緊急に必要とされる教育制度の改正について」					
		「今後の教員養成・免許制度の在り方について」					
		「新しい時代の義務教育を創造する」					
		「特別支援教育を推進するための制度の在り方について」					
		「初等中等教育における当面の教育課程及び指導の充実・改善方策について」					
	教育課程審議会答申	「児童生徒の学習と教育課程の実施状況の評価の在り方について」					
	教育再生会議	第一次報告・第二次報告・いじめ問題への緊急提言					
	その他	「小学校，中学校，高等学校及び特別支援学校等における児童生徒の学習評価及び指導要録の改善等について」（通知）					
		「学校における携帯電話の取扱い等について」（通知）					
		「小学校・中学校・高等学校キャリア教育推進の手引～児童生徒一人一人の勤労観，職業観を育てるために～」					

大分類	小分類	主な出題事項	2020年度	2021年度	2022年度	2023年度	2024年度
教育時事	その他	義務教育諸学校における学校評価ガイドライン					
		「問題行動を起こす児童生徒に対する指導について」（通知）					
		教育改革のための重点行動計画					
		「キャリア教育の推進に関する総合的調査研究協力者会議報告書～児童生徒一人一人の勤労観，職業観を育てるために～」					
		「児童生徒の問題行動対策重点プログラム」					
		「今後の不登校への対応の在り方について」					
		「今後の特別支援教育の在り方について」					
		「教育振興基本計画」					
		「人権教育・啓発に関する基本計画」「人権教育の指導方法等の在り方について」					
		教育統計，白書，教育界の動向					
		各都道府県の教育方針・施策					
		全国学力・学習状況調査，生徒の学習到達度調査（PISA），国際数学・理科動向調査（TIMSS）					
		上記以外			○▲■		○▲■●☆

④教育法規

大分類	小分類	主な出題事項	2020年度	2021年度	2022年度	2023年度	2024年度
教育の基本理念に関する法規	日本国憲法	教育を受ける権利（26条）					
		その他（前文，11～15・19・20・23・25・27・89条）					
	教育基本法	前文，1～17条	○▲■	▲■	▲■	○▲■☆	
教育委員会に関する法規		組織（地方教育行政法3条）					
		教育委員と教育委員長（地方教育行政法4・5・12条）					
		教育長と事務局（地方教育行政法16条・17条①②・18条①・19条①②）					
		教育委員会の職務権限（地方教育行政法14条①・23条）					

大分類	小分類	主な出題事項	2020年度	2021年度	2022年度	2023年度	2024年度
教育委員会に関する法規		就学関係（学校法施行令1条①②・2条，学校教育法18条）					
		学校，教職員等の管理（地方教育行政法32条・33条①・34条・37条①・43条・46条，地方公務員法40条①）					
		研修（地方教育行政法45条・47条の4①，教育公務員特例法23条）					
教職員に関する法規	教職員の定義と資格	定義（教育公務員特例法2条①②③⑤，教育職員免許法2条①，義務教育標準法2条③），資格（学校教育法9条，学校法施行規則20～23条，教育職員免許法3条）					
	教職員の身分と義務	公務員の性格（地方公務員法30条，教育基本法9条②，憲法15条②）					▲■
		義務（地方公務員法31～38条，国家公務員法102条，教育公務員特例法17・18条，地方教育行政法43条②，教育基本法8条②）		▲■			▲■
	教職員の身分と義務	分限と懲戒（地方公務員法27～29条）					
		勤務時間・条件（労働基準法）等					
	教員の任用	条件附採用・臨時的任用（地方公務員法22条，教育公務員特例法12条）					
		欠格事由・欠格条項（学校教育法9条，地方公務員法16条）					
	教職員の任用	不適格教員（地方教育行政法47条の2）					
	教員の研修	研修（教育公務員特例法21条・22条・24条・25条・25条の2・25条の3，地方公務員法39条）		▲■	○		
		初任者研修（教育公務員特例法23条，地方教育行政法45条①）		▲■			
	教職員の職務と配置	校務分掌（学校法施行規則43条）					
		教職員，主任等の職務（学校教育法37・49・60・82条，学校法施行規則44～47条）					
		職員会議（学校法施行規則48条）					
		教職員の配置（学校教育法7・37条など）					
	校長の職務と権限	身分（教育公務員特例法2条），採用と資格（学校教育法8・9条，学校法施行規則20条・教育公務員特例法11条）					
		教職員の管理（学校教育法37条④）					
	教員免許状	教員免許状の種類，授与，効力（教育職員免許法）					

大分類	小分類	主な出題事項	2020年度	2021年度	2022年度	2023年度	2024年度
学校教育に関する法規	学校の設置	学校の範囲（学校教育法1条）					
		学校の名称と設置者（学校教育法2条，教育基本法6条①）					
		設置基準（学校教育法3条），設置義務（学校教育法38条）					
	学校の目的・目標	小学校（体験活動の目標を含む），中学校，中等教育学校，高等学校				■	
	学校評価及び情報提供	評価（学校教育法42条，学校法施行規則66〜68条），情報提供（学校教育法43条）		▲■			
学校の管理・運営に関する法規	設備と管理	学校の管理・経費の負担（学校教育法5条），学校の設備（学校法施行規則1条）					
		学校図書館（学校図書館法）					
学校の管理・運営に関する法規	学級編制	小学校・中学校の学級編制，学級数・児童生徒数（義務教育標準法3・4条，学校法施行規則41条，設置基準）					
	学年・学期・休業日等	学年（学校法施行規則59条）					
		学期（学校法施行令29条）					
		休業日（学校法施行令29条，学校法施行規則61条）臨時休業日（学校法施行規則63条）					
		授業終始の時刻（学校法施行規則60条）					
	保健・安全・給食	学校保健（学校教育法12条，学校保健安全法1・3・4・5条）					
		環境衛生（学校保健安全法6条），安全（学校保健安全法26〜29条）					●
		健康診断（学校保健安全法11・12・13・14・15・16条）					
		感染症による出席停止（学校保健安全法19条）感染症による臨時休業（学校保健安全法20条）					
		その他（健康増進法，学校給食・保健・安全の関連事項）					●
	教科書・教材	教科書の定義（教科書発行法2条，教科用図書検定規則2条），使用義務（学校教育法34条①②）		▲■			
		義務教育の無償教科書（教科書無償措置法），教科書使用の特例（学校法施行規則58条・73条の12），副教材等の届出（地方教育行政法33条）					
		著作権法（33・35条）					
	その他	学校評議員（学校法施行規則49条），学校運営協議会（地方教育行政法47条の5）		○	▲■		

大分類	小分類	主な出題事項	2020年度	2021年度	2022年度	2023年度	2024年度
児童・生徒に関する法規	就学	就学義務（学校教育法17・36条）					
		就学手続（学校法施行令2条・5条①・9条・11条・14条，学校保健法施行令1条・4条②）					
		就学猶予（学校教育法18条，学校法施行規則34条）					
		就学援助（学校教育法19条）					
	入学・卒業	学齢簿の編製・作成（学校法施行令1・2条，学校法施行規則29・30条）					
		入学期日の通知と学校の指定（学校法施行令5条）					
		課程の修了・卒業の認定（学校教育法32・47・56条，学校法施行規則57・79・104条），卒業証書の授与（学校法施行規則58・79・104条）					
児童・生徒に関する法規	懲戒・出席停止	懲戒と体罰（学校教育法11条）					
		懲戒の種類（学校法施行規則26条）					
		性行不良による出席停止（学校教育法35条）					
	法定表簿	表簿の種類と保存期間（学校法施行規則28条①②など）					
		指導要録（学校法施行規則24条）					
		出席簿の作成（学校法施行規則25条）		○			
	児童・生徒の保護	児童福祉法，児童虐待防止法，いじめ防止対策推進法		○			●
	その他	少年法					
		児童の権利に関する条約（子どもの権利条約），世界人権宣言					
その他		食育基本法，個人情報保護法，読書活動推進法など				○●☆	☆

⑤教育心理

大分類	小分類	主な出題事項	2020年度	2021年度	2022年度	2023年度	2024年度
教育心理学の展開		教育心理学の歴史					
カウンセリング・心理療法	カウンセリング	非指示的カウンセリング（ロジャーズ）					
		指示的カウンセリング（ウィリアムソン）					
		その他（カウンセリング・マインドなど）					
	心理療法	精神分析療法					
		行動療法					
		遊戯療法，箱庭療法					
		その他（心理劇，自律訓練法など）					
発達理論	発達の原理	発達の連続性，発達における一定の方向と順序，発達の個人差，分化と統合					
	遺伝と環境	孤立要因説（生得説，経験説），加算的寄与説，相互作用説（輻輳説）					
発達理論	発達理論	フロイトの精神分析的発達理論（リビドー理論）					
		エリクソンの心理社会的発達理論（自我同一性）					
		ピアジェの発生的認識論					
		その他（ミラーやバンデューラの社会的学習説，ヴィゴツキーの認知発達説，ハーヴィガーストの発達課題，コールバーグの発達段階説）					
	発達期の特徴	乳児期，幼児期，児童期，青年期					
	その他	その他（インプリンティング（ローレンツ），アタッチメント，ホスピタリズムなど）					
適応機制	適応機制の具体的な種類	抑圧，逃避，退行，置き換え，転換，昇華，同一視，投射，合理化，知性視など					
人格の理論とその把握	人格理論	類型論（クレッチマー，シェルドン，ユング，シュプランガー）					
		特性論（キャッテル，ギルフォード，アイゼンク）					
		力動論（レヴィン，フロイト）					
	人格検査法	質問紙法（YG式性格検査，MMPI）					
		投影法（ロールシャッハ・テスト，TAT，SCT，PFスタディ）					

出題傾向分析

大分類	小分類	主な出題事項	2020年度	2021年度	2022年度	2023年度	2024年度
人格の理論とその把握	人格検査法	作業検査法（内田クレペリン検査，ダウニー意志気質検査）					
		描画法（バウムテスト，HTP）					
		その他（評定尺度法など）					
	欲求	マズローの欲求階層構造					
		アンビバレンス，コンフリクト，フラストレーション					
	その他	かん黙，チックなど					
知能検査	知能の因子構造	スピアマン，ソーンダイク，サーストン，トムソン，ギルフォード					
	知能検査の種類	目的別（①一般知能検査，②診断的知能検査(ウェクスラー式)）					
		実施方法別（①個別式知能検査，②集団的知能検査）					
		問題の種類別（①言語式知能検査，②非言語的知能検査，③混合式知能検査）					
	検査結果の整理・表示	精神年齢，知能指数					
知能検査	その他	知能検査の歴史（ビネーなど）					
教育評価	教育評価の種類	相対，絶対，個人内，到達度，ポートフォリオ					
		ブルームの分類（診断的，形成的，総括的）					
	評価の方法	各種のテスト，質問紙法，面接法，事例研究法					
	学力とその評価	学業不振児，学業優秀児，学習障害児					
		成就指数，教育指数					
	教育評価のキーワード	ハロー効果					
		ピグマリオン効果					
		その他（スリーパー効果，ホーソン効果，中心化傾向）					
集団機能	学級集団の形成	学級集団の特徴，機能，形成過程					
	リーダーシップ	リーダーシップの型と集団の生産性					
	集団の測定	ソシオメトリック・テスト（モレノ）					
		ゲス・フー・テスト（ハーツホーン，メイ，マラー）					

16

大分類	小分類	主な出題事項	2020年度	2021年度	2022年度	2023年度	2024年度
学習	学習理論 連合説　S-R	パブロフ（条件反応と古典的条件づけ）					
		ソーンダイク（試行錯誤説と道具的条件づけ，効果の法則）					
		スキナー（オペラント条件づけとプログラム学習）					
		その他（ワトソン，ガスリー）					
	学習理論 認知説　S-S	ケーラー（洞察説）					
		トールマン（サイン・ゲシュタルト説）					
	記憶と忘却（学習過程）	学習曲線（プラトー）					
		レミニッセンス，忘却曲線（エビングハウス）					
		レディネス					
		動機づけ，学習意欲，達成意欲					
学習	記憶と忘却（学習過程）	学習の転移（正の転移，負の転移）					
	その他	関連事項（リハーサルなど）					
その他		教育心理学に関する事項（ブーメラン効果など）					

⑥西洋教育史

大分類	小分類	主な出題事項	2020年度	2021年度	2022年度	2023年度	2024年度
古代～中世	古代	プロタゴラス，ソクラテス，プラトン，アリストテレス					
	中世	人文主義，宗教改革，コメニウス					
近代～現代	自然主義	ルソー					
		ペスタロッチ					
		ロック					
	系統主義	ヘルバルト，ツィラー，ライン					
	革命期の教育思想家	オーエン，コンドルセ，ベル・ランカスター（モニトリアル・システム）					

大分類	小分類	主な出題事項	2020年度	2021年度	2022年度	2023年度	2024年度
近代〜現代	児童中心主義	フレーベル					
		エレン・ケイ					
		モンテッソーリ					
	改革教育学（ドイツの新教育運動）	ケルシェンシュタイナー，ナトルプ，シュプランガー，ペーターゼン（イエナプラン）					
	進歩主義教育（アメリカの新教育運動）	デューイ，キルパトリック（プロジェクト・メソッド），ウォッシュバーン（ウィネトカ・プラン），パーカースト（ドルトン・プラン）					
	各国の教育制度改革（第二次世界大戦後）	アメリカ，イギリス，フランス，ドイツ					
	現代の重要人物	ブルーナー，ラングラン，イリイチ					
	その他	カント，スペンサー，デュルケムなど					

⑦日本教育史

大分類	小分類	主な出題事項	2020年度	2021年度	2022年度	2023年度	2024年度
古代	奈良	大学寮，国学，芸亭					
	平安	空海（綜芸種智院），最澄（山家学生式），別曹（弘文院，奨学院，勧学院）					
中世	鎌倉	金沢文庫（北条実時）					
	室町	足利学校（上杉憲実）					
近世	学問所，藩校	昌平坂学問所，藩校（日新館，明倫館など）					
	私塾	心学舎，咸宜園，古義堂，適塾，藤樹書院，松下村塾					
	その他の教育機関	寺子屋，郷学					
	思想家	安藤昌益，大原幽学，貝原益軒，二宮尊徳					
近代	明治	教育法制史（学制，教育令，学校令，教育勅語，小学校令の改正）					
		人物（伊澤修二，高嶺秀夫，福沢諭吉）					
	大正	教育法制史（臨時教育会議，大学令・高等学校令）					
		大正新教育運動，八大教育主張					
		人物（芦田恵之助，鈴木三重吉）					

大分類	小分類	主な出題事項	2020年度	2021年度	2022年度	2023年度	2024年度
現代	昭和（戦前）	教育法制史（国民学校令，青年学校令）					
		生活綴方運動					
	昭和（戦後）	第二次世界大戦後の教育改革など					

第 2 部

鳥取県の
教員採用試験
実施問題

2024年度　実施問題

※2024年度の試験について，教職教養の試験は，2023年度と同様，専門
　教養の試験の中で，教職教養の問題が一部出題されました。なお一般
　教養の試験は非公開となっています。今回はそれぞれの校種で教職教
　養として出題された問題の一部を抜粋して掲載しました。なお，中学
　校，高校については各教科・科目の学習指導要領の問題は省略してい
　ます。

【小学校・養護教諭・特別支援共通】

【1】次の文章は，「『令和の日本型学校教育』の構築を目指して」(令和3
　年1月　中央教育審議会答申)の「第Ⅰ部　総論　1.急激に変化する時
　代の中で育むべき資質・能力」の一部である。(　①　)～(　③　)にあ
　てはまる語句の組み合わせとして正しいものを，以下の1～5の中から
　一つ選びなさい。

> 　人工知能(AI)，ビッグデータ，Internet of Things(IoT)，ロボティ
> クス等の先端技術が高度化してあらゆる産業や社会生活に取
> り入れられた(　①　)時代が到来しつつあり，社会の在り方その
> ものがこれまでとは「非連続」と言えるほど劇的に変わる状況
> が生じつつある。
> ～中略～
> 　このように急激に変化する時代の中で，我が国の学校教育に
> は，一人一人の児童生徒が，自分のよさや可能性を認識すると
> ともに，あらゆる他者を(　②　)として尊重し，多様な人々と協
> 働しながら様々な社会的変化を乗り越え，豊かな人生を切り拓
> き，(　③　)社会の創り手となることができるよう，その資質・
> 能力を育成することが求められている。

1　①　Society 5.0　　　　　②　一人の人間　　　　③　主体的な

2	①	Society 5.0	②	価値のある存在	③	持続可能な
3	①	Society 5.0	②	価値のある存在	③	主体的な
4	①	第五次産業革命	②	価値のある存在	③	持続可能な
5	①	第五次産業革命	②	一人の人間	③	主体的な

(☆☆☆◎◎◎)

【小学校・養護教諭共通】

【 1 】 次の文章は，学校教育法第81条の条文である。(①)～(③)にあてはまる語句の組み合わせとして正しいものを，以下の1～5の中から一つ選びなさい。

> 第81条 幼稚園，小学校，中学校，義務教育学校，高等学校及び中等教育学校においては，次項各号のいずれかに該当する幼児，児童及び生徒その他教育上特別の支援を必要とする幼児，児童及び生徒に対し，文部科学大臣の定めるところにより，障害による学習上又は生活上の困難を克服するための教育を行うものとする。
> ② 小学校，中学校，義務教育学校，高等学校及び中等教育学校には，次の各号のいずれかに該当する児童及び生徒のために，特別支援学級を置くことができる。
> 一 (①)
> 二 (②)
> 三 身体虚弱者
> 四 弱視者
> 五 難聴者
> 六 その他障害のある者で，特別支援学級において教育を行うことが適当なもの
> ③ 前項に規定する学校においては，疾病により療養中の児童及び生徒に対して，特別支援学級を設け，又は(③)，教育を行うことができる。

1	①	知的障害者	②	学習障害者	③	病院内で
2	①	知的障害者	②	学習障害者	③	教員を派遣して
3	①	知的障害者	②	肢体不自由者	③	教員を派遣して
4	①	発達障害者	②	肢体不自由者	③	教員を派遣して
5	①	発達障害者	②	学習障害者	③	病院内で

(☆☆☆◎◎◎)

【小学校】

【1】次の文章は，小学校学習指導要領(平成29年3月告示)の「第1章　総則　第5　学校運営上の留意事項」の一部である。(　①　)～(　③　)にあてはまる語句の組み合わせとして正しいものを，以下の1～5の中から一つ選びなさい。

> ア　各学校においては，校長の方針の下に，校務分掌に基づき教職員が適切に役割を分担しつつ，相互に連携しながら，各学校の特色を生かしたカリキュラム・マネジメントを行うよう努めるものとする。また，各学校が行う(　①　)については，教育課程の編成，実施，改善が教育活動や学校運営の中核となることを踏まえ，カリキュラム・マネジメントと関連付けながら実施するよう留意するものとする。
>
> イ　教育課程の編成及び実施に当たっては，学校保健計画，(　②　)，食に関する指導の全体計画，(　③　)等のための対策に関する基本的な方針など，各分野における学校の全体計画等と関連付けながら，効果的な指導が行われるように留意するものとする。

1	①	学校評価	②	学校安全計画	③	いじめの防止
2	①	教育評価	②	学校防災計画	③	感染症予防
3	①	教育評価	②	学校安全計画	③	いじめの防止
4	①	学校評価	②	学校防災計画	③	いじめの防止
5	①	教育評価	②	学校安全計画	③	感染症予防

(☆☆☆◎◎◎)

【2】次の文章は，小学校学習指導要領(平成29年3月告示)の「第2章　各教科　第4節　理科　第1　目標」である。(①)〜(③)にあてはまる語句の組み合わせとして正しいものを，以下の1〜5の中から一つ選びなさい。

> 　自然に親しみ，理科の見方・考え方を働かせ，(①)観察，実験を行うことなどを通して，自然の事物・現象についての問題を(②)に解決するために必要な資質・能力を次のとおり育成することを目指す。
> (1)　自然の事物・現象についての理解を図り，観察，実験などに関する基本的な(③)を身に付けるようにする。
> (2)　観察，実験などを行い，問題解決の力を養う。
> (3)　自然を愛する心情や主体的に問題解決しようとする態度を養う。

1　①　予測しながら　　②　実証的　　③　操作
2　①　予測しながら　　②　科学的　　③　技能
3　①　見通しをもって　②　実証的　　③　操作
4　①　見通しをもって　②　科学的　　③　技能
5　①　見通しをもって　②　実証的　　③　技能

(☆☆◎◎◎◎◎)

【3】次の文章は，小学校学習指導要領(平成29年3月告示)の「第4章　外国語活動　第1　目標」である。(①)〜(③)にあてはまる語句の組み合わせとして正しいものを，以下の1〜5の中から一つ選びなさい。

> 　外国語によるコミュニケーションにおける見方・考え方を働かせ，外国語による聞くこと，話すことの(①)を通して，コミュニケーションを図る素地となる資質・能力を次のとおり育成することを目指す。

(1)　外国語を通して，言語や文化について(　②　)に理解を深め，日本語と外国語との音声の違い等に気付くとともに，外国語の音声や基本的な表現に慣れ親しむようにする。

(2)　身近で簡単な事柄について，外国語で聞いたり話したりして自分の考えや気持ちなどを伝え合う力の素地を養う。

(3)　外国語を通して，言語やその(　③　)に対する理解を深め，相手に配慮しながら，主体的に外国語を用いてコミュニケーションを図ろうとする態度を養う。

1　①　経験　　　　②　実践的　　　③　背景にある文化
2　①　経験　　　　②　体験的　　　③　背景にある国民性
3　①　言語活動　　②　実践的　　　③　背景にある国民性
4　①　言語活動　　②　実践的　　　③　背景にある文化
5　①　言語活動　　②　体験的　　　③　背景にある文化

(☆☆☆◎◎◎◎◎)

【中高共通】

【1】次の各問いに答えなさい。

(1)　次の文は，地方公務員法に規定される服務に関する条文である。①～⑥の中で，誤っているものをすべて選び，記号で答えなさい。

①　すべて職員は，全体の奉仕者として児童・生徒の利益のために勤務し，且つ，職務の遂行に当つては，全力を挙げてこれに専念しなければならない。

②　職員は，その職務を遂行するに当つて，法令，条例，地方公共団体の規則及び地方公共団体の機関の定める規程に従い，且つ，校長の職務上の命令に忠実に従わなければならない。

③　職員は，その職の信用を傷つけ，又は職員の職全体の不名誉となるような行為をしてはならない。

④ 職員は，職務上知り得た秘密を漏らしてはならない。その職を退いた後は，その限りではない。

⑤ 職員は，法律又は条例に特別の定がある場合を除く外，その勤務時間及び職務上の注意力のすべてをその職責遂行のために用い，当該地方公共団体がなすべき責を有する職務にのみ従事しなければならない。

⑥ 職員は，政党その他の政治的団体の結成に関与し，若しくはこれらの団体の役員となつてはならず，又はこれらの団体の構成員となるように，若しくはならないように勧誘運動をしてはならない。

(2) 次の文章は，令和3年1月に中央教育審議会で取りまとめられた「『令和の日本型学校教育』の構築を目指して～全ての子供たちの可能性を引き出す，個別最適な学びと，協働的な学びの実現～(答申)」における「第Ⅰ部　総論」の「3. 2020年代を通じて実現すべき『令和の日本型学校教育』の姿」に記載された内容の一部である。(①)～(③)にあてはまる最も適切な語句を答えなさい。

第Ⅰ部　総論

3. 2020年代を通じて実現すべき「令和の日本型学校教育」の姿

(1) 子供の学び

○ 新型コロナウイルス感染症の感染拡大による臨時休業の長期化により，多様な子供一人一人が自立した学習者として学び続けていけるようになっているか，という点が改めて焦点化されたところであり，これからの学校教育においては，子供が(①)も活用しながら自ら学習を調整しながら学んでいくことができるよう，「個に応じた指導」を充実することが必要である。この「個に応じた指導」の在り方を，より具体的に示すと以下のとおりである。

○　全ての子供に基礎的・基本的な知識・技能を確実に習得させ，思考力・判断力・表現力等や，自ら学習を調整しながら粘り強く学習に取り組む態度等を育成するためには，教師が支援の必要な子供により重点的な指導を行うことなどで効果的な指導を実現することや，子供一人一人の特性や学習進度，学習到達度等に応じ，指導方法・教材や学習時間等の柔軟な提供・設定を行うことなどの「指導の（　②　）」が必要である。

○　基礎的・基本的な知識・技能等や，言語能力，情報活用能力，問題発見・解決能力等の学習の基盤となる資質・能力等を土台として，幼児期からの様々な場を通じての体験活動から得た子供の興味・関心・キャリア形成の方向性等に応じ，探究において課題の設定，情報の収集，整理・分析，まとめ・表現を行う等，教師が子供一人一人に応じた学習活動や学習課題に取り組む機会を提供することで，子供自身が学習が最適となるよう調整する「学習の（　③　）」も必要である。

○　以上の「指導の（　②　）」と「学習の（　③　）」を教師視点から整理した概念が「個に応じた指導」であり，この「個に応じた指導」を学習者視点から整理した概念が「個別最適な学び」である。

(☆☆☆◎◎◎◎)

【特別支援】

【１】次の問1～問3の各問いに答えなさい。

問1　次の文章は，「特別支援学校小学部・中学部学習指導要領」(平成29年4月告示)に示されている「第1章　総則　第2節　小学部及び中学部における教育の基本と教育課程の役割」の一部である。（　①　）～（　④　）にあてはまる最も適切な語句の組み合わせを，

以下の1～5の中から一つ選びなさい。

> ～略～
>
> 　学校における自立活動の指導は，障害による学習上又は生活上の困難を改善・(　①　)し，(　②　)社会参加する資質を養うため，自立活動の時間はもとより，学校の教育活動全体を通じて適切に行うものとする。特に，自立活動の時間における指導は，各教科，道徳科，外国語活動，総合的な学習の時間及び特別活動と密接な(　③　)を保ち，個々の児童又は生徒の障害の状態や特性及び心身の発達の段階等を的確に把握して，適切な(　④　)の下に行うよう配慮すること。
>
> ～略～

1　①　払拭　　②　積極的に　　③　連続性　　④　教育課程
2　①　克服　　②　積極的に　　③　関連　　　④　教育課程
3　①　払拭　　②　自立し　　　③　連続性　　④　教育課程
4　①　克服　　②　積極的に　　③　連続性　　④　指導計画
5　①　克服　　②　自立し　　　③　関連　　　④　指導計画

問2　次の文章は，「特別支援学校小学部・中学部学習指導要領」(平成29年4月告示)に示されている「第2章　各教科　第2節　中学部　第2款　知的障害者である生徒に対する教育を行う特別支援学校　第1　各教科の目標及び内容」の一部である。(　①　)～(　④　)にあてはまる最も適切な語句の組み合わせを，以下の1～5の中から一つ選びなさい。なお，同じ番号の空欄には同じ語句が入る。

> ～略～
>
> 〔社　会〕
>
> 1　目標
>
> 　社会的な見方・考え方を働かせ，社会的事象について関心をもち，具体的に考えたり関連付けたりする活動を通して，自立し生活を豊かにするとともに，(　①　)で民主的な国家及び社会の形成者に必要な公民としての資質・能力の

基礎を次のとおり育成することを目指す。

(1)　地域や我が国の国土の地理的環境，現代社会の仕組みや役割，地域や我が国の歴史や伝統と文化及び外国の様子について，具体的な活動や体験を通して理解するとともに，経験したことと関連付けて，調べまとめる技能を身に付けるようにする。

(2)　社会的事象について，自分の生活と結び付けて具体的に考え，社会との関わりの中で，選択・判断したことを適切に表現する力を養う。

(3)　社会に主体的に関わろうとする態度を養い，地域社会の一員として人々と共に生きていくことの大切さについての(②)を養う。

～中略～

〔外国語〕

1　目標

　　外国語によるコミュニケーションにおける見方・考え方を働かせ，外国語の音声や基本的な表現に触れる活動を通して，コミュニケーションを図る(③)となる資質・能力を次のとおり育成することを目指す。

(1)　外国語を用いた体験的な活動を通して，身近な生活で見聞きする外国語に興味や関心をもち，外国語の音声や基本的な表現に(④)ようにする。

(2)　身近で簡単な事柄について，外国語で聞いたり話したりして自分の考えや気持ちなどを伝え合う力の(③)を養う。

(3)　外国語を通して，外国語やその背景にある文化の多様性を知り，相手に配慮しながらコミュニケーションを図ろうとする態度を養う。

1　① 平等　　② 感性　　③ 意欲　　④ 触れる

2 ① 平和　　② 自覚　　③ 素地　　④ 慣れ親しむ

3 ① 平等　　② 自覚　　③ 意欲　　④ 慣れ親しむ

4 ① 平和　　② 感性　　③ 素地　　④ 慣れ親しむ

5 ① 平等　　② 自覚　　③ 意欲　　④ 触れる

問3　次の文章は，「特別支援学校小学部・中学部学習指導要領」(平成
　　29年4月告示)に示されている「第6章　特別活動」である。(　①　)
　　～(　③　)にあてはまる最も適切な語句の組み合わせを，以下の1～
　　5の中から一つ選びなさい。なお，同じ番号の空欄には同じ語句が
　　入る。

　　　小学部又は中学部の特別活動の目標，各活動・学校行事の
　目標及び内容並びに指導計画の作成と内容の取扱いについて
　は，それぞれ小学校学習指導要領第6章又は中学校学習指導要
　領第5章に示すものに準ずるほか，次に示すところによるもの
　とする。
　　1　学級活動においては，適宜他の学級や学年と合同で行う
　　　などして，少人数からくる種々の制約を解消し，活発な
　　　(　①　)が行われるようにする必要があること。
　　2　児童又は生徒の経験を広めて積極的な態度を養い，社会
　　　性や豊かな(　②　)を育むために，(　①　)を通して小学
　　　校の児童又は中学校の生徒などと交流及び共同学習を行
　　　ったり，地域の人々などと活動を共にしたりする機会を
　　　積極的に設ける必要があること。その際，児童又は生徒
　　　の障害の状態や特性等を考慮して，活動の種類や時期，
　　　実施方法等を適切に定めること。
　　3　知的障害者である児童又は生徒に対する教育を行う特別
　　　支援学校において，内容の指導に当たっては，個々の児
　　　童又は生徒の知的障害の状態，生活年齢，学習状況及び
　　　経験等に応じて，適切に指導の(　③　)を定め，具体的に
　　　指導する必要があること。

1	①	集団活動	②	人間性	③	重点
2	①	体験活動	②	人間性	③	重点
3	①	集団活動	②	道徳性	③	基準
4	①	体験活動	②	人間性	③	基準
5	①	体験活動	②	道徳性	③	重点

(☆☆☆◎◎◎)

【2】次の文章は，学校教育法第81条の条文である。（　①　）～（　③　）にあてはまる最も適切な語句の組み合わせを，以下の1～5の中から一つ選びなさい。

> 第81条　～略～
> ②　小学校，中学校，義務教育学校，高等学校及び中等教育学校には，次の各号のいずれかに該当する児童及び生徒のために，特別支援学級を置くことができる。
> 一　（　①　）
> 二　（　②　）
> 三　身体虚弱者
> 四　弱視者
> 五　難聴者
> 六　その他障害のある者で，特別支援学級において教育を行うことが適当なもの
> ③　前項に規定する学校においては，疾病により療養中の児童及び生徒に対して，特別支援学級を設け，又は(　③　)，教育を行うことができる。

1	①	知的障害者	②	学習障害者	③	病院内で
2	①	知的障害者	②	学習障害者	③	教員を派遣して
3	①	知的障害者	②	肢体不自由者	③	教員を派遣して
4	①	発達障害者	②	肢体不自由者	③	教員を派遣して
5	①	発達障害者	②	学習障害者	③	病院内で

(☆☆☆◎◎◎)

解答・解説

【小学校・養護教諭・特別支援共通】

【1】2

〈解説〉「『令和の日本型学校教育』の構築を目指して(答申)」は，中央教育審議会が令和3(2021)年1月26日に答申したもので，ICTの活用と少人数によるきめ細かな指導体制の整備により，「個に応じた指導」を学習者視点から整理した概念である「個別最適な学び」と，これまでも「日本型学校教育」において重視されてきた，「協働的な学び」とを一体的に充実することを目指している。引用部分にあるIoTは，あらゆるモノをインターネット(あるいはネットワーク)に接続する技術。ロボティクスは，ロボットの設計・製作・制御に関する研究を行う学問。Society 5.0は，サイバー空間(仮想空間)とフィジカル空間(現実空間)を高度に融合させたシステムにより，経済発展と社会的課題の解決を両立する人間中心の社会のことで，平成28(2016)年に閣議決定された第5期科学技術基本計画(計画年度：平成28〜令和2年度)において日本が目指すべき未来社会の姿として提唱されたものである。

【小学校・養護教諭共通】

【1】3

〈解説〉①・②　学校教育法第81条は，小学校，中学校，義務教育学校，高等学校及び中等教育学校に特別支援学級を設置できる根拠となる法令である。特別支援学校への就学の対象者は，視覚障害者，聴覚障害者，知的障害者，肢体不自由者又は病弱者(同法第72条)で，特別支援学級への就学対象者は同法第81条によって，前述の対象者の中から特定されている。発達障害者や学習障害者は，その中に含まれていない。③　同条第3項は，訪問教育の根拠となるものである。

【小学校】

【1】1

〈解説〉①　提示されたアの事項は，校長の方針の下に，カリキュラム・マネジメントを全教職員の適切な役割分担と連携に基づいて行うとともに，学校評価と関連付けて行うことを示したものである。学校評価をカリキュラム・マネジメントと関連付けて実施する観点として，文部科学省作成の「学校評価ガイドライン」にある12分野の例示を参照しながらも，項目を網羅的にではなく精選して設定することが期待されている。　②・③　イの事項は，各分野における学校の全体計画等との関連付けを示したものである。法令等の定めにより学校が策定すべき全体計画としては，各教科等の全体計画のほかに，食に関する指導の全体計画，学校保健計画，学校安全計画，特別支援教育に係る個別の指導計画及び個別の教育支援計画，学校いじめ防止基本計画などがあることを押さえておきたい。

【2】4

〈解説〉①　理科において「見通しをもつ」とは，児童が自然に親しむことによって見いだした問題に対して，予想や仮説をもち，それらを基にして観察，実験などの解決の方法を発想することである。総則における「主体的・対話的で深い学びの実現に向けた授業改善」の事項においても，「児童が学習の見通しを立てる」などの活動を，計画的に取り入れるように工夫することが示されている。理科のほかに算数が，「見通しをもつ」ことを教科の目標に掲げている。　②　問題を科学的に解決することによって，一つの問題を解決するだけに留まらず，獲得した知識を適用して，「理科の見方・考え方」を働かせ，新たな問題を見いだし，その問題の解決に向かおうとするという営みが行われる。理科においては問題を解決していく際，「科学的に解決する」ことが重要となるのである。　③　目標(1)は，知識及び技能に関する資質・能力を示したものであり，前半部分が「知識」，後半部分が「技能」に関する目標を表している。

【3】5

〈解説〉① 外国語活動の目標を実現するためには,「外国語による聞く
こと,話すことの言語活動」の指導が必要となる。 ② 日本語や我
が国の文化を含めた言語や文化に対する理解を図るにあたっては,体
験を通して理解を深めることが重要となる。 ③ 言語の背景にある
のは,「文化」である。中学年の外国語活動においては,日本語も含
めた言語の普遍性について体験的に気づくことが学習のねらいとな
る。

【中高共通】

【1】(1) ①,②,④ (2) ① ICT ② 個別化 ③ 個性化

〈解説〉(1) 公立学校の教員には地方公務員法が適用され,同法第6節で
その服務について定められている。①は同法第30条で「すべて職員は,
全体の奉仕者として公共の利益のために勤務し,且つ,職務の遂行に
当つては,全力を挙げてこれに専念しなければならない」,②は同法
第32条で「職員は,その職務を遂行するに当つて,法令,条例,地方
公共団体の規則及び地方公共団体の機関の定める規程に従い,且つ,
上司の職務上の命令に忠実に従わなければならない」,④は同法第34
条第1項で「職員は,職務上知り得た秘密を漏らしてはならない。そ
の職を退いた後も,また,同様とする」とされている。 (2) 「『令和
の日本型学校教育』の構築を目指して〜全ての子供たちの可能性を引
き出す,個別最適な学びと,協働的な学びの実現〜(答申)」は,中央
教育審議会が2021年1月26日答申したもので,「各学校においては,教
科等の特質に応じ,地域・学校や児童生徒の実情を踏まえながら,授
業の中で『個別最適な学び』の成果を『協働的な学び』に生かし,更
にその成果を『個別最適な学び』に還元するなど,『個別最適な学び』
と『協働的な学び』を一体的に充実し,『主体的・対話的で深い学び』
の実現に向けた授業改善につなげていくことが必要である」としてい
る。この答申を踏まえて2022年12月に出された中央教育審議会答申
「『令和の日本型学校教育』を担う教師の養成・採用・研修等の在り方

について～『新たな教師の学びの姿』の実現と，多様な専門性を有する質の高い教職員集団の形成～(答申)」も学習しておきたい。

【特別支援】

【1】問1　5　　問2　2　　問3　1

〈解説〉問1　①・②　特別支援学校小学部・中学部学習指導要領(平成29年告示)総則「第1節　教育目標」に，「小学部及び中学部を通じ，児童及び生徒の障害による学習上又は生活上の困難を改善・克服し自立を図るために必要な知識，技能，態度及び習慣を養うこと」が示されている。　③　自立活動の指導は，自立活動の時間における指導はもとより，学校の教育活動全体を通じて行うものであることから，自立活動の時間における指導と各教科等における指導とが密接な関連を保つことが必要である。　④　個々の児童生徒の実態に即して作成された個別の指導計画の下に，適切な授業実践が行われることが必要である。問2　①　「グローバル化する国際社会に主体的に生きる平和で民主的な国家及び社会の形成者に必要な公民としての資質・能力の基礎を次のとおり育成することを目指す」とは，小学校及び中学校における社会科の指導を通して，その実現を目指す究極的なねらいである。特別支援学校中学部においては，「平和で」以降が共通の目標として示されている。　②　目標の(3)は学びに向かう力，人間性等に関するものであり，「どのように社会や世界と関わり，よりよい人生を送るか」に関わる資質・能力である。特別支援学校中学部においては，「社会に主体的に関わろうとする態度」と「地域社会の一員として人々と共に生きていくことの大切さについての自覚」が示されている。③　「素地」という表現は，中学部段階の生徒の実態を踏まえ，高等部の段階における外国語科の学習で育む資質・能力の素地を育むことを意図したものである。　④　目標(2)では，外国語の音声や基本的な表現を聞いたり話したりする体験的な活動を通して慣れ親しみ，生徒が日本語と外国語の音声などの違いに気付くことができるようにすることを目指すことが示されている。　問3　①　特別活動における集団

活動は，他者との話合い活動や，体験したことや調べたことをまとめ
たり発表し合ったりする活動などが多様に展開されることから，言語
力の育成や活用の場として重要な役割を果たしている。　②　項目2
は，「交流及び共同学習」や「活動を共に」する際の配慮事項が示さ
れている。この内容は，総則「第6節　学校運営上の留意事項」にも
示されているものである。　③　児童生徒一人一人の知的障害の状態，
生活年齢，学習状況及び経験等に応じた指導の重点を明確にし，具体
的なねらいや指導内容を設定することが重要である。

【2】3
〈解説〉①・②　学校教育法第81条は，小学校，中学校，義務教育学校，
高等学校及び中等教育学校に特別支援学級を設置できる根拠となる法
令である。特別支援学校への就学の対象者は，視覚障害者，聴覚障害
者，知的障害者，肢体不自由者又は病弱者(学校教育法第72条)で，特
別支援学級への就学対象者は学校教育法第81条によって，前述の対象
者の中から特定されている。発達障害者や学習障害者は，その中に含
まれていない。　③　同条第3項は，訪問教育の根拠となるものであ
る。

2023年度 ｜ 実施問題

※2023年度の試験について，教職教養の試験は，2022年度と同様，専門
　教養の試験の中で，教職教養の問題が一部出題されました。なお一般
　教養の試験は非公開となっています。今回はそれぞれの校種で教職教
　養として出題された問題の一部を抜粋して掲載しました。なお，中学
　校，高校については各教科・科目の学習指導要領の問題は省略してい
　ます。

【小学校・養護教諭・特別支援共通】

【１】次の文章は，教育公務員特例法第1条及び第2条の条文の一部であ
　る。(①)～(④)にあてはまる語句の組み合わせとして正しいも
　のを，以下の1～5の中から一つ選びなさい。

> 第1条　この法律は，教育を通じて(①)に奉仕する教育公務員
> 　の職務とその責任の(②)に基づき，教育公務員の任免，人
> 　事評価，給与，分限，懲戒，服務及び研修等について規定する。
> 第2条　この法律において「教育公務員」とは，地方公務員のう
> 　ち，学校(学校教育法(昭和22年法律第26号)第1条に規定する学
> 　校及び就学前の子どもに関する教育，保育等の総合的な提供の
> 　推進に関する法律(平成18年法律第77号)第2条第7項に規定する
> 　幼保連携型認定こども園(以下「幼保連携型認定こども園」とい
> 　う。)をいう。以下同じ。)であつて(③)が設置するもの(以下
> 　「公立学校」という。)の学長，校長(園長を含む。以下同じ。)，
> 　教員及び部局長並びに教育委員会の(④)をいう。

1　① 国家社会　　② 重要性　　③ 地方公共団体
　　④ 構成員
2　① 国家社会　　② 特殊性　　③ 学校法人
　　④ 専門的教育職員

3 ① 国民全体 ② 重要性 ③ 地方公共団体
④ 構成員
4 ① 国民全体 ② 重要性 ③ 学校法人
④ 専門的教育職員
5 ① 国民全体 ② 特殊性 ③ 地方公共団体
④ 専門的教育職員

(☆☆☆◎◎◎)

【小学校】

【1】次の文章は，小学校学習指導要領(平成29年3月告示)の「第1章　総則　第3　教育課程の実施と学習評価」の一部である。(　①　)～(　④　)にあてはまる語句の組み合わせとして正しいものを，以下の1～5の中から一つ選びなさい。

> 1　主体的・対話的で深い学びの実現に向けた授業改善
>   各教科等の指導に当たっては，次の事項に配慮するものとする。
> (1)　第1の3の(1)から(3)までに示すことが偏りなく実現されるよう，単元や題材など内容や時間のまとまりを見通しながら，児童の主体的・対話的で深い学びの実現に向けた授業改善を行うこと。
>   特に，各教科等において身に付けた知識及び(　①　)を活用したり，思考力，判断力，(　②　)等や(　③　)，人間性等を発揮させたりして，学習の対象となる物事を捉え思考することにより，各教科等の特質に応じた物事を捉える視点や考え方(以下「見方・考え方」という。)が鍛えられていくことに留意し，児童が各教科等の特質に応じた見方・考え方を働かせながら，知識を相互に関連付けてより深く理解したり，情報を(　④　)考えを形成したり，問題を見いだして解決策を考えたり，思いや考えを基に創造したりすることに向かう

> 　　　過程を重視した学習の充実を図ること。

1　①　技能　　②　表現力　　③　学びに向かう力
　　④　精査して
2　①　技能　　②　表現力　　③　生きる力
　　④　収集して
3　①　技能　　②　実行力　　③　学びに向かう力
　　④　収集して
4　①　技術　　②　表現力　　③　生きる力
　　④　精査して
5　①　技術　　②　実行力　　③　学びに向かう力
　　④　収集して

(☆☆☆◎◎◎)

【2】小学校学習指導要領(平成29年3月告示)の「第2章　各教科　第3節　算数」では，取り扱う内容がA～Dの4つの領域に整理され，示されている。A～Dの領域にあてはまらないものを，次の1～5の中から一つ選びなさい。

1　数と計算　　　2　表と計算
3　図形　　　　　4　測定(第4学年からは「変化と関係」)
5　データの活用

(☆☆☆◎◎◎)

【3】次の文章は，小学校学習指導要領(平成29年3月告示)の「第3章　特別の教科　道徳　第1　目標」である。(　①　)～(　④　)にあてはまる語句の組み合わせとして正しいものを，以下の1～5の中から一つ選びなさい。

40

> 　第1章総則の第1の2の(2)に示す道徳教育の目標に基づき，より
> よく生きるための基盤となる(　①　)を養うため，道徳的諸価値
> についての理解を基に，自己を見つめ，物事を多面的・(　②　)
> に考え，自己の生き方についての考えを深める(　③　)を通して，
> 道徳的な判断力，(　④　)，実践意欲と態度を育てる。

1　①　倫理観　　②　発展的　　③　学習　　④　正義感
2　①　倫理観　　②　多角的　　③　活動　　④　心情
3　①　道徳性　　②　発展的　　③　学習　　④　正義感
4　①　道徳性　　②　多角的　　③　学習　　④　心情
5　①　道徳性　　②　発展的　　③　活動　　④　正義感

(☆☆☆○○○)

【4】次の文章は，教育基本法第9条の条文である。(　①　)～(　④　)に
　　あてはまる語句の組み合わせとして正しいものを，以下の1～5の中か
　　ら一つ選びなさい。

> 第9条　法律に定める学校の教員は，自己の崇高な使命を深く
> 　　(　①　)し，絶えず研究と(　②　)に励み，その職責の遂行に努
> 　　めなければならない。
> 2　前項の教員については，その使命と職責の重要性にかんがみ，
> 　　その身分は(　③　)され，(　④　)の適正が期せられるととも
> 　　に，養成と研修の充実が図られなければならない。

1　①　自覚　　②　修養　　③　保障　　④　待遇
2　①　自覚　　②　研鑽　　③　保障　　④　勤務
3　①　自覚　　②　修養　　③　尊重　　④　待遇
4　①　理解　　②　修養　　③　保障　　④　勤務
5　①　理解　　②　研鑽　　③　尊重　　④　待遇

(☆☆☆○○○)

【中学校】

【1】次の各問いに答えなさい。

(1) 次の文は，教育基本法第2条の条文である。条文中の(　①　)～
(　④　)にあてはまる語句の組み合わせとして最も適切なものを，
以下の(ア)～(カ)から一つ選び，記号で答えなさい。

> 第2条　教育は，その目的を実現するため，(　①　)を尊重しつ
> つ，次に掲げる目標を達成するよう行われるものとする。
> 1　幅広い知識と教養を身に付け，真理を求める態度を養い，
> 豊かな情操と(　②　)を培うとともに，健やかな身体を養
> うこと。
> 2　個人の価値を尊重して，その能力を伸ばし，(　③　)を培
> い，自主及び自律の精神を養うとともに，職業及び生活と
> の関連を重視し，勤労を重んずる態度を養うこと。
> 3　正義と責任，男女の平等，自他の敬愛と協力を重んずる
> とともに，公共の精神に基づき，主体的に社会の形成に参
> 画し，その発展に寄与する態度を養うこと。
> 4　生命を尊び，自然を大切にし，環境の保全に寄与する態
> 度を養うこと。
> 5　伝統と文化を尊重し，それらをはぐくんできた我が国と
> 郷土を愛するとともに，他国を尊重し，(　④　)の平和と
> 発展に寄与する態度を養うこと。

	①	②	③	④
(ア)	学問の自由	道徳心	創造性	自国
(イ)	表現の自由	道徳心	社会性	自国
(ウ)	学問の自由	道徳心	創造性	国際社会
(エ)	表現の自由	奉仕の心	社会性	国際社会
(オ)	学問の自由	奉仕の心	社会性	自国
(カ)	表現の自由	奉仕の心	創造性	国際社会

(2) 次の文章は，令和元年10月25日付けの文部科学省初等中等教育局
長通知である「不登校児童生徒への支援の在り方について」の一部
である。(　①　)・(　②　)にあてはまる最も適切な語句を答えな

さい。なお，同じ番号の(　　)には，同じ語句が入るものとする。

1　不登校児童生徒への支援に対する基本的な考え方

(1)　支援の視点

　　不登校児童生徒への支援は，「学校に登校する」という結果のみを目標にするのではなく，児童生徒が自らの進路を主体的に捉えて，(　①　)的に自立することを目指す必要があること。また，児童生徒によっては，不登校の時期が休養や自分を見つめ直す等の(　②　)的な意味を持つことがある一方で，学業の遅れや進路選択上の不利益や(　①　)的自立へのリスクが存在することに留意すること。

(☆☆☆◎◎◎)

【高校】

【1】次の各問いに答えなさい。

(1)　次の文は，学校教育法において「第6章　高等学校」にある条文の一部である。(出題の都合上，途中，省略した部分がある。)各条文中の(　①　)～(　④　)にあてはまる語句の組み合わせとして，最も適切なものを以下の(ア)～(ク)から一つ選び，記号で答えなさい。なお，同じ番号の(　　)には，同じ語句が入るものとする。

第50条　高等学校は，中学校における教育の基礎の上に，心身の発達及び(　①　)に応じて，高度な普通教育及び専門教育を施すことを目的とする。

第51条　高等学校における教育は，前条に規定する目的を実現するため，次に掲げる目標を達成するよう行われるものとする。

一　義務教育として行われる普通教育の成果を更に発展拡充させて，豊かな人間性，(　②　)及び健やかな身体を養い，国家及び社会の形成者として必要な資質を養うこと。

　二　社会において果たさなければならない使命の自覚に基づき，個性に応じて将来の(　①　)を決定させ，一般的な教養を高め，専門的な知識，技術及び技能を習得させること。

　三　個性の確立に努めるとともに，社会について，広く深い理解と健全な(　③　)を養い，社会の発展に寄与する態度を養うこと。

第52条　高等学校の学科及び教育課程に関する事項は，(　中略　)，(　④　)が定める。

	①	②	③	④
(ア)	学力	自立性	批判力	文部科学大臣
(イ)	進路	創造性	批判力	教育長
(ウ)	学力	創造性	貢献力	文部科学大臣
(エ)	進路	自立性	貢献力	地方公共団体の長
(オ)	学力	自立性	貢献力	教育長
(カ)	進路	自立性	貢献力	文部科学大臣
(キ)	学力	創造性	批判力	地方公共団体の長
(ク)	進路	創造性	批判力	文部科学大臣

(2)　次の文章は，「高等学校学習指導要領(平成30年3月告示)」において「第1章　総則」に記載された，道徳教育に関する内容の一部である。(出題の都合上，途中，省略した部分がある。)(　①　)〜(　③　)にあてはまる，最も適切な語句を答えなさい。なお，同じ番号の(　)には，同じ語句が入るものとする。

第1款　高等学校教育の基本と教育課程の役割

　道徳教育や体験活動，多様な表現や鑑賞の活動等を通して，豊かな心や創造性の涵養を目指した教育の充実に努めること。

　学校における道徳教育は，(　①　)に関する教育を学校の教育活動全体を通じて行うことによりその充実を図るものとし，各教科に属する科目(以下「各教科・科目」という。)，総合的な探究の時間及び特別活動(以下「各教科・科目等」という。)のそれぞれの特質に応じて，適切な指導を行うこと。

　道徳教育は，教育基本法及び学校教育法に定められた教育の根本精神に基づき，生徒が自己探求と自己実現に努め国家・社会の一員としての自覚に基づき行為しうる発達の段階にあることを考慮し，（　①　）を考え，主体的な判断の下に行動し，自立した人間として他者と共によりよく生きるための基盤となる道徳性を養うことを目標とすること。

第7款　道徳教育に関する配慮事項
　道徳教育を進めるに当たっては，道徳教育の特質を踏まえ，第6款までに示す事項に加え，次の事項に配慮するものとする。
1　各学校においては，（　中略　）道徳教育の目標を踏まえ，道徳教育の全体計画を作成し，校長の方針の下に，道徳教育の推進を主に担当する教師(「（　②　）」という。)を中心に，全教師が協力して道徳教育を展開すること。なお，道徳教育の全体計画の作成に当たっては，生徒や学校の実態に応じ，指導の方針や重点を明らかにして，各教科・科目等との関係を明らかにすること。その際，公民科の「公共」及び「倫理」並びに（　③　）が，（　①　）に関する中核的な指導の場面であることに配慮すること。

(☆☆☆◎◎◎)

【養護教諭】

【1】次の文章は，教育基本法第9条の条文である。（　①　）～（　④　）にあてはまる語句の組み合わせとして正しいものを，以下の1～5の中から一つ選びなさい。

　第9条　法律に定める学校の教員は，自己の崇高な使命を深く（　①　）し，絶えず研究と（　②　）に励み，その職責の遂行に努めなければならない。

> 2　前項の教員については，その使命と職責の重要性にかんがみ，その身分は(③)され，(④)の適正が期せられるとともに，養成と研修の充実が図られなければならない。

1　①　自覚　　②　研鑽　　③　尊重　　④　勤務
2　①　自覚　　②　修養　　③　保障　　④　待遇
3　①　自覚　　②　修養　　②　尊重　　④　待遇
4　①　理解　　②　修養　　③　保障　　④　勤務
5　①　理解　　②　研鑽　　③　尊重　　④　待遇

(☆☆☆◎◎◎)

【特別支援】

【1】次の問1〜問3の各問いに答えなさい。

問1　次の文章は，「特別支援学校小学部・中学部学習指導要領」(平成29年4月告示)「第1章　総則　第2節　小学部及び中学部における教育の基本と教育課程の役割」の一部である。(①)〜(④)にあてはまる最も適切な語句の組み合わせを，以下の1〜5の中から一つ選びなさい。なお，同じ番号の空欄には同じ語句が入る。

> 〜略〜
> (2)　道徳教育や体験活動，多様な表現や鑑賞の活動等を通して，(①)や創造性の涵養を目指した教育の充実に努めること。
> 　　学校における道徳教育は，特別の教科である道徳(以下「道徳科」という。)を要として学校の教育活動全体を通じて行うものであり，道徳科はもとより，各教科，外国語活動，総合的な学習の時間，特別活動及び自立活動のそれぞれの特質に応じて，児童又は生徒の発達の段階を考慮して，適切な指導を行うこと。
> 　　道徳教育は，教育基本法及び学校教育法に定められた教育の根本精神に基づき，小学部においては，自己の(②)を

考え，中学部においては，人間としての(②)を考え，主体的な判断の下に行動し，自立した人間として他者と共によりよく生きるための(③)となる道徳性を養うことを目標とすること。

　道徳教育を進めるに当たっては，人間尊重の精神と生命に対する畏敬の念を家庭，学校，その他社会における具体的な生活の中に生かし，(①)をもち，伝統と文化を尊重し，それらを育んできた我が国と郷土を愛し，個性豊かな文化の創造を図るとともに，平和で民主的な国家及び社会の形成者として，(④)を尊び，社会及び国家の発展に努め，他国を尊重し，国際社会の平和と発展や環境の保全に貢献し未来を拓く主体性のある日本人の育成に資することとなるよう特に留意すること。

〜略〜

1　①　豊かな心　　②　課題　　③　基盤
　　④　基本的人権
2　①　優しい心　　②　生き方　③　資質・能力
　　④　公共の精神
3　①　優しい心　　②　課題　　③　資質・能力
　　④　公共の精神
4　①　豊かな心　　②　課題　　③　資質・能力
　　④　基本的人権
5　①　豊かな心　　②　生き方　③　基盤
　　④　公共の精神

問2　次の文章は，「特別支援学校小学部・中学部学習指導要領」(平成29年4月告示)「第2章　各教科　第1節　小学部　第2款　知的障害者である児童に対する教育を行う特別支援学校　第1　各教科の目標及び内容」の一部である。(①)〜(④)にあてはまる最も適切な語句の組み合わせを，以下の1〜5の中から一つ選びなさい。

なお，同じ番号の空欄には同じ語句が入る。

> ～略～
> 〔国語〕
> 1　目標
> 　　言葉による見方・考え方を働かせ，言語活動を通して，国語で理解し表現する資質・能力を次のとおり育成することを目指す。
> 　(1)　日常生活に必要な国語について，その特質を理解し使うことができるようにする。
> 　(2)　日常生活における人との関わりの中で(　①　)力を身に付け，思考力や想像力を養う。
> 　(3)　言葉で(　①　)よさを感じるとともに，(　②　)を養い，国語を大切にしてその能力の向上を図る態度を養う。
> 　～略～
> 〔算数〕
> 1　目標
> 　　数学的な見方・考え方を働かせ，数学的活動を通して，数学的に考える資質・能力を次のとおり育成することを目指す。
> (1)　数量や図形などについての基礎的・基本的な概念や性質などに気付き理解するとともに，(　③　)を数量や図形に注目して処理する技能を身に付けるようにする。
> (2)　(　③　)の中から数量や図形を直感的に捉える力，基礎的・基本的な数量や図形の性質などに気付き感じ取る力，数学的な表現を用いて事象を簡潔・明瞭・的確に表したり柔軟に表したりする力を養う。
> (3)　数学的活動の(　④　)に気付き，関心や興味をもち，学習したことを結び付けてよりよく問題を解決しようとする態度，算数で学んだことを学習や生活に活用しようとする態度

を養う。

〜略〜

1 ① 伝え合う　　　　② 語彙力
　③ 初歩的な学習活動　④ 重要性

2 ① 言い表す　　　　② 言語感覚
　③ 初歩的な学習活動　④ 重要性

3 ① 言い表す　　　　② 言語感覚
　③ 初歩的な学習活動　④ 楽しさ

4 ① 伝え合う　　　　② 言語感覚
　③ 日常の事象　　　④ 楽しさ

5 ① 言い表す　　　　② 語彙力
　③ 日常の事象　　　④ 重要性

問3　次の文章は，「特別支援学校小学部・中学部学習指導要領」(平成29年4月告示)「第7章　自立活動　第3　個別の指導計画の作成と内容の取扱い」の一部である。(①)〜(④)にあてはまる最も適切な語句の組み合わせを，以下の1〜5の中から一つ選びなさい。

〜略〜

(3)　具体的な指導内容を設定する際には，以下の点を考慮すること。

ア　児童又は生徒が，興味をもって主体的に取り組み，(①)を味わうとともに自己を肯定的に捉えることができるような指導内容を取り上げること。

イ　児童又は生徒が，障害による学習上又は生活上の困難を改善・克服しようとする(②)を高めることができるような指導内容を重点的に取り上げること。

ウ　個々の児童又は生徒が，発達の遅れている側面を補うために，発達の進んでいる側面を更に伸ばすような指導内容を取り上げること。

　エ　個々の児童又は生徒が，活動しやすいように自ら(　③　)
　　を整えたり，必要に応じて周囲の人に支援を求めたりするこ
　　とができるような指導内容を計画的に取り上げること。
　オ　個々の児童又は生徒に対し，自己選択・自己決定する機会
　　を設けることによって，思考・判断・表現する力を高めるこ
　　とができるような指導内容を取り上げること。
　カ　個々の児童又は生徒が，自立活動における学習の意味を将
　　来の自立や(　④　)に必要な資質・能力との関係において理
　　解し，取り組めるような指導内容を取り上げること。
　〜略〜

1　①　成就感　　②　意欲　　　　　　③　環境
　　④　社会参加
2　①　成就感　　②　学びに向う力　③　学習課題
　　④　日常生活
3　①　成就感　　②　学びに向う力　③　学習課題
　　④　社会参加
4　①　達成感　　②　意欲　　　　　　③　環境
　　④　日常生活
5　①　達成感　　②　学びに向う力　③　環境
　　④　社会参加

(☆☆☆◎◎◎)

【2】次の文章は，教育基本法第9条の条文である。(　①　)〜(　④　)に
　あてはまる語句の組み合わせとして正しいものを，以下の1〜5の中か
　ら一つ選びなさい。

　第9条　法律に定める学校の教員は，自己の崇高な使命を深く
　　(　①　)し，絶えず研究と(　②　)に励み，その職責の遂行に努
　　めなければならない。

> 2　前項の教員については，その使命と職責の重要性にかんがみ，その身分は(　③　)され，(　④　)の適正が期せられるとともに，養成と研修の充実が図られなければならない。

1　①　自覚　　②　研鑽　　③　保障　　④　待遇

2　①　自覚　　②　研鑽　　③　保障　　④　勤務

3　①　自覚　　②　修養　　③　尊重　　④　待遇

4　①　理解　　②　修養　　③　保障　　④　勤務

5　①　理解　　②　研鑽　　③　尊重　　④　待遇

(☆☆☆◎◎◎)

解答・解説

【小学校・養護教諭・特別支援共通】

【1】5

〈解説〉教育公務員特例法は，教育公務員の職務とその責任の特殊性に基づき，その任免・分限・懲戒・服務などについて，国家公務員法及び地方公務員法に対する特例を規定する法律で，第1条はその趣旨について定めている。同法第2条第1項は，教育公務員の定義を定めている。③は，公立学校を設置するものである。④の専門的教育職員とは，教育委員会の指導主事及び社会教育主事を指す。

【小学校】

【1】1

〈解説〉①～③　「主体的・対話的で深い学びの実現に向けた授業改善」は，今回の学習指導要領改訂における，中心的テーマといえるものである。ここでは，育成を目指す資質・能力の三つの柱が偏りなく実現されるよう，児童の主体的・対話的で深い学びの実現に向けた授業改

善を行うことが示されている。その三つの柱は，「知識及び技能」，「思考力，判断力，表現力等」，「学びに向かう力，人間性等」である。④　中央教育審議会答申(平成28年12月)において，授業改善を行う上での視点として「習得・活用・探究という学びの過程の中で，」「情報を精査して考えを形成」するという視点が示されている。

【２】2

〈解説〉今回の学習指導要領改訂においては，内容の系統性や発展性の全体が見直され，中学校との接続を視野に入れて整理された。従前の「数量関係」は，新たに「変化と関係」(第4～6学年)と「データの活用」(第1～6学年)に移行された。新たな領域は，第1～3学年が「A数と計算」，「B図形」，「C測定」，「Dデータの活用」，第4～6学年が「A数と計算」，「B図形」，「C変化と関係」，「Dデータの活用」である。

【３】4

〈解説〉①　道徳教育の目標は道徳性を養うことである。道徳科の目標では，道徳科が目指すものは道徳教育の目標と同様に，道徳性を養うことであることが示されている。　②・③　道徳性を養うためには，児童が多様な感じ方や考え方に接することが大切であり，他者と対話したり協働したりしながら，物事を多面的・多角的に考えることが求められる。　④　道徳性を構成する諸様相は，道徳的判断力，道徳的心情，道徳的実践意欲である。この3つはセットで覚えておきたい。

【４】3

〈解説〉教育基本法第9条は，教員に関する規定である。教員自身が自らの使命が重要であることを自覚し，その職務に当たる必要があることから，「自己の崇高な使命を深く自覚し」と規定された。そして，その使命を全うするために，「絶えず研究と修養に励」むことが必要であることが定められている。

【中学校】

【1】問1　(ウ)　　問2　①　社会　　②　積極

〈解説〉問1　教育基本法は教育法規の中でも最頻出であるので，できれ
ば前文を含め全条文暗記することが望ましい。第2条は教育の目標に
関する条文であり，「その目的」とは第1条「教育は，人格の完成を目
指し，平和で民主的な国家及び社会の形成者として必要な資質を備え
た心身ともに健康な国民の育成を期して行われなければならない」を
指す。したがって，第1条と第2条はセットで学習するとよいだろう。
問2　不登校は本人・家庭・学校に関わる要因が複雑に絡み合ってい
る場合が多く，さらに「学びの場」としての学校の相対的な位置付け
の低下，学校に対する保護者・児童生徒自身の意識の変化，社会全体
の変化といった要因が影響しているとされている。したがって，不登
校は単に児童生徒の問題とするのではなく，学校や地域をあげて支援
するといった姿勢が求められることに注意したい。

【高校】

【1】(1)　(ク)　　(2)　①　人間としての在り方生き方　　②　道徳教育
推進教師　　③　特別活動

〈解説〉(1)　高等学校における目的・目標に関する問題。教育に関する
法規では，まず目的が示され，目的を達成するため目標が示されてい
るという関係性を把握し，セットで学習するとよい。なお，学校教育
法第52条に関連して同法施行規則第84条では，高等学校学習指導要領
を教育課程の基準と位置づけていることも知っておくとよい。

(2)　まず，道徳教育は学習指導要領が目的としている「『生きる力』
の育成」の構成要素「豊かな心」に関わる教育であり，学校の教育活
動全体で行われるもの，という位置づけをおさえておきたい。道徳教
育の目標は「人間としての在り方生き方を考え，主体的な判断の下に
行動し，自立した人間として他者と共によりよく生きるための基盤と
なる道徳性を養うこと」であり，「公共」や「倫理」，特別活動が人間
としての在り方生き方に関する中核的な指導の場面としている。

【養護教諭】

【１】３

〈解説〉本条文では，教員に対して研修を「努力義務」として課していることに注意したい。研修に関しては教育公務員特例法にも示されているので，あわせて学習すること。なお，②に関して「研究と修養」をあわせて「研修」と呼ぶことも，この機会に覚えておくとよいだろう。

【特別支援】

【１】問１　５　　　問２　４　　　問３　１

〈解説〉問１　まず，道徳教育は学習指導要領が目的としている「『生きる力』の育成」の構成要素「豊かな心」に関わる教育であり，学校の教育活動全体で行われるもの，という位置づけをおさえておきたい。問題にあるとおり，小・中学部では特別の教科である道徳が道徳教育の要であり，「自己の生き方」，「人間としての生き方」を考え，「主体的な判断の下に行動し，自立した人間として他者と共によりよく生きるための基盤となる道徳性を養うこと」を目標としていることはおさえておこう。　問２　各教科の目標や学習内容は頻出なので，しっかり学習しておくこと。国語科について，特別支援学校学習指導要領解説各教科等編によると，「知的障害のある児童の場合，障害の程度や発達の状態等により，話し言葉を獲得すること自体が国語科の主な学習内容になる場合がある」としている。そして，このような場合，日常生活に関連のある話し言葉の意味や表す内容を理解すること，相手に伝えたい内容や事柄を言葉を使って表現すること，そのために必要な言葉の使い方を理解し使うといった資質・能力を育むこと自体が目標となることをおさえておきたい。　問３　解答参照。

【２】３

〈解説〉教育基本法第９条は，教員に関する規定である。教員自身が自らの使命が重要であることを自覚し，その職務に当たる必要があることから，「自己の崇高な使命を深く自覚し」と規定された。そして，そ

の使命を全うするために，「絶えず研究と修養に励む」ことが必要であることが定められている。

2022年度　実施問題

※2022年度の試験について，教職教養の試験は，2021年度と同様，専門
　教養の試験の中で，教職教養の問題が一部出題されました。なお一般
　教養の試験は非公開となっています。今回はそれぞれの校種で教職教
　養として出題された問題の一部を抜粋して掲載しました。なお，中学
　校，高校については各教科・科目の学習指導要領の問題は省略してい
　ます。

【小学校・特別支援共通】

【１】次の条文は，教育公務員特例法第22条の条文である。(　①　)～
　(　④　)にあてはまる語句の組み合わせとして正しいものを，以下の1
　～5の中から一つ選びなさい。

> 第22条　教育公務員には，(　①　)を受ける機会が与えられなけれ
> 　ばならない。
> 　2　教員は，(　②　)に支障のない限り，(　③　)の承認を受けて，
> 　　勤務場所を離れて(　①　)を行うことができる。
> 　3　教育公務員は，(　④　)の定めるところにより，現職のままで，
> 　　長期にわたる(　①　)を受けることができる。

1　①　学修　　②　授業　　③　本属長　　④　任命権者
2　①　学修　　②　活動　　③　教育長　　④　学校長
3　①　研修　　②　授業　　③　本属長　　④　任命権者
4　①　研修　　②　活動　　③　教育長　　④　学校長
5　①　研修　　②　授業　　③　本属長　　④　学校長

(☆☆☆◎◎◎◎)

【２】次の文章は，平成29年2月に提出された中央教育審議会「第2次学校
　安全の推進に関する計画の策定について」(答申)の中の「Ⅰ　児童生

徒等の安全を取り巻く現状と課題」の一部である。(　①　)，
(　②　)にあてはまる関係機関名の組み合わせとして正しいものを，
以下の1～5の中から一つ選びなさい。

> 　学校安全に関する取組は，安全教育と安全管理の2つの側面から，
> 過去に発生した事故や事件，自然災害を踏まえて様々な方策が取ら
> れてきた。平成21年の学校保健安全法の施行により，学校は，学校
> 安全計画や危険等発生時対処要領の策定が義務付けられるととも
> に，地域の関係機関((　①　)，(　②　)，防災担当部局等地域の安
> 全に関わる機関)との連携に努めることとされ，同法に基づき，学
> 校安全の取組を計画的・組織的に実施するための基本的な仕組みが
> 構築されるとともに，地域との連携・協働も促進されてきた。

1　①　警察　　　　　　　②　消防
2　①　警察　　　　　　　②　保健所
3　①　消防　　　　　　　②　児童相談所
4　①　教育委員会　　　　②　保健所
5　①　教育委員会　　　　②　児童相談所

(☆☆☆◎◎◎)

【中高共通】

【1】次の各問いに答えなさい。

(1)　次の文は，教育基本法第4条の条文である。条文中の[　　]に入る
共通の語句として適切なものを以下の(ア)～(オ)から一つ選び，記
号で答えなさい。

> 第4条　すべて国民は，ひとしく，その能力に応じた教育を受
> 　ける機会を与えられなければならず，人種，信条，性別，
> 　社会的身分，経済的地位又は門地によって，教育上差別さ
> 　れない。
> 2　[　　]は，障害のある者が，その障害の状態に応じ，十分

　　て修学が困難な者に対して，奨学の措置を講じなければならない。

(ア)　国民　　　　　　　　(イ)　教育委員会
(ウ)　国及び地方公共団体　(エ)　父母その他の保護者
(オ)　教育長

(2)　次の文章が説明する制度の名称として，最も適切なものを答えなさい。

　　　平成16年に法制化され，その後，平成29年の法改正により，その設置が教育委員会の努力義務となっている。学校と地域住民等が力を合わせて学校の運営に取り組むことが可能となる「地域とともにある学校」への転換を図るための有効な仕組みである。
　　　学校運営に地域の声を積極的に生かし，地域と一体となって特色ある学校づくりを進めていくことができる。
　　　なお，法律に基づいて教育委員会が学校に設置するこの制度に関する機関には，主な役割として以下の3つがある。
　　○校長が作成する学校運営の基本方針を承認する。
　　○学校運営に関する意見を教育委員会又は校長に述べることができる。
　　○教職員の任用に関して教育委員会規則に定める事項について，教育委員会に意見を述べることができる。

(3)　次の文章は，令和3年1月26日に中央教育審議会で取りまとめられた「『令和の日本型学校教育』の構築を目指して～全ての子供たちの可能性を引き出す，個別最適な学びと，協働的な学びの実現～(答申)」における「第Ⅱ部　各論」の「6．遠隔・オンライン教育を含むICTを活用した学びの在り方について」に記載された内容の一部である。(　①　)～(　④　)にあてはまる，最も適切な語句の組合せを以下の(ア)～(ク)から一つ選び，記号で答えなさい。

第Ⅱ部　各論

6. 遠隔・オンライン教育を含むICTを活用した学びの在り方について

(1)　基本的な考え方

○　これからの学校教育を支える基盤的なツールとして，ICTは必要不可欠なものであり，1人1台の端末環境を生かし，端末を日常的に活用していく必要がある。また，ICTを利用して（　①　）制約を緩和することによって，他の学校・地域や海外との交流なども含め，今までできなかった学習活動が可能となる。

○　学校教育におけるICTの活用に当たっては，新学習指導要領の趣旨を踏まえ，各教科等において育成するべき資質・能力等を把握し，心身に及ぼす影響にも留意しつつ，まずはICTを日常的に活用できる環境を整え，児童生徒が「（　②　）」として活用できるようにし，「主体的・対話的で深い学び」の実現に向けた（　③　）に生かしていくことが重要である。

○　また，AI技術が高度に発達するSociety5.0時代にこそ，教師による（　④　）や児童生徒同士による学び合い，地域社会での多様な学習体験の重要性がより一層高まっていくものである。もとより，学校教育においては，教師が児童生徒一人一人の日々の様子，体調や授業の理解度を直接に確認・判断することで，児童生徒の理解を深めたり，生徒指導を行ったりすることが重要であり，あわせて，児童生徒の怪我や病気，災害の発生等の不測のリスクに対する安全管理への対応にも万全を期す必要がある。

	①	②	③	④
（ア）	集団的・画一的	文房具	環境構築	オンライン授業
（イ）	集団的・画一的	教科書	環境構築	オンライン授業
（ウ）	集団的・画一的	文房具	環境構築	対面指導
（エ）	集団的・画一的	教科書	授業改善	対面指導
（オ）	空間的・時間的	文房具	授業改善	対面指導
（カ）	空間的・時間的	教科書	授業改善	対面指導
（キ）	空間的・時間的	文房具	授業改善	オンライン授業
（ク）	空間的・時間的	教科書	環境構築	オンライン授業

(☆☆☆◎◎◎◎)

【小学校】

【１】次の文章は，小学校学習指導要領(平成29年3月告示)の「第1章　総則　第4　児童の発達の支援」の一部である。(　①　)〜(　④　)にあてはまる語句の組み合わせとして正しいものを，以下の1〜5の中から一つ選びなさい。

1　児童の発達を支える指導の充実

　　教育課程の編成及び実施に当たっては，次の事項に配慮するものとする。

(1)　学習や生活の基盤として，教師と児童との信頼関係及び児童相互のよりよい人間関係を育てるため，日頃から学級経営の充実を図ること。また，主に集団の場面で必要な指導や援助を行う(　①　)と，個々の児童の多様な実態を踏まえ，一人一人が抱える課題に個別に対応した指導を行う(　②　)の双方により，児童の発達を支援すること。

(2)　〈略〉

(3)　児童が，学ぶことと(　③　)とのつながりを見通しながら，社会的・職業的自立に向けて必要な基盤となる資質・能力を身に付けていくことができるよう，特別活動を要としつつ各教科等の特質に応じて，(　④　)の充実を図ること。

---

1 ① 生徒指導 　② 教育相談 　③ 自己の将来
　 ④ 進路指導
2 ① 生徒指導 　② 教育相談 　③ 就きたい職業
　 ④ キャリア教育
3 ① 生徒指導 　② カウンセリング 　③ 自己の将来
　 ④ 進路指導
4 ① ガイダンス 　② カウンセリング 　③ 自己の将来
　 ④ キャリア教育
5 ① ガイダンス 　② カウンセリング 　③ 就きたい職業
　 ④ 進路指導

(☆☆☆◎◎◎)

【2】次の文章は，小学校学習指導要領(平成29年3月告示)の「第2章　各
教科　第2節　社会　第1　目標」の一部である。(①)～(④)に
あてはまる語句の組み合わせとして正しいものを，以下の1～5の中か
ら一つ選びなさい。

> 　社会的な見方・考え方を働かせ，課題を追究したり解決したりす
> る活動を通して，(①)する国際社会に主体的に生きる平和で民
> 主的な国家及び社会の形成者に必要な(②)としての資質・能力
> の基礎を次のとおり育成することを目指す。
> 　(1)　地域や我が国の国土の(③)，現代社会の仕組みや働き，
> 　　　地域や我が国の歴史や伝統と文化を通して社会生活について理
> 　　　解するとともに，様々な資料や調査活動を通して情報を適切に
> 　　　(④)を身に付けるようにする。
> 　(2)・(3)　略

1 ① グローバル化 　② 国民 　③ 地理的特異性
　 ④ 分析し処理する能力
2 ① グローバル化 　② 公民 　③ 地理的環境
　 ④ 調べまとめる技能

61

3　①　多様化　　　　　　②　国民　　　③　地理的特異性
　　④　調べまとめる技能
4　①　多様化　　　　　　②　公民　　　③　地理的特異性
　　④　分析し処理する能力
5　①　多様化　　　　　　②　国民　　　③　地理的環境
　　④　調べまとめる技能

(☆☆☆◎◎◎)

【3】次の文章は，小学校学習指導要領(平成29年3月告示)の「第2章　各
　教科　第6節　音楽　第1　目標」である。(①)～(④)にあては
　まる語句の組み合わせとして正しいものを，以下の1～5の中から一つ
　選びなさい。

> (①)の活動を通して，音楽的な見方・考え方を働かせ，
> (②)の中の音や音楽と豊かに関わる資質・能力を次のとおり育
> 成することを目指す。
> (1)　曲想と音楽の構造などとの関わりについて理解するととも
> 　　に，表したい音楽表現をするために必要な技能を身に付けるよ
> 　　うにする。
> (2)　音楽表現を工夫することや，音楽を(③)ことができるよ
> 　　うにする。
> (3)　音楽活動の楽しさを体験することを通して，音楽を愛好する
> 　　心情と音楽に対する感性を育むとともに，音楽に親しむ態度を
> 　　養い，(④)を培う。

1　①　歌唱及び演奏　　②　生活や自然　　③　集中して聴く
　　④　豊かな人間性
2　①　歌唱及び演奏　　②　生活や社会　　③　味わって聴く
　　④　豊かな情操
3　①　歌唱及び演奏　　②　生活や自然　　③　味わって聴く
　　④　豊かな人間性

4　①　表現及び鑑賞　　②　生活や自然　　③　集中して聴く
　　④　豊かな情操
5　①　表現及び鑑賞　　②　生活や社会　　③　味わって聴く
　　④　豊かな情操

(☆☆○○○○○)

【4】次の文章は，小学校学習指導要領(平成29年3月告示)の「第5章　総合的な学習の時間　第1　目標」である。(　①　)～(　④　)にあてはまる語句の組み合わせとして正しいものを，以下の1～5の中から一つ選びなさい。

　探究的な見方・考え方を働かせ，(　①　)な学習を行うことを通して，よりよく課題を解決し，自己の生き方を考えていくための資質・能力を次のとおり育成することを目指す。
　(1)　探究的な学習の過程において，課題の解決に必要な知識及び技能を身に付け，課題に関わる(　②　)，探究的な学習のよさを理解するようにする。
　(2)　実社会や実生活の中から(　③　)，自分で課題を立て，情報を集め，整理・分析して，まとめ・表現することができるようにする。
　(3)　探究的な学習に主体的・協働的に取り組むとともに，互いのよさを生かしながら，積極的に社会に(　④　)とする態度を養う。

1　①　横断的・総合的　　②　概念を形成し
　　③　問いを見いだし　　④　参画しよう
2　①　横断的・総合的　　②　知恵を獲得し
　　③　問いを見いだし　　④　貢献しよう
3　①　横断的・総合的　　②　概念を形成し
　　③　疑問を感じ取り　　④　貢献しよう
4　①　縦断的・総合的　　②　知恵を獲得し

　③　疑問を感じ取り　　④　貢献しよう
5　①　縦断的・総合的　　②　概念を形成し
　③　問いを見いだし　　④　参画しよう

(☆☆☆◎◎◎)

【養護教諭】

【1】次の各問いに答えなさい。

(1)　次の文は，令和2年1月に告示された後，令和2年7月に改正された「公立学校の教育職員の業務量の適切な管理その他教育職員の服務を監督する教育委員会が教育職員の健康及び福祉の確保を図るために講ずべき措置に関する指針」の一部である。文中の(　①　)及び(　②　)に入る適切な数字を答えなさい。

第2章　服務監督教育委員会が講ずべき措置等
　第1節　業務を行う時間の上限
　(2)　上限時間の原則
　　服務監督教育委員会は，その所管に属する学校の教育職員の在校等時間から所定の勤務時間(給特法第6条第3項各号に掲げる日(代休日が指定された日を除く。)以外の日における正規の勤務時間をいう。以下同じ。)を除いた時間を，以下に掲げる時間の上限の範囲内とするため，教育職員の業務量の適切な管理を行うこととする。
　　イ　1日の在校等時間から所定の勤務時間を除いた時間の1箇月の合計時間(以下「1箇月時間外在校等時間」という。)　(　①　)時間
　　ロ　1日の在校等時間から所定の勤務時間を除いた時間の1年間の合計時間(以下「1年間時間外在校等時間」という。)　(　②　)時間

---

(2)　次の(ア)～(オ)の文は，教育に関係する法令の条文の一部である。(ア)～(オ)の条文の一部が規定された法令の組合せとして適切なも

64

のを以下の①～⑥から一つ選び，番号で答えなさい。

(ア)　第7条　学校には，健康診断，健康相談，保健指導，救急処置その他の保健に関する措置を行うため，保健室を設けるものとする。

(イ)　第9条　法律に定める学校の教員は，自己の崇高な使命を深く自覚し，絶えず研究と修養に励み，その職責の遂行に努めなければならない。

(ウ)　第37条　小学校には，校長，教頭，教諭，養護教諭及び事務職員を置かなければならない。

　　　（　中略　）

　　　⑫　養護教諭は，児童の養護をつかさどる。

(エ)　第25条　すべて国民は，健康で文化的な最低限度の生活を営む権利を有する。

(オ)　第33条　職員は，その職の信用を傷つけ，又は職員の職全体の不名誉となるような行為をしてはならない。

	(ア)	(イ)	(ウ)	(エ)	(オ)
①	学校保健安全法	教育公務員特例法	学校教育法	教育基本法	地方公務員法
②	小学校設置基準	教育公務員特例法	教育基本法	日本国憲法	教育公務員特例法
③	学校保健安全法	教育基本法	学校教育法	日本国憲法	地方公務員法
④	小学校設置基準	教育基本法	教育基本法	日本国憲法	教育公務員特例法
⑤	学校保健安全法	教育基本法	学校教育法	教育基本法	教育公務員特例法
⑥	小学校設置基準	教育公務員特例法	教育基本法	教育基本法	地方公務員法

(☆☆☆○○○○)

【特別支援】

【1】次の問1～問3の各問いに答えなさい。

問1　次の文章は，「特別支援学校小学部・中学部学習指導要領」(平成29年4月告示)「第1章　総則　第2節　小学部及び中学部における教育の基本と教育課程の役割」の一部である。(　①　)～(　④　)にあてはまる最も適切な語句の組み合わせを，以下の1～5の中から一つ選びなさい。

　2　学校の教育活動を進めるに当たっては，各学校において，第4節の1に示す主体的・対話的で（　①　）学びの実現に向けた授業改善を通して，創意工夫を生かした特色ある教育活動を展開する中で，次の(1)から(4)までに掲げる事項の実現を図り，児童又は生徒に生きる力を育むことを目指すものとする。

　(1)　基礎的・基本的な知識及び技能を確実に習得させ，これらを活用して課題を解決するために必要な（　②　）力，判断力，表現力等を育むとともに，主体的に学習に取り組む態度を養い，個性を生かし多様な人々との（　③　）を促す教育の充実に努めること。その際，児童又は生徒の発達の段階を考慮して，児童又は生徒の（　④　）活動など，学習の基盤をつくる活動を充実するとともに，家庭との連携を図りながら，児童又は生徒の学習習慣が確立するよう配慮すること。

1　①　深い　　　　②　記述　　③　交流　　④　読書
2　①　深い　　　　②　思考　　③　協働　　④　読書
3　①　個に応じた　②　思考　　③　交流　　④　言語
4　①　深い　　　　②　思考　　③　協働　　④　言語
5　①　個に応じた　②　記述　　③　交流　　④　読書

問2　次の文章は，「特別支援学校小学部・中学部学習指導要領」(平成29年4月告示)「第2章　各教科　第1節　小学部　第1款　視覚障害者，聴覚障害者，肢体不自由者又は病弱者である児童に対する教育を行う特別支援学校」のうち「肢体不自由者である児童に対する教育を行う特別支援学校」において，指導計画の作成と各学年にわたる内容の取扱いに当たって，特に配慮すべき事項を記した箇所である。（　①　）〜（　④　）にあてはまる最も適切な語句の組み合わせを，以下の1〜5の中から一つ選びなさい。

(1)　体験的な活動を通して言語概念等の形成を的確に図り，児童の障害の状態や発達の段階に応じた思考力，判断力，表現力等の育成に努めること。

(2)　児童の身体の動きの状態や認知の特性，各教科の内容の習得状況等を考慮して，指導内容を適切に設定し，（　①　）事項に時間を多く配当するなど計画的に指導すること。

(3)　児童の学習時の(　②　)や認知の特性等に応じて，指導方法を工夫すること。

(4)　児童の身体の動きや(　③　)の表出の状態等に応じて，適切な補助具や補助的手段を工夫するとともに，コンピュータ等の情報機器などを有効に活用し，指導の効果を高めるようにすること。

(5)　各教科の指導に当たっては，特に(　④　)の時間における指導との密接な関連を保ち，学習効果を一層高めるようにすること。

1　①　重点を置く　　②　姿勢　　③　意思
　　④　自立活動
2　①　配慮を要する　②　記憶　　③　意思
　　④　総合的な学習
3　①　重点を置く　　②　姿勢　　③　考え方
　　④　自立活動
4　①　配慮を要する　②　姿勢　　③　意思
　　④　総合的な学習
5　①　配慮を要する　②　記憶　　③　考え方
　　④　自立活動

問3　次の文章は，「特別支援学校小学部・中学部学習指導要領」(平成29年4月告示)の「前文」の一部である。(　①　)～(　④　)にあてはまる最も適切な語句の組み合わせを，以下の1～5の中から一つ選びなさい。

　　教育課程を通して，これからの時代に求められる教育を実現していくためには，よりよい学校教育を通してよりよい社会を創るという理念を学校と社会とが共有し，それぞれの学校において，必要な学習内容をどのように学び，どのような資質・能力を身に付けられるようにするのかを教育課程において明確にしながら，社会との連携及び協働によりその実現を図っていくという，（　①　）教育課程の実現が重要となる。

　　学習指導要領とは，こうした理念の実現に向けて必要となる教育課程の（　②　）を大綱的に定めるものである。学習指導要領が果たす役割の一つは，（　③　）を有する学校における教育水準を全国的に確保することである。また，各学校がその特色を生かして創意工夫を重ね，長年にわたり積み重ねられてきた教育実践や学術研究の蓄積を生かしながら，児童又は生徒や地域の（　④　）や課題を捉え，家庭や地域社会と協力して，学習指導要領を踏まえた教育活動の更なる充実を図っていくことも重要である。

1　①　個に応じた　　　②　標準　　③　公益性
　　④　要望
2　①　社会に開かれた　②　標準　　③　公の性質
　　④　要望
3　①　個に応じた　　　②　基準　　③　公益性
　　④　現状
4　①　社会に開かれた　②　標準　　③　公益性
　　④　現状
5　①　社会に開かれた　②　基準　　③　公の性質
　　④　現状

（☆☆☆◎◎◎）

解答・解説

【小学校・特別支援共通】

【1】3

〈解説〉教育公務員特例法は教育公務員の職務とその責任の特殊性に基づき，任免・分限・懲戒・服務などについて地方公務員法に対する特例を規定する法律。同法第22条は教育公務員の研修について定めている。空欄④の「任命権者」とは，当該学校を設置する地方公共団体の教育委員会である。

【2】1

〈解説〉なお，問題にある学校安全計画や危険等発生時対処要領の策定義務は学校保健安全法第27条，および第29条を根拠としている。さらに，同法第30条では児童生徒等の安全確保のため，警察署などの関係機関や地域住民などとの連携について努力義務を課していることにも注意しよう。

【中高共通】

【1】(1) （ウ）　　(2)　学校運営協議会(制度)(コミュニティ・スクール)
　　(3)　（オ）

〈解説〉(1)　教育の機会均等を定めた教育基本法第4条からの出題。教育基本法は教育を受ける権利を国民に保障した日本国憲法に基づき，日本の公教育の在り方を全般的に規定する法律で1947年に制定され，制定後60年間の教育環境の変化を鑑みて2006年に改正されている。教育基本法制定の由来と目的を明らかにし，法の基調をなしている主義と理想とを宣言する前文と18の条文から構成されている。　(2)　学校運営協議会とは，保護者や地域住民などから構成されるものであり，学校運営の基本方針を承認したり，教育活動などについて意見を述べたりする取組を行う。学校運営協議会を設置している学校をコミュニティ・スクールと呼び，その根拠法が地方教育行政の組織及び運営に関

する法律(地教行法)第47条の5である。　(3)　中央教育審議会「『令和の日本型学校教育』の構築を目指して〜全ての子供たちの可能性を引き出す，個別最適な学びと，協働的な学びの実現〜(答申)」(2021年1月26日)は，「各学校においては，教科等の特質に応じ，地域・学校や児童生徒の実情を踏まえながら，授業の中で『個別最適な学び』の成果を『協働的な学び』に生かし，更にその成果を『個別最適な学び』に還元するなど，『個別最適な学び』と『協働的な学び』を一体的に充実し，『主体的・対話的で深い学び』の実現に向けた授業改善につなげていくことが必要である」としている。その中にあるように，現在文部科学省は学校におけるICTの活用を推進しており，ICTを基盤とした先端技術や学習履歴などの教育ビッグデータの効果的な活用により，「誰一人取り残すことのない，公正に個別最適化された学び」の実現を目指している。なおSociety 5.0とは，サイバー空間(仮想空間)とフィジカル空間(現実空間)を高度に融合させたシステムにより，経済発展と社会的課題の解決を両立する，人間中心の社会(Society)のことで，2016年1月閣議決定された「第5期科学技術基本計画」において日本が目指すべき未来社会の姿として初めて提唱された概念である。

【小学校】

【1】4

〈解説〉ここでは，まずガイダンス(主に集団の場面で必要な指導や援助を行う)とカウンセリング(個別に対応した指導を行う)の区別に注意したい。生徒指導では集団指導，個別指導といわれることもある。また，キャリア教育は職業教育との混同に注意すること。キャリア教育は「一人一人の社会的・職業的自立に向け，必要な基盤となる能力や態度を育てることを通して，キャリア発達を促す教育」と定義されており，小学校から実施される。

【2】2

〈解説〉各教科の目標では(1)〜(3)の内容にも注意すること。これは育成

を目指す資質・能力を「知識及び技能」「思考力，判断力，表現力等」「学びに向かう力，人間性等」の柱からみたものであり，目標をより具体的に示している。

【3】5

〈解説〉小学校音楽の内容が「A 表現」「B 鑑賞」に大別できることを理解していれば，空欄①より選択肢4または5に絞ることができるだろう。

【4】1

〈解説〉総合的な学習の時間では問題解決のために，いわゆる「PDCAサイクル」のような手法が取り入れられており，これを発展的に繰り返すことを「探究的な学習」と呼んでいる。学習指導要領解説では，内容を図式化した解説を掲載しているので，参照するとよいだろう。

【養護教諭】

【1】(1) ① 45 ② 360 (2) ③

〈解説〉(1) 「公立の義務教育諸学校等の教育職員の給与等に関する特別措置法(給特法)」が2019年に改正された。この改正により，学校における働き方改革を進めるための総合的な取組の一環として，文部科学省が2018年1月に策定した「公立学校の教師の勤務時間の上限に関するガイドライン」が，給特法第7条により法的根拠のある「指針」に格上げされた。この指針は，教師の業務量の適切な管理その他教師の服務を監督する教育委員会が教師の健康及び福祉の確保を図るために講ずべき措置に関する指針であり，教育職員が学校教育活動に関する業務を行っている時間として外形的に把握することができる時間を「在校等時間」とし，勤務時間管理の対象とされ，時間外在校等時間には上限が，1箇月勤務外在校等時間が45時間，1年間勤務外在校等時間が360時間と定められた。 (2) (ア)は保健室の設置を定めた学校保健安全法第7条，(イ)は教員について定めた教育基本法第9条第1項，(ウ)は学校設置職員を定めた学校教育法第37条，(エ)は生存権を保障し

た日本国憲法第25条，(オ)は信用失墜行為の禁止を定めた地方公務員法第33条である。

【特別支援】

【1】問1　4　　問2　1　　問3　5

〈解説〉問1　出題されたのは，今回の学習指導要領改訂における根幹の考え方ともいうべき事項である。今回の改訂における基本的な考え方の大きな柱の一つとして，教育実践に見られる普遍的な考え方である「主体的・対話的で深い学び」の実現に向けた授業改善の推進がある。また，児童生徒が確かな学力を身に付けることができるよう，教育基本法のほか，学校教育法第30条第2項の「生涯にわたり学習する基盤が培われるよう，基礎的な知識及び技能を習得させるとともに，これらを活用して課題を解決するために必要な思考力，判断力，表現力その他の能力をはぐくみ，主体的に学習に取り組む態度を養うことに，特に意を用いなければならない」という規定を受けて，示された事項である。加えて，変化が激しく予測困難な時代においても通用する力を身に付けるために，「個性を生かし多様な人々との協働を促す」ことが付された。さらに，確かな学力の育成に当たり，特に重要となる学習活動として，「言語活動など，学習の基盤をつくる活動」の充実が示された。　問2　①　今回の改訂では，「重点を置く事項」には時間を多く配当する必要がある一方で，時間的制約の関係から時間を多く配当できない事項も生じることを踏まえ，従前の「基礎的・基本的な事項に重点を置くなどして指導すること」という表現の規定から，指導内容の取扱いに軽重をつけ，計画的に指導することが大切であるという趣旨の表現に変更された。　②　学習活動に応じて適切な姿勢がとれるように，いすや机の位置及び高さなどを調整することについて，児童生徒の意見を聞きながら工夫するとともに，児童生徒自らがよい姿勢を保つことに注意を向けるよう日ごろから指導することが大切である。　③　配慮(4)では，身体の動きや意思の表出等が思うようにいかず，歩行や筆記などが困難な児童生徒や，話し言葉が不自由な

児童生徒などに対して，補助具，補助的手段やコンピュータ等の情報機器などを活用して指導の効果を高めることが示されている。

④　今回の改訂では，どの教科の指導においても自立活動の時間における指導と密接な関連を図る必要があることから，各教科の指導で配慮を求めることが示された。　問3　①　今回の学習指導要領改訂の基本的な考え方の一つとして，育成を目指す資質・能力について社会と共有し，連携する「社会に開かれた教育課程」を重視することがある。　②～④　学習指導要領は，公の性質を有する学校における教育水準を全国的に確保することを目的に，教育課程の基準を大綱的に定めたものであることを，確実におさえておくことが重要である。

2021年度 　 実施問題

※2021年度の試験について，教職教養の試験は，2020年度と同様，専門
　教養の試験の中で，教職教養の問題が一部出題されました。なお一般
　教養の試験は非公開となっています。今回はそれぞれの校種で教職教
　養として出題された問題の一部を抜粋して掲載しました。なお，中学
　校，高校については各教科・科目の学習指導要領の問題は省略してい
　ます。

【小学校】

【1】次の条文は，学校教育法施行規則の一部である。文中の(　①　)～
　(　③　)にあてはまる語句の組み合わせとして正しいものを，下の1～
　5の中から一つ選びなさい。

> 第25条　校長(学長を除く。)は，当該学校に在学する児童等につ
> 　いて(　①　)を作成しなければならない。
> 第52条　小学校の教育課程については，この節に定めるものの
> 　ほか，教育課程の基準として(　②　)が別に公示する小学校学
> 　習指導要領によるものとする。
> 第65条の2　スクールカウンセラーは，小学校における児童の
> 　(　③　)に関する支援に従事する。

1　①　出席簿　　②　文部科学大臣　　③　福祉
2　①　指導要録　②　文部科学省　　　③　福祉
3　①　出席簿　　②　文部科学省　　　③　心理
4　①　指導要録　②　文部科学大臣　　③　福祉
5　①　出席簿　　②　文部科学大臣　　③　心理

(☆☆☆◎◎◎)

【2】次の文章は，小学校学習指導要領(平成29年3月告示)の「第1章　総則　第1　小学校教育の基本と教育課程の役割」の一部である。(①)～(③)にあてはまる語句の組み合わせとして正しいものを，下の1～5の中から一つ選びなさい。

> 2　学校の教育活動を進めるに当たっては，各学校において，第3の1に示す主体的・対話的で深い学びの実現に向けた授業改善を通して，創意工夫を生かした特色ある教育活動を展開する中で，次の(1)から(3)までに掲げる事項の実現を図り，児童に生きる力を育むことを目指すものとする。
>
> (1)　基礎的・基本的な知識及び技能を確実に(①)させ，これらを活用して課題を解決するために必要な思考力，判断力，(②)等を育むとともに，主体的に学習に取り組む態度を養い，個性を生かし多様な人々との協働を促す教育の充実に努めること。その際，児童の発達の段階を考慮して，児童の言語活動など，学習の(③)をつくる活動を充実するとともに，家庭との連携を図りながら，児童の学習習慣が確立するよう配慮すること。

1　①　習得　②　表現力　③　基盤
2　①　習得　②　実践力　③　基礎
3　①　習得　②　行動力　③　基盤
4　①　定着　②　表現力　③　土台
5　①　定着　②　実践力　③　基礎

(☆☆☆◎◎◎)

【3】次の文章は，小学校学習指導要領(平成29年3月告示)の「第2章　各教科　第9節　体育　第1　目標」である。(①)～(③)にあてはまる語句の組み合わせとして最も適切なものを，あとの1～5の中から一つ選びなさい。

　　体育や保健の見方・考え方を働かせ，課題を見付け，その解決に向けた学習過程を通して，心と体を一体として捉え，生涯にわたって心身の健康を保持増進し豊かな(　①　)を実現するための資質・能力を次のとおり育成することを目指す。

　(1)　その特性に応じた各種の運動の行い方及び身近な生活における健康・安全について理解するとともに，基本的な動きや(　②　)を身に付けるようにする。

　(2)　運動や健康についての自己の課題を見付け，その解決に向けて思考し判断するとともに，他者に伝える力を養う。

　(3)　運動に親しむとともに健康の保持増進と体力の向上を目指し，楽しく明るい生活を営む(　③　)を養う。

1　①　運動生活　　　　②　態度　　③　態度
2　①　運動生活　　　　②　態度　　③　技能
3　①　運動生活　　　　②　技能　　③　態度
4　①　スポーツライフ　②　技能　　③　態度
5　①　スポーツライフ　②　態度　　③　技能

(☆☆☆◎◎◎◎)

【4】小学校学習指導要領(平成29年3月告示)の「第3章　特別の教科　道徳　第2　内容」においては，第1学年から第6学年までの授業で扱うべき内容の項目が視点別に示されている。〈A　主として自分自身に関すること〉の視点で示されている項目の中で第5学年及び第6学年に対してのみ示されている項目として最も適切なものを，次の1〜5の中から一つ選びなさい。

1　善悪の判断，自律，自由と責任
2　節度，節制
3　真理の探究
4　個性の伸長

5　希望と勇気，努力と強い意志

(☆☆☆◎◎◎)

【5】次の文章は，教育に関連するある法律の条文の一部である。この条文が記載されている法律として最も適切なものを，下の1～5の中から一つ選びなさい。

> 　教育委員会は，教育委員会規則で定めるところにより，その所管に属する学校ごとに，当該学校の運営及び当該運営への必要な支援に関して協議する機関として，学校運営協議会を置くように努めなければならない。ただし，二以上の学校の運営に関し相互に密接な連携を図る必要がある場合として文部科学省令で定める場合には，二以上の学校について一の学校運営協議会を置くことができる。

1　学校教育法
2　社会教育法
3　地方公務員法
4　教育公務員特例法
5　地方教育行政の組織及び運営に関する法律

(☆☆☆◎◎◎)

【6】次の文章は，生徒指導提要(平成22年3月文部科学省)「第5章　教育相談　第3節　教育相談の進め方」における「2　学級担任・ホームルーム担任が行う教育相談」に記されている「教育相談でも活用できる新たな手法等」である。1～5の中から間違っているものを一つ選び答えなさい。

1　ピア・サポート活動
　　様々な社会的技能をトレーニングにより，育てる方法。「相手を理解する」「自分の思いや考えを適切に伝える」「人間関係を円滑にする」「問題を解決する」「集団行動に参加する」などがトレーニン

グの目標となる。

2　アサーショントレーニング

　　対人場面で自分の伝えたいことをしっかり伝えるためのトレーニング。「断る」「要求する」といった葛藤場面での自己表現や、「ほめる」「感謝する」「うれしい気持ちを表す」「援助を申し出る」といった他者とのかかわりをより円滑にする社会的行動の獲得を目指す。

3　アンガーマネジメント

　　自分の中に生じた怒りの対処法を段階的に学ぶ方法。「きれる」行動に対して「きれる前の身体感覚に焦点を当てる」「身体感覚を外在化しコントロールの対象とする」「感情のコントロールについて会話する」などの段階を踏んで怒りなどの否定的感情をコントロール可能な形に変える。

4　ライフスキルトレーニング

　　自分の身体や心，命を守り，健康に生きるためのトレーニング。「セルフエスティーム(自尊心)の維持」「意思決定スキル」「自己主張コミュニケーション」「目標設定スキル」などの獲得を目指す。

5　グループエンカウンター

　　グループ体験を通しながら他者に出会い，自分に出会う。人間関係作りや相互理解，協力して問題解決する力などが育成される。集団の持つプラスの力を最大限に引き出す方法といえる。

(☆☆☆◎◎◎)

【7】次の条文は，いじめ防止対策推進法の一部である。(　①　)～(　⑤　)にあてはまる語句の組み合わせとして正しいものを，あとの1～5の中から一つ選びなさい。

> (いじめ防止基本方針)
> 第11条　(　①　)は，関係行政機関の長と連携協力して，いじめの防止等のための対策を総合的かつ効果的に推進するための基本的な方針(以下「いじめ防止基本方針」という。)を定める

ものとする。

(いじめ問題対策連絡協議会)

第14条　(②)は，いじめの防止等に関係する機関及び団体の連携を図るため，条例の定めるところにより，学校，教育委員会，児童相談所，法務局又は地方法務局，都道府県警察その他の関係者により構成されるいじめ問題対策連絡協議会を(③)。

(学校におけるいじめの防止等の対策のための組織)

第22条　学校は，当該学校におけるいじめの防止等に関する措置を実効的に行うため，当該学校の複数の教職員，(④)等に関する専門的な知識を有する者その他の関係者により構成されるいじめの防止等の対策のための組織を(⑤)。

1　① 文部科学大臣　　　② 地方公共団体
　　③ 置くことができる　④ 心理，福祉
　　⑤ 置くものとする

2　① 知事　　　　　　　② 市区町村
　　③ 置くものとする　　④ 法律
　　⑤ 置くことができる

3　① 文部科学大臣　　　② 国
　　③ 置くことができる　④ 医療
　　⑤ 置くことができる

4　① 知事　　　　　　　② 市区町村
　　③ 置くことができる　④ 心理，福祉
　　⑤ 置くことができる

5　① 文部科学大臣　　　② 地方公共団体
　　③ 置くものとする　　④ 医療
　　⑤ 置くものとする

(☆☆☆◎◎◎)

【8】「発達障害を含む障害のある幼児児童生徒に対する教育支援体制整備ガイドライン～発達障害等の可能性の段階から，教育的ニーズに気付き，支え，つなぐために～」(平成29年3月文部科学省)に記されている内容として正しいものを1～5の中から一つ選びなさい。

1　校長のリーダーシップの下，全校的な教育支援体制を確立し，教育上特別の支援を必要とする児童等の実態把握や支援内容の検討等を行うため，特別支援教育に関する委員会(校内委員会)を既存の学校内組織(生徒指導部会等)ではなく，独立した委員会として新規に設置しなければならない。

2　教育上特別の支援を必要とする児童等については，家庭や医療・保健・福祉・労働等の関係機関と連携し，様々な側面からの取組を示した個別の教育支援計画を作成・活用しつつ，必要な支援を行うことが有効である。ただし，特別な支援を必要とする子供に対して提供されている「合理的配慮」の内容については，個別の教育支援計画には明記しない。

3　個別の教育支援計画は，関係機関と共有したり，進学先の学校へ引き継いだりすることでその目的を果たすことができるが，その内容には多くの個人情報を含むため，本人や保護者の同意なく，第三者に提供することはできない。

4　特別支援教育コーディネーターは，学校教育に関する心理の専門家として児童等へのカウンセリングや困難・ストレスへの対処方法に資する教育プログラムの実施を行うとともに，児童等への対応について教職員，保護者への専門的な助言や援助，教員のカウンセリング能力等の向上を図る研修を行う。

5　スクールカウンセラーは，福祉の専門家として課題を抱える児童等が置かれた環境への働きかけや関係機関等とのネットワークの構築，連携・調整，学校内におけるチーム体制の構築・支援等の役割を果たす。

(☆☆☆◎◎◎)

【中高・養護教諭共通】

【1】 次の各問いに答えなさい。

問1　次の文は，教育公務員特例法に規定された条文である。条文中の空欄(①)・(②)にあてはまる最も適切な語句の組み合わせをア〜カから一つ選び，記号で答えなさい。

> 第21条　教育公務員は，その職責を遂行するために，絶えず(①)と(②)に努めなければならない。

	①	②
ア	研修	修養
イ	研修	実践
ウ	研究	研鑽
エ	研究	修養
オ	教育	実践
カ	教育	研鑽

問2　次の①〜③の法令に規定されている条文を，ア〜カからそれぞれ一つずつ選び，記号で答えなさい。

①　教育基本法　　②　学校教育法　　③　地方公務員法

ア　第30条　すべて職員は，全体の奉仕者として公共の利益のために勤務し，且つ，職務の遂行に当つては，全力を挙げてこれに専念しなければならない。

イ　第7条　文部科学大臣は，教育職員の健康及び福祉の確保を図ることにより学校教育の水準の維持向上に資するため，教育職員が正規の勤務時間及びそれ以外の時間において行う業務の量の適切な管理その他教育職員の服務を監督する教育委員会が教育職員の健康及び福祉の確保を図るために講ずべき措置に関する指針(次項において単に「指針」という。)を定めるものとする。

ウ　第1条　教育は，人格の完成を目指し，平和で民主的な国家及

び社会の形成者として必要な資質を備えた心身ともに健康な国民の育成を期して行われなければならない。

エ　第23条　公立の小学校等の教諭等の任命権者は，当該教諭等（臨時的に任用された者その他の政令で定める者を除く。）に対して，その採用（現に教諭等の職以外の職に任命されている者を教諭等の職に任命する場合を含む。附則第5条第1項において同じ。）の日から一年間の教諭又は保育教諭の職務の遂行に必要な事項に関する実践的な研修（以下「初任者研修」という。）を実施しなければならない。

オ　第66条　小学校は，当該小学校の教育活動その他の学校運営の状況について，自ら評価を行い，その結果を公表するものとする。
※第79条，第79条の8，第104条，第135条において，それぞれ中学校，義務教育学校，高等学校，特別支援学校に準用。

カ　第34条　小学校においては，文部科学大臣の検定を経た教科用図書又は文部科学省が著作の名義を有する教科用図書を使用しなければならない。
※第49条，第49条の8，第62条，第82条において，それぞれ中学校，義務教育学校，高等学校，特別支援学校に準用。

(☆☆☆○○○)

【特別支援】

【１】次の問1，問2の各問いに答えなさい。

問1　次の文章は「特別支援学校幼稚部教育要領　小学部・中学部学習指導要領」（平成29年4月告示）「第1章総則第7節　道徳教育に関する配慮事項」の一部である。（　①　）～（　④　）にあてはまる最も適切な語句の組み合わせを1～5の中から一つ選びなさい。

> 小学部においては，児童の障害の状態や（　①　）及び（　②　）の段階等を踏まえ，指導内容の（　③　）を図ること。その際，各学年を通じて，自立心や自律性，生命を尊重する心や（　④　）を育てることに留意すること。また，各学年段階においては，

次の事項に留意すること。

1　①　特性　　②　心身の発達　　③　重点化
　　④　他者を思いやる心
2　①　実態　　②　心身の発達　　③　関連
　　④　豊かな感性と表現
3　①　特性　　②　資質・能力　　③　重点化
　　④　豊かな感性と表現
4　①　実態　　②　資質・能力　　③　関連
　　④　豊かな感性と表現
5　①　特性　　②　心身の発達　　③　関連
　　④　他者を思いやる心

問2　次の文章は「特別支援学校幼稚部教育要領　小学部・中学部学
　　習指導要領」(平成29年4月告示)「第1章総則第2節　小学部及び中学
　　部における教育の基本と教育課程の役割」の一部である。(　　)に
　　あてはまる最も適切な語句を1〜5の中から一つ選びなさい。

(3)　学校における体育・健康に関する指導を，児童又は生徒の
　発達の段階を考慮して，学校の教育活動全体を通じて適切に
　行うことにより，健康で安全な生活と豊かな(　　)の実現を
　目指した教育の充実に努めること。特に，学校における食育
　の推進並びに体力の向上に関する指導，安全に関する指導及
　び心身の健康の保持増進に関する指導については，小学部の
　体育科や家庭科(知的障害者である児童に対する教育を行う
　特別支援学校においては生活科)，中学部の保健体育科や技
　術・家庭科(知的障害者である生徒に対する教育を行う特別
　支援学校においては職業・家庭科)及び特別活動の時間はも
　とより，各教科，道徳科，外国語活動，総合的な学習の時間
　及び自立活動などにおいてもそれぞれの特質に応じて適切に
　行うよう努めること。

1　見方・考え方　　2　社会生活　　3　スポーツライフ
4　創造性　　　　　5　心身の発達

(☆☆☆◎◎◎)

解答・解説

【小学校】

【1】5

〈解説〉①　出席簿の作成義務は指導要録と同様に校長に課せられている。なお出席簿の様式には法律上の規定はないが，授業日数，出席すべき日数，出席日数，欠席日数・理由，遅刻・早退の状況などが記されることが多い。　②　学校教育法第33条では，小学校の教育課程に関する事項を定めるのは文部科学大臣と規定され，また，出題の学校教育法施行規則第52条に基づいて，小学校の教育課程の基準は文部科学大臣が公示する小学校学習指導要領によるものとすると定められ，「基準性」「法的拘束性」が与えられている。　③　平成27(2015)年の中央教育審議会「チームとしての学校の在り方と今後の改善方策について(答申)」等で「チームとしての学校」を実現するための改善方策が示され，それを受け文部科学省は，学校における児童の心理に関する支援に従事するスクールカウンセラー，学校における児童の福祉に関する支援に従事するスクールソーシャルワーカーの配置につとめており，その職務内容を規定した改正学校教育法施行規則が平成29(2017)年に施行された。

【2】1

〈解説〉総則では，児童の確かな学力を身に付けることができるよう，出題の事項の実現を図り，児童に生きる力を育むことを目指す，としている。

【3】4

〈解説〉目標の(1)は知識及び技能，(2)は思考力，判断力，表現力等，(3)は学びに向かう力，人間性等の観点から示されている。体育の目標では，(1)～(3)の目標が相互に密接な関連をもちつつ，生涯にわたって心身の健康を保持増進し豊かなスポーツライフを実現するための資質・能力を育成することを目指すことが示されている。

【4】3

〈解説〉高学年の「A　主として自分自身に関すること　真理の探究」の内容は，「真理を大切にし，物事を探究しようとする心をもつこと」である。指導に当たっては，真理を求める態度を大切にし，物事の本質を見極めようとする知的な活動を通して興味や関心を刺激し，探究する意欲を喚起させることが大切である。この内容は，中学校の「真理の探究，創造」の項目につながっていく。なお，第5学年及び第6学年に対してのみ示されている項目としてはほかに，〈D　主として生命や自然，崇高なものとの関わりに関すること〉の視点における「よりよく生きる喜び」がある。

【5】5

〈解説〉地方教育行政の組織及び運営に関する法律(地教行法)第47条の5からの出題である。この法律に基づき学校運営協議会を設置している学校をコミュニティ・スクールと呼ぶ。このコミュニティ・スクールとは学校と保護者や地域の住民がともに知恵を出し合い，学校運営に意見を反映させることで，一緒に協働しながら子供たちの豊かな成長を支え「地域とともにある学校づくり」を進めるためのしくみである。平成29(2017)年に地教行法が改正され，全ての公立学校がコミュニティ・スクールになることをめざし，学校運営協議会の設置が「任意」から「努力義務化」された。

【6】1

〈解説〉ピア・サポート活動とは，「児童生徒の社会的スキルを段階的に育て，児童生徒同士が互いに支えあう関係を作るためのプログラム」である。「ピア」は児童生徒「同士」という意味である。選択肢1の説明はソーシャルスキルトレーニングに関するもので，障害のない児童生徒だけでなく発達障害のある児童生徒の社会性獲得にも活用される。なお出典の「生徒指導提要」は文部科学省が平成22(2010)年に取りまとめたもので，生徒指導に関する学校・教職員向けの基本書である。

【７】１
〈解説〉いじめ防止対策推進法第11条に基づき，鳥取県でも平成25(2013)年に「鳥取県いじめの防止等のための基本的な方針」が策定されている。この方針は平成29(2017)年に改定され，「いじめ」「いじめの解消」「重大事態の範囲」の定義の明確化等がなされている。心理，福祉等に関する専門的な知識を有するものについては，スクールカウンセラー・スクールソーシャルワーカー等が想定されることが読み取れる。なお，文部科学省の「令和元年度　児童生徒の問題行動・不登校等生徒指導上の諸課題に関する調査結果について」によると，全国の小中高校などが令和元(2019)年度に認知したいじめの件数は，前年度より約6万8千件増の612,496件で，過去最多となっている。

【８】３
〈解説〉「発達障害を含む障害のある幼児児童生徒に対する教育支援体制整備ガイドライン～発達障害等の可能性の段階から，教育的ニーズに気付き，支え，つなぐために～」は，その後の状況の変化や，これまでの間に培ってきた発達障害を含む障害のある児童等に対する教育支援体制の整備状況を踏まえ，平成16(2004)年のガイドラインが見直されて平成29(2017)年3月に策定されたものである。　１　校内委員会を設置することについては，「独立した委員会として新規に設置したり，既存の学校内組織(生徒指導部会等)に校内委員会の機能を持たせるな

どの方法があります」と記載されている。　2　特別な支援を必要と
する子供に対して提供されている「合理的配慮」の内容については，
「個別の教育支援計画に明記し，引き継ぐことが重要です」と記載さ
れている。　4　ここに記されている内容は，スクールカウンセラー
に関するものである。特別支援教育コーディネーターは，「主に，校
内委員会・校内研修の企画・運営，関係機関・学校との連絡・調整，
保護者の相談窓口等の役割を担います」と記載されている。　5　こ
こに記されている内容は，スクールソーシャルワーカーに関するもの
である。

【中高・養護教諭共通】

【1】問1　エ　　問2　①　ウ　　②　カ　　③　ア
〈解説〉問1　教育公務員特例法は，教育公務員の職務とその責任の特殊
　性に基づき，その任免・分限・懲戒・服務などについて地方公務員法
　に対する特例を規定する法律で，研修について定めた同法第21条第1
　項からの出題。「法律に定める学校の教員は，自己の崇高な使命を深
　く自覚し，絶えず研究と修養に励み，その職責の遂行に努めなければ
　ならない」としている教育基本法第9条第1項，「職員には，その勤務
　能率の発揮及び増進のために，研修を受ける機会が与えられなければ
　ならない」としている地方公務員法第39条第1項との文言の違いに注
　意しておくこと。　問2　ア　地方公務員の服務の根本基準を定めた
　地方公務員法第30条である。　イ　教育職員の業務量の適切な管理等
　に関する指針の策定等を定めた公立の義務教育諸学校等の教育職員の
　給与等に関する特別措置法第7条第1項である。　ウ　教育の目的を定
　めた教育基本法第1条である。　エ　初任者研修について定めた教育
　公務員特例法第23条第1項である。　オ　小学校の学校評価について
　定めた学校教育法施行規則第66条第1項である。　カ　検定を経た教
　科用図書の使用義務を定めた学校教育法第34条第1項である。

【特別支援】

【1】問1　1　　問2　3

〈解説〉問1　小学部においては，生きる上で基盤となる道徳的価値観の形成を図る指導を徹底するとともに，自己の生き方についての指導を充実する観点から，各学年を通じて，自立心や自律性，生命を尊重する心，他者を思いやる心の育成に配慮することが大切である。

問2　体育・健康に関する指導は，健康・安全で活力ある生活を営むために必要な資質・能力を育て，心身の調和的な発達を図り，健康で安全な生活と豊かなスポーツライフの実現を目指すものとしている。今回改訂の学習指導要領では，小学部の体育と中学部の保健体育の目標の柱書にも，豊かなスポーツライフを実現するための資質・能力を育成することを目指すことが明示されている。

2020年度 | 実施問題

※2020年度の試験について，教職教養の試験は，2019年度と同様，専門教養の試験の中で，教職教養の問題が一部出題されました。なお一般教養の試験は非公開となっています。今回はそれぞれの校種で教職教養として出題された問題の一部を抜粋して掲載しました。なお，中学校，高校については各教科・科目の学習指導要領の問題は省略しています。

【小学校】

【1】 次の文章は，小学校学習指導要領(平成29年3月告示)の「第1章　総則　第1　小学校教育の基本と教育課程の役割」の一部である。（　①　）〜（　④　）に当てはまる語句の組み合わせとして最も適切なものを，下の1〜5の中から一つ選びなさい。

1　各学校においては，教育基本法及び学校教育法その他の法令並びにこの章以下に示すところに従い，児童の（　①　）調和のとれた育成を目指し，児童の心身の発達の段階や特性及び学校や(　②　)を十分考慮して，適切な教育課程を編成するものとし，これらに掲げる目標を達成するよう教育を行うものとする。

2　学校の教育活動を進めるに当たっては，各学校において，第3の1に示す主体的・対話的で深い学びの実現に向けた（　③　）を通して，創意工夫を生かした特色ある教育活動を展開する中で，次の(1)から(3)までに掲げる事項の実現を図り，児童に（　④　）を育むことを目指すものとする。

1　①　人間として　　②　家庭環境　　③　指導環境
　　④　確かな学力
2　①　知・徳・体の　②　家庭環境　　③　指導環境
　　④　生きる力

3　①　人間として　　　②　家庭環境　　　③　授業改善
　　④　確かな学力

4　①　知・徳・体の　　②　地域の実態　　③　授業改善
　　④　生きる力

5　①　人間として　　　②　地域の実態　　③　授業改善
　　④　生きる力

(☆☆☆◎◎◎◎)

【2】次の文章は，小学校学習指導要領(平成29年3月告示)の「第2章　各
教科　第10節　外国語　第1　目標」である。(　①　)～(　⑤　)に当
てはまる語句の組み合わせとして最も適切なものを，あとの1～5の中
から一つ選びなさい。

　　外国語によるコミュニケーションにおける見方・考え方を働
　かせ，外国語による聞くこと，読むこと，話すこと，書くこと
　の(　①　)を通して，コミュニケーションを図る基礎となる資
　質・能力を次のとおり育成することを目指す。
(1)　外国語の音声や文字，語彙，表現，文構造，言語の働きな
　　どについて，日本語と外国語との違いに気付き，これらの知
　　識を理解するとともに，読むこと，書くことに慣れ親しみ，
　　聞くこと，読むこと，話すこと，書くことによる(　②　)コミ
　　ュニケーションにおいて活用できる基礎的な技能を身に付け
　　るようにする。
(2)　コミュニケーションを行う目的や場面，状況などに応じて，
　　身近で簡単な事柄について，聞いたり話したりするとともに，
　　音声で十分に慣れ親しんだ外国語の語彙や基本的な表現を
　　(　③　)しながら読んだり，語順を意識しながら書いたりし
　　て，自分の考えや気持ちなどを(　④　)ことができる基礎的な
　　力を養う。
(3)　外国語の背景にある文化に対する理解を深め，他者に配慮

しながら，主体的に外国語を用いてコミュニケーションを図ろうとする(⑤)を養う。

1 ① 言語活動　② 実際の　③ 推測　④ 伝え合う
　 ⑤ 思考
2 ① 学習活動　② 実際の　③ 確認　④ 表現する
　 ⑤ 態度
3 ① 言語活動　② 実際の　③ 推測　④ 伝え合う
　 ⑤ 態度
4 ① 学習活動　② 体験的な　③ 推測　④ 伝え合う
　 ⑤ 思考
5 ① 言語活動　② 体験的な　③ 確認　④ 表現する
　 ⑤ 態度

(☆☆☆◎◎◎)

【3】次の文章は，小学校学習指導要領(平成29年3月告示)の「第6章　特別活動　第1　目標」である。(①)～(④)に当てはまる語句の組み合わせとして最も適切なものを，あとの1～5の中から一つ選びなさい。

　集団や社会の(①)としての見方・考え方を働かせ，様々な集団活動に(②)に取り組み，互いのよさや可能性を発揮しながら集団や自己の生活上の課題を解決することを通して，次のとおり資質・能力を育成することを目指す。
(1)　多様な他者と協働する様々な集団活動の意義や活動を行う上で必要となることについて理解し，行動の仕方を身に付けるようにする。
(2)　集団や自己の生活，人間関係の課題を見いだし，解決するために話し合い，(③)を図ったり，意思決定したりすることができるようにする。
(3)　(②)な集団活動を通して身に付けたことを生かして，集団や社会における生活及び人間関係をよりよく形成するとと

もに，自己の生き方についての考えを深め，（　④　）を図ろう
とする態度を養う。

1　①　先導者　　②　主体的，協働的　　③　合意形成
　　④　自己実現
2　①　形成者　　②　自主的，実践的　　③　合意形成
　　④　個性の伸長
3　①　形成者　　②　主体的，協働的　　③　自己理解
　　④　個性の伸長
4　①　形成者　　②　自主的，実践的　　③　合意形成
　　④　自己実現
5　①　先導者　　②　主体的，協働的　　③　自己理解
　　④　個性の伸長

(☆☆☆◎◎◎◎)

【4】次の文は，教育に関係する法令に記載された条文の一部である。この条文が記載された法令として最も適切なものを，下の1〜5の中から一つ選びなさい。

第10条　父母その他の保護者は，子の教育について第一義的責任を有するものであって，生活のために必要な習慣を身に付けさせるとともに，自立心を育成し，心身の調和のとれた発達を図るよう努めるものとする。

1　日本国憲法　　2　教育基本法　　3　学校教育法
4　社会教育法　　5　児童福祉法

(☆☆☆◎◎◎)

【5】次の文章は，第2次学校安全の推進に関する計画(平成29年3月24日閣議決定)の「Ⅱ　今後の学校安全の推進の方向性　1．目指すべき姿」の一部である。（　①　），（　②　）に当てはまる語句の組み合わせとして最も適切なものを，あとの1〜5の中から一つ選びなさい。

> 　以下の内容を，今後の学校安全の目指すべき姿として掲げ，各種の施策を推進する。
>
> 　(1)　全ての(①)等が，安全に関する(②)を身に付けることを目指す。
>
> 　(2)　略

1　①　教職員　　　②　指導力

2　①　児童生徒　　②　専門性

3　①　教職員　　　②　専門性

4　①　児童生徒　　②　資質・能力

5　①　教職員　　　②　資質・能力

(☆☆☆◎◎◎)

【中高・養護教諭共通】

【 1 】次の(1)～(4)の各問いに答えなさい。

(1)　次の文は，教育に関する法令に記載された条文の一部である。下の問いに答えなさい。

> 第6条　法律に定める学校は，(　　)を有するものであって，国，地方公共団体及び法律に定める法人のみが，これを設置することができる。

①　(　　)にあてはまる最も適切な語句を答えなさい。

②　この文が記載された法令として最も適切なものを，次のア～オから1つ選び，記号で答えなさい。

ア　日本国憲法　　イ　教育基本法

ウ　学校教育法　　エ　地方教育行政の組織及び運営に関する法律

オ　教育公務員特例法

(2)　次の①，②の文は，文部科学省国立教育政策研究所が平成30年3月に発行したキャリア教育リーフレット「生徒が直面する将来のリスクに対して学校にできることって何だろう？」において，進路に

関する主な相談機関について説明したものである。①，②の相談機関として最も適切なものを，ア〜オからそれぞれ1つずつ選び，記号で答えなさい。

①　若者一人一人の状況に応じて，専門的な相談に乗ったり，各地域にある若者支援機関を紹介したりする施設。

②　労働者の最低限の労働条件を定めた労働基準法や，労働者の安全を守るための基準を定めた労働安全衛生法などに基づいて，労働者を保護するための仕事を行う機関。

　　ア　総合労働相談コーナー(都道府県労働局総務部)
　　イ　公共職業安定所
　　ウ　労働基準監督署
　　エ　職業能力開発促進センター
　　オ　地域若者サポートステーション

【特別支援】

【１】次の各問いに答えなさい。

(1)　次の文は，教育に関する法令に記載された条文の一部である。下の問いに答えなさい。

> 第6条　法律に定める学校は，（　　　　）を有するものであって，国，地方公共団体及び法律に定める法人のみが，これを設置することができる。

①　（　　　）にあてはまる最も適切な語句を答えなさい。

②　この文が記載された法令として最も適切なものを，次のア〜オから1つ選び，記号で答えなさい。
　　ア　日本国憲法　　イ　教育基本法
　　ウ　学校教育法　　エ　地方教育行政の組織及び運営に関する法律
　　オ　教育公務員特例法

(2)　次の①，②の文は，文部科学省国立教育政策研究所が平成30年3月に発行したキャリア教育リーフレット「生徒が直面する将来のリ

スクに対して学校にできることって何だろう？」において，進路に関する主な相談機関について説明したものである。①，②の相談機関として最も適切なものを，下のア～オからそれぞれ1つずつ選び，記号で答えなさい。

① 若者一人一人の状況に応じて，専門的な相談に乗ったり，各地域にある若者支援機関を紹介したりする施設。

② 労働者の最低限の労働条件を定めた労働基準法や，労働者の安全を守るための基準を定めた労働安全衛生法などに基づいて，労働者を保護するための仕事を行う機関。

ア　総合労働相談コーナー(都道府県労働局総務部)

イ　公共職業安定所

ウ　労働基準監督署

エ　職業能力開発促進センター

オ　地域若者サポートステーション

(3) 次の文章は，「学校教育法施行規則の一部を改正する省令の施行について(通知)」(平成30年8月27日)の一部である。(　①　)～(　⑤　)に入る最も適切な語句又は数字を答えなさい。

第2　改正の概要

1　特別支援学校に在学する幼児児童生徒について，(　①　)(学校と関係機関等との連携の下に行う当該幼児児童生徒に対する長期的な支援に関する計画をいう。)を作成することとし，当該計画の作成に当たっては，当該幼児児童生徒又は保護者の意向を踏まえつつ，関係機関等と当該幼児児童生徒の支援に関する必要な情報の共有を図ることとすること。(新第134条の2関係)

2　1の規定について，小・中学校の(　②　)の児童生徒，小・中学校及び高等学校において(　③　)による指導が行われている児童生徒に準用すること。(新第139条の2，新第141条の2関係)

第3　留意事項

5　(　①　)の保存及び管理

　　（　①　）については，記載された個人情報が漏えいしたり，紛失したりすることのないよう，学校内における個人情報の管理の責任者である校長が適切に保存・管理すること。

　　（　①　）は，条例や法人の各種規程に基づき適切に保存されるものであるが，指導要録の（　④　）に関する記録の保存期間を参考とし，（　⑤　）年間保存されることが文書管理上望ましいと考えられること。

(☆☆☆◎◎◎)

解答・解説

【小学校】

【1】5

〈解説〉出題箇所は，小学校学習指導要領(平成29年3月告示)　第1章総則の冒頭の部分にあたる。「第1章　総則　第1　小学校教育の基本と教育課程の役割」については，1の文中に示された「人間として調和のとれた育成」，2の文中に示された「主体的・対話的で深い学びの実現」「生きる力を育む」などの最も重要な姿勢を，しっかり確認しておくとよい。

【2】3

〈解説〉小学校学習指導要領(平成29年3月告示)における教科の目標は最重要項目であるので，各教科ともすべて正確に暗記しておくことが前提である。本問は選択式の空欄補充問題なので，内容について理解していれば，文脈等から記憶を補うこともできると思われる。

【3】4

〈解説〉特別活動の目標においては，空欄に該当する「自主的・実践的」「合意形成」「自己実現」の他，「集団活動」「意思決定」なども重要なキーワードである。

【4】2

〈解説〉教育基本法は，第2次世界大戦後の日本の教育制度や政策の基本理念を示した法律で，昭和22(1947)年3月31日に制定された。その後60年が経過し，価値観の多様化，規範意識の低下，科学技術の進歩，国際化，核家族化などの教育を取り巻く環境の大幅な変化を踏まえて改正され，平成18年12月公布・施行された。家庭教育について定めたこの第10条第1項は，第2項とともにその改正において新設された条文である。

【5】4

〈解説〉文部科学省は，学校保健安全法第3条第2項「国は，各学校における安全に係る取組を総合的かつ効果的に推進するため，学校安全の推進に関する計画の策定その他所要の措置を講ずるものとする。」に基づき，平成29(2017)年3月に，出題の「第2次学校安全の推進に関する計画」を策定した。この計画は，学校における安全教育と安全管理をその二本柱とするもので，今後おおむね5年間(平成29年度〜)にわたる学校安全の推進に関する施策の基本的方向と具体的な方策を明らかにしている。

【中高・養護教諭共通】

【1】(1) ① 公の性質 ② イ (2) ① オ ② ウ

〈解説〉(1) 教育基本法は，教育を受ける権利を国民に保障した日本国憲法に基づき，日本の公教育の在り方を全般的に規定する法律。法制定の由来と目的を明らかにし，法の基調をなしている主義と理想とを宣言する前文と18の条文から構成され，出題の第6条は学校教育について定めている。文部科学省は「公の性質を有する」の意味について，「広く解すれば，おおよそ学校の事業の性質が公のものであり，それが国家公共の福利のためにつくすことを目的とすべきものであって，私のために仕えてはならないという意味とする。狭く解すれば，法律

に定める学校の事業の主体がもともと公のものであり，国家が学校教育の主体であるという意味とする。」としている。　(2)　キャリア教育リーフレットは文部科学省のシンクタンクである国立教育政策研究所がキャリア教育のさらなる充実に資するため，実践に役立つパンフレットを作成し，全国の学校や教育委員会等へ配布しているもの。アの総合労働相談コーナー(都道府県労働局総務部)は，勤めた会社で何か問題が起きたときに，専門の相談員がいろいろな相談に乗り，問題解決のための支援をする機関。イの公共職業安定所(ハローワーク)は，職業の紹介や失業したときの失業給付金の支給などを行うほか，公共職業訓練のあっせんや，会社を辞めたくなったようなときの相談にも応じる機関。エの職業能力開発促進センターは，求職者などに，就職に向けて必要な知識・技能を身につけるための職業訓練を実施する機関。

【特別支援】

【１】(1)　①　公の性質　　②　イ　　(2)　①　オ　　②　ウ
　(3)　①　個別の教育支援計画　　②　特別支援学級　　③　通級
　④　指導　　⑤　5
〈解説〉(1)　教育基本法は，教職教養でおさえておきたい法律である。学習していない受験生はこれを機に行っておくこと。　　(2)　①「若者支援機関を紹介したり」から解答を導き出したい。　　②　労働基準監督署では賃金や労働時間・休息などの労働条件，労働能率の増進，児童の使用の禁止などを監督している。　　(3)　個別の教育支援計画の作成が法制化された背景として，障害のある子供が地域で切れ目なく支援を受けられること，保護者や医療，福祉，保健，労働等の関係機関等との連携を一層推進することがあげられる。

2019年度 | 実施問題

※2019年度の試験について，2018年7月に予定されていた1次試験が西日本豪雨の影響により試験が延期されました。よって2019年度の教職教養については，専門教養の試験の中で，教職教養の問題が一部出題されました。今回はそれぞれの校種で教職教養として出題された問題の一部を抜粋して掲載しました。なお，中学校，高校については各教科・科目の学習指導要領の問題は省略しています。

【小学校・養護教諭共通】

【1】次の(1)～(5)の文章は，教育に関係する法令に記載された条文の一部である。(1)～(5)が記載された法令として最も適切なものを，下の1～5からそれぞれ一つ選びなさい。

(1) 第11条　校長及び教員は，教育上必要があると認めるときは，文部科学大臣の定めるところにより，児童，生徒及び学生に懲戒を加えることができる。ただし，体罰を加えることはできない。

　　1　日本国憲法　　2　教育基本法
　　3　学校教育法　　4　地方教育行政の組織及び運営に関する法律
　　5　教育公務員特例法

(2) 第30条　地方公共団体は，法律で定めるところにより，学校，図書館，博物館，公民館その他の教育機関を設置するほか，条例で，教育に関する専門的，技術的事項の研究又は教育関係職員の研修，保健若しくは福利厚生に関する施設その他の必要な教育機関を設置することができる。

　　1　教育基本法　　2　学校図書館法
　　3　地方公務員法　　4　地方教育行政の組織及び運営に関する法律
　　5　社会教育法

(3) 第94条　地方公共団体は，その財産を管理し，事務を処理し，及び行政を執行する権能を有し，法律の範囲内で条例を制定すること

ができる。

1　日本国憲法　　　2　社会教育法

3　地方公務員法　　4　教育公務員特例法

5　地方教育行政の組織及び運営に関する法律

(4)　第4条　すべて国民は，ひとしく，その能力に応じた教育を受ける機会を与えられなければならず，人種，信条，性別，社会的身分，経済的地位又は門地によって，教育上差別されない。

1　日本国憲法　　　　　2　教育基本法　　　3　学校教育法

4　教育公務員特例法　　5　社会教育法

(5)　第52条　小学校の教育課程については，この節に定めるもののほか，教育課程の基準として文部科学大臣が別に公示する小学校学習指導要領によるものとする。

1　教育基本法　　　　2　学校教育法　　　3　教育公務員特例法

4　学校教育法施行令　　5　学校教育法施行規則

(☆☆☆◎◎◎)

【中学校】

【1】次の各問いに答えなさい。

(1)　次の①～⑤の文章は，教育に関係する法令に記載された条文の一部である，①～⑤が記載された法令として最も適切なものを，あとのア～コからそれぞれ1つずつ選び，記号で答えなさい。

①　第11条　校長及び教員は，教育上必要があると認めるときは，文部科学大臣の定めるところにより，児童，生徒及び学生に懲戒を加えることができる。ただし，体罰を加えることはできない。

②　第30条　地方公共団体は，法律で定めるところにより，学校，図書館，博物館，公民館その他の教育機関を設置するほか，条例で，教育に関する専門的，技術的事項の研究又は教育関係職員の研修，保健若しくは福利厚生に関する施設その他の必要な教育機関を設置することができる。

③　第94条　地方公共団体は，その財産を管理し，事務を処理し，

及び行政を執行する権能を有し，法律の範囲内で条例を制定することができる。

④　第4条　すべて国民は，ひとしく，その能力に応じた教育を受ける機会を与えられなければならず，人種，信条，性別，社会的身分，経済的地位又は門地によって，教育上差別されない。

⑤　第52条　小学校の教育課程については，この節に定めるもののほか，教育課程の基準として文部科学大臣が別に公示する小学校学習指導要領によるものとする。

　　ア　日本国憲法　　　　　イ　教育基本法
　　ウ　学校教育法　　　　　エ　学校教育法施行令
　　オ　学校教育法施行規則　カ　学校図書館法
　　キ　地方教育行政の組織及び運営に関する法律
　　ク　社会教育法　　　　　ケ　地方公務員法
　　コ　教育公務員特例法

(2)　次の文章は，中学校学習指導要領(平成29年3月告示)第1章総則で示された，各教科等の指導に当たり配慮する事項の一部である。(①)～(⑤)にあてはまる最も適切な語句を答えなさい。

　　第1の3の(1)から(3)までに示すことが偏りなく実現されるよう，単元や題材など内容や時間のまとまりを見通しながら，生徒の主体的・(①)で深い学びの実現に向けた授業改善を行うこと。

　　特に，各教科等において身に付けた(②)及び技能を(③)したり，思考力，(④)，表現力等や学びに向かう力，人間性等を発揮させたりして，学習の対象となる物事を捉え思考することにより，各教科等の特質に応じた物事を捉える視点や考え方(以下「見方・考え方」という。)が鍛えられていくことに留意し，生徒が各教科等の特質に応じた見方・考え方を働かせながら，(②)を相互に関連付けてより深く理解したり，(⑤)を精査して考えを形成したり，問題を見いだして解決策を考えたり，思いや考えを基に創造したりすることに向かう過程を重視した学習の充実を図ること。

(☆☆☆◎◎◎)

【高等学校・特別支援共通】

【1】次の①～⑤の文章は，教育に関係する法令に記載された条文の一部
　　である。①～⑤が記載された法令として最も適切なものを，下の(ア)
　　～(コ)からそれぞれ1つずつ選び，記号で答えなさい。

　①　第11条　　校長及び教員は，教育上必要があると認めるときは，
　　　　　　　　文部科学大臣の定めるところにより，児童，生徒及び
　　　　　　　　学生に懲戒を加えることができる。ただし，体罰を加
　　　　　　　　えることはできない。

　②　第30条　　地方公共団体は，法律で定めるところにより，学校，
　　　　　　　　図書館，博物館，公民館その他の教育機関を設置する
　　　　　　　　ほか，条例で，教育に関する専門的，技術的事項の研
　　　　　　　　究又は教育関係職員の研修，保健若しくは福利厚生に
　　　　　　　　関する施設その他の必要な教育機関を設置することが
　　　　　　　　できる。

　③　第94条　　地方公共団体は，その財産を管理し，事務を処理し，
　　　　　　　　及び行政を執行する権能を有し，法律の範囲内で条例
　　　　　　　　を制定することができる。

　④　第4条　　　すべて国民は，ひとしく，その能力に応じた教育を受
　　　　　　　　ける機会を与えられなければならず，人種，信条，性
　　　　　　　　別，社会的身分，経済的地位又は門地によって，教育
　　　　　　　　上差別されない。

　⑤　第52条　　小学校の教育課程については，この節に定めるものの
　　　　　　　　ほか，教育課程の基準として文部科学大臣が別に公示
　　　　　　　　する小学校学習指導要領によるものとする。

　(ア)　日本国憲法　　　　　　　(イ)　教育基本法
　(ウ)　学校教育法　　　　　　　(エ)　学校教育法施行令
　(オ)　学校教育法施行規則　　　(カ)　学校図書館法
　(キ)　地方教育行政の組織及び運営に関する法律
　(ク)　社会教育法　　　　　　　(ケ)　地方公務員法

(コ)　教育公務員特例法

(☆☆☆◎◎◎◎◎)

解答・解説

【小学校・養護教諭共通】

【1】(1)　3　　(2)　4　　(3)　1　　(4)　2　　(5)　5

〈解説〉(1)　文部科学省は体罰が社会問題化したことを受け，平成25(2013)年3月に「体罰の禁止及び児童生徒理解に基づく指導の徹底について」を通知した。その中で，諸条件を客観的に考慮して判断すべきであるとしたうえで，「その懲戒の内容が身体的性質のもの，すなわち，身体に対する侵害を内容とするもの(殴る，蹴る等)，児童生徒に肉体的苦痛を与えるようなもの(正座・直立等特定の姿勢を長時間にわたって保持させる等)に当たると判断された場合は，体罰に該当する。」としている。　(2)　「地方教育行政の組織及び運営に関する法律」は昭和31(1956)年に制定された。平成27(2015)年4月1日には大きな制度改正を行うためその一部を改正する法律が施行され，教育委員長と教育長を一本化した新「教育長」の設置を含めた，教育に関する「大綱」の策定が行われた。　(3)　日本国憲法第94条は，地方公共団体の権能を定めたものである。　(4)　教育基本法は昭和22(1947)年に制定されたが，価値観の多様化，科学技術の進歩，国際化などの教育を取り巻く環境の大幅な変化等を踏まえ，平成18(2006)年に改正された。この改正において第4条は一部文言が修正されている。　(5)　学校教育法第20条は「小学校の教科に関する事項は，第17条及び第18条の規定に従い，監督庁がこれを定める。」(中学校は第38条，高等学校は第43条で同様に規定としている。)としている。それを受けて，学校教育法施行規則第52条では「小学校の教育課程については，この節に定めるもののほか，教育課程の基準として文部科学大臣が別に公示する小学校

学習指導要領によるものとする。」としている。これらの規定により，教育課程については国が学習指導要領などで学校が編成する教育課程の大綱的な基準を公示し，学校の設置者たる教育委員会が教育課程など学校の管理運営の基本的事項について規則を制定し，学校(校長)が学校や地域，児童生徒の実態等を踏まえ，創意工夫した教育課程を編成・実施することになっている。

【中学校】

【１】(1)　①　ウ　　②　キ　　③　ア　　④　イ　　⑤　オ
(2)　①　対話的　　②　知識　　③　活用　　④　判断力　　⑤　情報

〈解説〉(1)　①　文部科学省は体罰が社会問題化したことを受け，平成25年3月に「体罰の禁止及び児童生徒理解に基づく指導の徹底について」を通知した。その中で懲戒と体罰の区別について「教員等が児童生徒に対して行った懲戒行為が体罰に当たるかどうかは，当該児童生徒の年齢，健康，心身の発達状況，当該行為が行われた場所的及び時間的環境，懲戒の態様等の諸条件を総合的に考え，個々の事案ごとに判断する必要がある。この際，単に懲戒行為をした教員等や，懲戒行為を受けた児童生徒・保護者の主観のみにより判断するのではなく，諸条件を客観的に考慮して判断すべきである」としたうえで，「その懲戒の内容が身体的性質のもの，すなわち，身体に対する侵害を内容とするもの(殴る，蹴る等)，児童生徒に肉体的苦痛を与えるようなもの(正座・直立等特定の姿勢を長時間にわたって保持させる等)に当たると判断された場合は，体罰に該当する」としている。　②　「地方教育行政の組織及び運営に関する法律」は昭和31年に制定されたもので，教育委員会の設置，市町村立学校の教職員の身分，学校運営協議会の設置等の地方公共団体の教育行政の基本について定めた法律。平成27年4月1日には大きな制度改正を行うためその一部を改正する法律が施行され，教育委員長と教育長を一本化した新「教育長」の設置，教育長へのチェックの機能の強化と会議の透明化，「総合教育会議」の

全自治体設置，教育に関する「大綱」の策定が行われた。　③　日本国憲法第94条は，地方公共団体の権能を定めたものである。なお憲法第92条では「地方公共団体の組織及び運営に関する事項は，地方自治の本旨に基いて，法律でこれを定める」とされている。　④　教育基本法が制定された昭和22(1947)年以後，価値観の多様化，規範意識の低下，科学技術の進歩，国際化，核家族化等教育を取り巻く環境は大幅に変化した。これを踏まえ，教育基本法は改正され，平成18年12月公布・施行された。　⑤　学校教育法施行規則第52条の規定により，教育課程については，国が学習指導要領等で学校が編成する教育課程の大綱的な基準を公示し，学校の設置者たる教育委員会が教育課程等学校の管理運営の基本的事項について規則を制定し，学校(校長)が学校や地域，児童生徒の実態等を踏まえて創意工夫した教育課程を編成・実施することになっている。　(2)　中学校学習指導要領総則における「各教科等の指導に当たり配慮する事項」について，同解説総則編(平成29年7月)では，「知識及び技能が習得されるようにすること，思考力，判断力，表現力等を育成すること，学びに向かう力，人間性等を涵養することが偏りなく実現されるよう，単元や題材等内容や時間のまとまりを見通しながら，生徒の主体的・対話的で深い学びの実現に向けた授業改善を行うこと，その際，各教科等の『見方・考え方』を働かせ，各教科等の学習の過程を重視して充実を図ることを示している」と解説している。

【高等学校・特別支援共通】

【1】①　(ウ)　　②　(キ)　　③　(ア)　　④　(イ)　　⑤　(オ)
〈解説〉①の学校教育法第11条は，校長及び教員の懲戒権を認めると同時に，体罰の禁止を明示している。どのような事案が懲戒にあたり，また体罰にあたるのかという具体的な事例や解釈は「体罰の禁止及び児童生徒理解に基づく指導の徹底について(通知)」(平成25年3月文部科学省)に示されているため，確認しておくとよい。④は教育基本法の教育の機会均等を定めた条文であり，第4条の中でも第1項に相当するも

のである。第4条では，加えて，障害のある者にも必要な支援を行うこと(第2項)，経済的理由により修学が困難な者に対しては，奨学の措置を行うこと(第3項)も定められている。

2018年度 実施問題

【1】次の(1)，(2)の各問いに答えなさい。

(1) 次の文章は，鳥取県の「教育に関する大綱」について述べたものである。(A)～(C)に入る語句の組み合わせとして最も適切なものを，あとの1～5の中から一つ選びなさい。

> 本県では，平成24年3月，「教育振興協約」を締結し，知事と教育委員会とが連携した取組をスタートさせるとともに，平成25年5月には知事，教育委員会，そして民間委員による「教育協働会議」を設置し，協約に基づく施策の点検や検討を行うなど，鳥取県の子どもたちの未来のための教育振興に先行的に取り組んできた。
>
> 平成26年6月の(A)の改正に伴い，平成27年度から各地方公共団体の長には，当該地方公共団体の教育，学術及び文化の振興に関する総合的な施策について，その目標(めざす姿)や施策の根本となる方針を明らかにするための「教育に関する大綱」(以下，「大綱」という。)の策定が求められることとなった。
>
> このため，本県では，知事と教育委員会が連携して本県の教育行政の推進を図るため，民間有識者委員を交えた「総合教育会議」の場での議論を踏まえ，平成27年7月に「(B)」を基本とした大綱を策定し，平成28年3月及び平成29年3月に一部改定を行った。
>
> 大綱は，平成27年度から平成30年度までの本県教育の中期的な取組方針として，「(C)」，「社会全体で学び続ける環境づくり」，「学校を支える教育環境の充実」，「一人ひとりのニーズに対応した特別支援教育の充実」，「スポーツ・文化の振興」を掲げるとともに，毎年度の重点的な取組施策を定めている。

	A	B	C
1	学校教育法	鳥取県教育振興基本計画	自立して生きる力を高める学校教育の推進
2	地方教育行政の組織及び運営に関する法律	鳥取県の将来のビジョン	学ぶ意欲を高める学校教育の推進
3	学校教育法	鳥取県教育振興基本計画	自立して生きる力を高める学校教育の推進
4	地方教育行政の組織及び運営に関する法律	鳥取県教育振興基本計画	学ぶ意欲を高める学校教育の推進
5	学校教育法	鳥取県の将来のビジョン	学ぶ意欲を高める学校教育の推進

(2)　次の各文章は，鳥取県教育委員会が平成27年3月に策定した「鳥取県ICT活用教育推進ビジョン」において，ICT活用教育の目指す方向について「学び」，「教室」，「支援」，「基盤」の4項目に整理し示したものの一部である。誤っているものを，次の1〜5の中から一つ選びなさい。

1　「学び」では，「他者との対話を通して協調的に学ぶことで，建設的相互作用を引き出すような学びへの質的転換を図る。」，「学びの質的転換に合わせ，ICT機器を学習の道具として使う。」ことなどが示されている。

2　「学び」では，教員のICT活用能力育成の具体的な取組例として，教育センターにおいて「ICT活用指導力向上を意図し，初任者研修にICT活用に関する研修を組み込み，さらに5年目研修ではICTのより高度な使い方の研修を組み込むことによって，県内全職員がICT活用研修を学ぶ環境をつくる。」等の研修が考えられると示されている。

3　「教室」では，「子どもたちが最も多くの時間を過ごす『教室』の環境整備について，例えば教室に電子黒板と教材提示装置，あるいはプロジェクタと1台のタブレット端末をそろえるなど，「教室内に大きな画面で映像を表示できる状況」の実現は，子どもたちの学習に最も影響する事項であるため，鳥取県として最優先事項として整備を急ぐ必要がある。」などが示されている。

　　4　「支援」では，「現場の教員をサポートする人材配置はコストが
　　　大きいことから，各学校の若手教員がベテラン教員の支援に取り
　　　組むことを意識し運用する。」ことなどが示されている。
　　5　「基盤」では，「将来の1人1台環境の実現に向けて，県はBYOD
　　　(Bring Your Own Device 学校に児童・生徒・教員の私物の端末を
　　　持ってきて活用すること)の考え方を踏まえた整備や運用のあり
　　　方を，有識者などの意見を伺いながら検討する必要がある。」こ
　　　となどが示されている。

(☆☆☆◎◎◎)

【2】次の(1)～(3)の各問いに答えなさい。
　(1)　現行の小学校，中学校，高等学校の各学習指導要領の総則に掲げ
　　　る事柄について，誤っているものを，次の1～5の中から一つ選びな
　　　さい。
　　1　小学校学習指導要領における各教科等の指導に当たって配慮す
　　　べき事項として「児童の思考力，判断力，表現力等をはぐくむ観
　　　点から，基礎的・基本的な知識及び技能の活用を図る学習活動を
　　　重視するとともに，言語に対する関心や理解を深め，言語に関す
　　　る能力の育成を図る上で必要な言語環境を整え，児童の言語活動
　　　を充実すること。」が挙げられている。
　　2　小学校学習指導要領における各教科等の指導に当たって配慮す
　　　べき事項として「児童が学習の見通しを立てたり学習したことを
　　　振り返ったりする活動を計画的に取り入れるよう工夫すること。」
　　　が挙げられている。
　　3　中学校学習指導要領における各教科等の指導に当たって配慮す
　　　べき事項として「障害のある生徒などについては，特別支援学校
　　　等の助言又は援助を活用しつつ，例えば指導についての計画又は
　　　家庭や医療，福祉等の業務を行う関係機関と連携した支援のため
　　　の計画を個別に作成することなどにより，個々の生徒の障害の状
　　　態等に応じた指導内容や指導方法の工夫を計画的，組織的に行う

こと。」が挙げられている。

4　中学校学習指導要領における各教科等の指導に当たって配慮すべき事項として「部活動については，スポーツや文化及び科学等に親しませ，学習意欲の向上や責任感，連帯感の涵養等に資するものであることから，学校教育の一環として，教育課程との関連を図りつつ原則として全生徒の参加により行われるよう留意すること。」が挙げられている。

5　高等学校学習指導要領における指導計画の作成に当たって配慮すべき事項として「学校や生徒の実態等に応じ，必要がある場合には，例えば『各教科・科目の指導に当たり，義務教育段階での学習内容の確実な定着を図るための学習機会を設けること』等のような工夫を行い，義務教育段階での学習内容の確実な定着を図るようにすること。」が挙げられている。

(2)　全国的な教育制度や教育施策の状況として誤っているものを，次の1〜5の中から一つ選びなさい。

1　平成28年度から開始されている義務教育学校の制度は，心身の発達に応じて，義務教育として行われる普通教育を基礎的なものから一貫して施すことを目的としており，その教育の目標として，小学校教育及び中学校教育と同様に，学校教育法第21条に規定する義務教育の目標を達成するよう行われるものとされている。

2　中高一貫教育制度は，これまでの中学校・高等学校に加えて，生徒や保護者が中高一貫教育も選択できるようにすることにより，中等教育の一層の多様化を図るものであり，平成11年4月から制度化され，平成28年4月現在の中高一貫教育校の設置校数は「中等教育学校」，「併設型」，「連携型」を合わせて，595校となっている。

3　文部科学省では，平成16年1月に「小・中学校におけるLD(学習障害)，ADHD(注意欠陥/多動性障害)，高機能自閉症の児童生徒への教育支援体制の整備のためのガイドライン(試案)」を作成し，小・中学校における発達障害のある児童生徒に対する教育支援体

制の整備を推進してきたが，その後の状況の変化等を踏まえ，平成29年3月に「対象を，発達障害のある児童等に限定せず，障害により教育上特別の支援を必要とする全ての児童等に拡大」，「対象とする学校に，幼稚園及び高等学校等も加え，進学時等における学校間での情報共有(引継ぎ)の留意事項について追記」等の観点から見直しを行い，「発達障害を含む障害のある幼児児童生徒に対する教育支援体制整備ガイドライン」を作成した。

4　文部科学省が，平成26年から官民協働で立ち上げた海外留学支援制度「トビタテ！留学JAPAN日本代表プログラム」は，平成32年までの7年間で約1万人の高校生，大学生を派遣留学生として送り出し，派遣留学生は支援企業と共にグローバル人材コミュニティを形成し"産業界を中心に社会で求められる人材"，"世界で，又は世界を視野に入れて活躍できる人材"へと育成されることを目的としている。

5　「教育公務員特例法」が改正され，平成29年度から，中堅教諭等としての職務を遂行する上で，必要とされる資質の向上を図るための研修として，はじめて十年経験者研修が制度化された。

(3)　次の文は，全国及び本県の児童生徒の状況について，平成28年度全国学力・学習状況調査の結果について述べたものである。誤っているものを，次の1～5の中から一つ選びなさい。

1　全国的な状況として，小学校算数では，基準量，比較量，割合の関係を正しく捉えることに依然として課題がある。

2　全国的な状況として，平成19年度の調査開始時と同一の質問項目の回答状況の変化では，規則的な生活習慣，学習習慣，規範意識が身についている児童生徒の割合が増加傾向にある。

3　本県の小学校6年生の平均正答率は，国語A，B，算数A，Bのいずれも，全国に比べて高いものとなっており，本県の「国語の勉強は好き」，「算数の勉強は好き」と回答した児童の率についても，両方とも全国のものに比べて高いものとなっている。

4　本県の中学校3年生の平均正答率は，国語A，B，数学A，Bのい

ずれも，全国に比べて高いものとなっているが，本県の「国語の授業の内容はよく分かる」，「数学の授業の内容はよく分かる」と回答した生徒の率については，両方とも全国のものに比べて低いものとなっている。

5　児童生徒の「家で学校の授業の予習をしていますか」に肯定的な回答，「家で学校の授業の復習をしていますか」に肯定的な回答の状況は，本県では，小学校で両方とも全国より高いものとなっているが，中学校では両方とも全国より低いものとなっている。

(☆☆☆◎◎◎)

【3】次の(1)～(7)の各問いに答えなさい。

(1)　次の文は，日本国憲法の条文の一部である。（　Ａ　）～（　Ｃ　）に入る語句の組み合わせとして最も適切なものを，下の1～5の中から一つ選びなさい。

第14条　すべて国民は，法の下に平等であつて，人種，信条，性別，社会的（　Ａ　）又は門地により，政治的，経済的又は社会的関係において，差別されない。

第25条　すべて国民は，（　Ｂ　）で文化的な最低限度の生活を営む権利を有する。

第26条　すべて国民は，法律の定めるところにより，その能力に応じて，ひとしく教育を受ける権利を有する。

2　すべて国民は，法律の定めるところにより，その保護する子女に（　Ｃ　）を受けさせる義務を負ふ。義務教育は，これを無償とする。

	Ａ	Ｂ	Ｃ
1	身分	健康	普通教育
2	身分	健康	生涯教育
3	地位	幸福	生涯教育
4	地位	自由	普通教育
5	責任	自由	学校教育

(2) 次の文は，教育関係の法律の条文の一部である。下線の語句が誤っているものを，次の1〜5の中から一つ選びなさい。

1　教育基本法　第13条

　学校，家庭及び地域住民その他の関係者は，教育におけるそれぞれの役割と責任を自覚するとともに，<u>相互の連携</u>及び協力に努めるものとする。

2　学校教育法　第11条

　校長及び教員は，教育上必要があると認めるときは，文部科学大臣の定めるところにより，児童，生徒及び学生に<u>懲戒</u>を加えることができる。ただし，体罰を加えることはできない。

3　学校図書館法　第5条

　学校には，学校図書館の専門的職務を掌らせるため，<u>司書教諭</u>を置かなければならない。

4　学校保健安全法　第20条

　<u>校長</u>は，感染症の予防上必要があるときは，臨時に，学校の全部又は一部の休業を行うことができる。

5　いじめ防止対策推進法　第8条

　学校及び学校の教職員は，基本理念にのっとり，当該学校に在籍する児童等の保護者，地域住民，児童相談所その他の関係者との連携を図りつつ，学校全体でいじめの防止及び<u>早期発見</u>に取り組むとともに，当該学校に在籍する児童等がいじめを受けていると思われるときは，適切かつ迅速にこれに対処する責務を有する。

(3) 次の文は，地方公務員法の第35条である。(　　)に入る語句として最も適切なものを，下の1〜5の中から一つ選びなさい。

第35条　職員は，法律又は条例に特別の定がある場合を除く外，その勤務時間及び職務上の(　　)のすべてをその職責遂行のために用い，当該地方公共団体がなすべき責を有する職務にのみ従事しなければならない。

1　集中力　　2　注意力　　3　実践力　　4　判断力

5　思考力

(4)　次の文は，学校保健安全法施行規則の条文の一部である。（　Ａ　）
　〜（　Ｃ　）に入る語句の組み合わせとして最も適切なものを，下の
　１〜５の中から一つ選びなさい。

　第5条　法第13条第1項の健康診断は，毎学年，（　Ａ　）までに行う
　　ものとする。ただし，疾病その他やむを得ない事由によつて当該
　　期日に健康診断を受けることのできなかつた者に対しては，その
　　事由のなくなつた後すみやかに健康診断を行うものとする。

　第28条　法第27条の安全点検は，他の法令に基づくもののほか，
　　（　Ｂ　）一回以上，児童生徒等が通常使用する施設及び設備の異
　　常の有無について系統的に行わなければならない。

　2　学校においては，必要があるときは，臨時に，安全点検を行う
　　ものとする。

　第29条　学校においては，前条の安全点検のほか，設備等について
　　（　Ｃ　）な点検を行い，環境の安全の確保を図らなければならな
　　い。

	Ａ	Ｂ	Ｃ
1	4月30日	毎週	定期的
2	5月31日	毎学期	定期的
3	5月31日	毎月	日常的
4	6月30日	毎月	定期的
5	6月30日	毎学期	日常的

(5)　次の文は，地方公務員法の第23条である。（　Ａ　）〜（　Ｃ　）に入
　る語句の組み合わせとして最も適切なものを，下の１〜５の中から一
　つ選びなさい。

　第23条　職員の人事評価は，（　Ａ　）に行われなければならない。

　　2　（　Ｂ　）は，人事評価を任用，給与，（　Ｃ　）その他の人事管理
　　の基礎として活用するものとする。

	Ａ	Ｂ	Ｃ
1	適正	人事委員会	昇任
2	適正	所属長	異動

3　公正　　所属長　　　　分限

4　公正　　任命権者　　　分限

5　平等　　任命権者　　　異動

(6)　次の文は，教育関係の法令の条文の一部である。法令の名称として最も適切なものを，下の1～5の中から一つ選びなさい。

第48条　小学校には，設置者の定めるところにより，校長の職務の円滑な執行に資するため，職員会議を置くことができる。

1　教育基本法

2　学校教育法施行令

3　学校教育法施行規則

4　教育公務員特例法

5　教育公務員特例法施行令

(7)　次の文は，学校図書館法の条文の一部である。（　A　）～（　C　）に入る語句の組み合わせとして最も適切なものを，あとの1～5の中から一つ選びなさい。

第1条　この法律は，学校図書館が，（　A　）において欠くことのできない基礎的な設備であることにかんがみ，その健全な発達を図り，もつて（　A　）を充実することを目的とする。

第4条　学校は，おおむね左の各号に掲げるような方法によつて，学校図書館を児童又は生徒及び教員の利用に供するものとする。

一　図書館資料を収集し，児童又は生徒及び教員の利用に供すること。

二　図書館資料の分類排列を適切にし，及びその目録を整備すること。

三　（　B　），研究会，鑑賞会，映写会，資料展示会等を行うこと。

四　図書館資料の利用その他学校図書館の利用に関し，児童又は生徒に対し指導を行うこと。

五　他の学校の学校図書館，図書館，博物館，（　C　）等と緊密に連絡し，及び協力すること。

	A	B	C
1	学校教育	講演会	資料館
2	学校教育	読書会	公民館
3	学校生活	朗読会	公民館
4	教育活動	読書会	資料館
5	教育活動	講演会	美術館

(☆☆☆◎◎◎)

【4】 次の(1)～(5)の各問いに答えなさい。

(1) 次の文章は，平成28年12月21日に出された「幼稚園，小学校，中学校，高等学校及び特別支援学校の学習指導要領等の改善及び必要な方策等について(答申)」(中央教育審議会)の一部である。(A)～(C)に入る語句の組み合わせとして最も適切なものを，あとの1～5の中から一つ選びなさい。

　これからの教育課程には，社会の変化に目を向け，教育が普遍的に目指す根幹を堅持しつつ，社会の変化を柔軟に受け止めていく「社会に開かれた教育課程」としての役割が期待されている。

　このような「社会に開かれた教育課程」としては，次の点が重要になる。

① 社会や世界の状況を幅広く視野に入れ，よりよい学校教育を通じてよりよい社会を創るという目標を持ち，教育課程を介してその目標を社会と(A)していくこと。

② これからの社会を創り出していく子供たちが，社会や世界に向き合い関わり合い，自らの人生を切り拓いていくために求められる資質・能力とは何かを，教育課程において明確化し育んでいくこと。

③ 教育課程の実施に当たって，地域の(B)を活用したり，放課後や(C)を活用した社会教育との連携を図ったりし，学校教育を学校内に閉じずに，その目指すところを社会と(A)・連携しながら実現させること。

116

	A	B	C
1	共有	人的・物的資源	日曜日等
2	協働	物的・経済的資源	土曜日等
3	協働	人的・経済的資源	日曜日等
4	共有	人的・物的資源	土曜日等
5	協働	人的・経済的資源	土曜日等

(2)　次の文章は，小学校学習指導要領解説　特別の教科道徳編(平成27年7月)における道徳科の目標について解説したものの一部である。(　A　)〜(　D　)に入る語句の組み合わせとして最も適切なものを，あとの1〜5の中から一つ選びなさい。

　　道徳科が目指すものは，学校の教育活動全体を通じて行う道徳教育の目標と同様によりよく生きるための基盤となる(　A　)を養うことである。その中で，道徳科が学校の教育活動全体を通じて行う道徳教育の要としての役割を果たすことができるよう，(　B　)を行うことが重要である。特に，各教科，外国語活動，総合的な学習の時間及び特別活動における道徳教育としては取り扱う機会が十分でない道徳的価値に関わる指導を補うことや，児童や学校の実態等を踏まえて指導をより一層深めること，相互の関連を捉え直したり発展させたりすることに留意して指導することが求められる。

　　道徳科は，このように道徳科以外における道徳教育と密接な関連を図りながら，(　B　)によってこれを補ったり，深めたり，相互の関連を考えて発展させ，統合させたりすることで，道徳的諸価値についての理解を基に，自己を見つめ，物事を多面的・多角的に考え，(　C　)についての考えを深める学習を通して，(　A　)を養うことが目標として挙げられている。

　　(中略)

　　なお，道徳科の授業では，特定の価値観を児童に押し付けたり，(　D　)をもたずに言われるままに行動するよう指導したりすることは，道徳教育の目指す方向の対極にあるものと言わなければならない。多様な価値観の，時に対立がある場合を含めて，自立した個

人として，また，国家・社会の形成者としてよりよく生きるために道徳的価値に向き合い，いかに生きるべきかを自ら考え続ける姿勢こそ道徳教育が求めるものである。

	A	B	C	D
1	道徳的思考力	計画的，発展的な指導	自己の考え方	主体性
2	道徳性	計画的，発展的な指導	自己の生き方	主体性
3	道徳的思考力	意図的，計画的な指導	自己の考え方	協働性
4	道徳性	意図的，計画的な指導	自己の考え方	主体性
5	道徳性	計画的，発展的な指導	自己の生き方	協働性

(3)　次の文は，平成23年4月に文部科学省が作成した「教育の情報化ビジョン～21世紀にふさわしい学びと学校の創造を目指して～」の第2章　情報活用能力の育成について述べたものの一部である。(　　　)に入る語句として最も適切なものを，下の1～5の中から一つ選びなさい。

○　子どもたちの情報活用能力の育成に関しては，中学校の技術・家庭科(技術分野)や高等学校の共通教科「情報」において必履修として位置付けられているが，情報活用能力は，子どもたちが各教科等で(　　　)を活用することによっても涵養される。

1　プログラミング言語

2　パソコン

3　検索ツール

4　ソフトウェア

5　情報通信技術

(4)　次の各文は，平成24年4月に文部科学省が作成した「学校安全の推進に関する計画」における学校安全を推進するための方策につい

て述べたものの一部である。誤っているものを，次の1～5の中から一つ選びなさい。

1　進んで安全で安心な社会づくりに参加し，貢献できる力を身に付ける教育を進めていくべきであり，自助だけでなく，共助，公助(自分自身が，社会の中で何ができるのかを考えさせること等も含む)に関する教育も重要である。

2　定期の安全点検においては，学校の教職員だけでなく，児童生徒等，保護者，専門家等も参加して点検する機会を設けるなど，適切に点検が行われる工夫が大切である。

3　学校の防災訓練に地域住民の協力を得るだけでなく，地域の一員として児童生徒等が防災訓練に参画して，発達の段階に応じた役割を体験的に学ぶことによって，大人になった時にその地域を守る意識の向上に資することが期待できる。

4　学校においては，危険等発生時対処要領(危機管理マニュアル)を確実に作成し，それに沿った適切な対応ができるようにすることに加え，個々の児童生徒等の状況等に応じた臨機応変な指導にも留意する必要がある。

5　学校においては，地震による津波など，限られた時間での対応が迫られる場合には，保護者に対しても災害に関する情報を提供し，児童生徒等をただちに引き渡すことが必要である。

(5)　次の文は，平成28年に改正された「発達障害者支援法」の一部である。(A)～(D)に入る語句の組み合わせとして最も適切なものを，あとの1～5中から一つ選びなさい。

(基本理念)

第2条の2　発達障害者の支援は，全ての発達障害者が(A)の機会が確保されること及びどこで誰と生活するかについての選択の機会が確保され，地域社会において他の人々と(B)することを妨げられないことを旨として，行われなければならない。

2　発達障害者の支援は，社会的障壁の除去に資することを旨として，行われなければならない。

3　発達障害者の支援は，個々の発達障害者の性別，年齢，障害の状態及び(C)に応じて，かつ，医療，保健，福祉，教育，労働等に関する業務を行う関係機関及び民間団体相互の(D)の下に，その意思決定の支援に配慮しつつ，切れ目なく行われなければならない。

	A	B	C	D
1	地域参加	共存	生活の実態	有機的な連携
2	社会参加	共存	生活の実態	緊密な連携
3	地域参加	共生	家庭の実態	有機的な連携
4	社会参加	共生	生活の実態	緊密な連携
5	社会参加	共存	家庭の実態	有機的な連携

(☆☆☆◎◎◎)

【5】次の(1)～(3)の各問いに答えなさい。

(1) 子ども一人ひとりの能力，要求に応じて学習課題と場所を選び，自主的に学習を進めることのできる「ドルトン・プラン」を提唱した教育家として最も適切な人物を，次の1～5の中から一つ選びなさい。

1　モンテッソーリ　　2　パーカースト　　3　フレイレ
4　シュタイナー　　　5　マカレンコ

(2) 行動主義心理学を批判し，知識獲得過程において人が現実について構成する認知モデルの重要な役割を明らかにし，著書『教育の過程』において，教育における「教科の構造」の獲得を重視し，その方法として「発見学習」を提唱した心理学者として最も適切な人物を，次の1～5の中から一つ選びなさい。

1　ワトソン　　2　バンデューラ　　3　ブルーナー
4　レヴィン　　5　ヴィゴツキー

(3) ピアジェの発達理論についての記述として誤っているものを，次の1～5の中から一つ選びなさい。

1　発達段階のある段階からその上の段階へと移行していくしくみ

を，同化と調節によるシェマの変容過程としてとらえている。

2　前操作期では，運動や感覚を通じてではなく，頭の中で行為や事物を表象して外界をとらえるようになる。

3　前操作期の子どもは，自分とは異なる視点からのものの見えなどを推測することがむずかしい自己中心性という特徴がある。

4　具体的操作期では，前操作期のように判断や思考が知覚的に目立つ特徴に左右されることが少なくなる。

5　具体的操作期になると，「もし…ならば…である」といった，仮説的な推論が可能になる。

(☆☆☆◎◎◎)

解答・解説

【1】(1)　4　　(2)　4

〈解説〉(1)　鳥取県の「教育に関する大綱」策定の経緯・背景及び「教育に関する大綱」を参照確認し理解しておくこと。　(2)　1と2は，本資料の「2　鳥取県のICT活用教室の目指す方向　(1)　学び」で示されており正しい。3は，本資料の「2　(2)　教室」で示されており正しい。4は誤り。現場の教員をサポートする支援は，まず学校が事項の状態を把握して，どのような支援が必要であるかを明確にし要望できる体制づくりが理想であると，本資料の「2　(3)　支援」で示されている。5は，本資料の「2　(4)　基盤」に示されており正しい。それぞれの該当箇所を確認しておくこと。

【2】(1)　4　　(2)　5　　(3)　3

〈解説〉(1)　1は小学校学習指導要領「第1章　総則　第4　指導計画の作成等に当たって配慮すべき事項　2(1)」から，2は同「2(4)」から正しい。3は中学校学習指導要領「第1章　総則　第4　指導計画の作成等

に当たって配慮すべき事項　2(8)」から正しいが，4は誤り。同「2(13)」
部分で，「教育課程との関連が図られるよう留意すること」と示され
ている。5は高等学校学習指導要領「第1章　総則　第5款　教育課程
の編成・実施に当たって配慮すべき事項　3　指導計画の作成に当た
って配慮すべき事項」より正しい。　　(2)　1は学校教育法第49条2及び
第49条3により正しい。2は「高校学校教育改革の推進状況(平成28年度
版)」(文部科学省)により正しい。中高一貫教育校の設置は計595校で，
内訳は中等教育学校52校，併設型461校，連携型82校である。また，
平成29年度以降に，26校の設置を予定しているとある。3は出題文中
の「ガイドライン」(平成29年3月　文部科学省)により正しい。
4は出題文中の「プログラム」資料により正しい。5は誤り。中堅教諭
等を対象に従来行われていた十年経験者研修に代わり中堅教諭等資質
向上研修が始まった。教育公務員特例法第24条について新旧対照表な
どで確認しておくこと。　　(3)　1は，文部科学省資料「平成28年度
全国学力状況調査　調査結果のポイント」の「2.教科に関する調査」
により正しい。2は，1と同資料の「平成28年度全国学力・学習状況調
査の結果　5　10年間の回答状況の変化」により正しい。3は，1と同
資料の「4.参考資料」により誤り。国語Aは，全国73％，鳥取県75％，
国語Bは，全国58％，鳥取県58％，算数Aは，全国78％，鳥取県77％，
算数Bは，全国47％，鳥取県47％となっている。4は，3と同資料によ
り正しい。5は，鳥取県大山町の資料「平成28年度全国学力・学習状
況調査の結果について」により，小学校の「予習」全国43.3％，鳥取
県43.8％，「復習」全国55.2％，鳥取県61.0％，中学校の「予習」全国
34.2％，鳥取県27.6％「復習」全国51.0％，鳥取県48.0％で，正しい。

【３】(1)　1　　(2)　4　　(3)　2　　(4)　5　　(5)　4　　(6)　3
　(7)　2
〈解説〉(1)　日本国憲法の各該当条文を参照し理解しておくこと。なお，
　重要ポイントは第3章　国民の権利及び義務の第10条から第29条であ
　る。　　(2)　4は，「校長」ではなく「学校の設置者」である。　　(3)　地

方公務員法第35条は「服務に専念する義務」についてである。

(4)　学校保健安全法施行規則で，第5条は「児童生徒などの健康診断」，第28条，第29条は「安全点検等」についてである。　(5)　地方公務員法の第23条は人事評価の根本基準について示されている。　(6)　本条文は，学校教育法施行規則　第4章小学校　第1節設備編制で示されている。　(7)　学校図書館法は昭和28年に制定されている。第1条は目的，第4条は学校図書館の運営についてである。

【4】(1)　4　　(2)　2　　(3)　5　　(4)　5　　(5)　4

〈解説〉(1)　本答申の第1部「第4章　学習指導要領等の枠組みの改善と『社会に開かれた教育課程』」の「1.『社会に開かれた教育課程』の実現」部分を参照確認の上，理解しておくこと。　(2)　平成27年に改訂された学習指導要領では，「道徳の時間」が「特別の教科　道徳」されている。本文は，小学校学習指導要領解説の特別の教科道徳編の「第2章　道徳の目標　第2節　道徳科の目標」からの抜粋である。(3)　出題の資料第2章には，「新学習指導要領の円滑かつ確実な実施」と副題がついている。設問該当部分を確認しておくこと。

(4)　1　出題の資料のⅡの「1. 学校安全に関する教育の充実方策　(1)安全教育における主体的に行動する態度や共助・公助の視点」の〈課題・方向性〉により正しい。　2　同Ⅱ「3. 学校における安全に関する組織的取組の推進　(3)　学校における安全点検」〈具体的な方策〉により正しい。　3　同Ⅱ「4. 地域社会，家庭との連携を図った学校安全の推進　(1)　地域社会との連携推進」〈課題と方向性〉により正しい。　4　同Ⅱの1の「(5)　児童生徒等の状況に応じた安全教育」〈課題・方向性〉により正しい。　5　同Ⅱの3の「(5)　危険等発生時対処要領の作成と事件・事故災害が生じた場合の対応」〈課題と方向性〉から誤りである。　(5)　発達障害支援法は，全ての国民が，障害の有無によって分け隔てられることなく，相互に人格と個性を尊重し合いながら共生する社会の実現に資することを目的に制定された。

【５】(1)　２　　(2)　３　　(3)　５

〈解説〉(1)　「ドルトン・プラン」を提唱した教育家はパーカストである。
(2)　著書『教育の過程』，「発見学習」を提唱などの記述からブルーナ
ーである。　　(3)　ピアジェは知能の発達段階説を唱え，発達段階を
「感覚運動期」「前操作期」「具体的操作期」「形式的操作期」の4つの
段階に区分した。　　５　仮説演繹的思考が可能になるのは，形式的操
作期である。

2017年度 　実施問題

【1】次の(1)，(2)の各問いに答えなさい。

(1) 鳥取県教育振興基本計画(平成26年度〜30年度)では，基本理念として「自立して心豊かに生きる　未来を創造する　鳥取県の人づくり」を掲げているが，この基本理念を支える4つの「力と姿勢」として最も適切なものを，次の1〜5の中から一つ選びなさい。

1	グローバル社会で生きる力	確かな学力と豊かな人間性	自他ともに尊重し支え合う力	ふるさと鳥取県に愛着を持ち，世界に羽ばたく力
2	グローバル社会で生きる力	確かな学力と豊かな人間性	社会の中で支え合う力	ふるさと鳥取県に愛着を持ち，世界に羽ばたく力
3	グローバル社会で生きる力	豊かな心と健やかな体	社会の中で支え合う力	ふるさと鳥取県に誇りを持ち，未来を創造する力
4	自立して生きる力	豊かな心と健やかな体	社会の中で支え合う力	ふるさと鳥取県に誇りを持ち，未来を創造する力
5	自立して生きる力	豊かな心と健やかな体	自他ともに尊重し支え合う力	ふるさと鳥取県に愛着を持ち，世界に羽ばたく力

(2) 鳥取県の教育や児童生徒の状況について説明したものとして誤っているものを，次の1〜5の中から一つ選びなさい。

1　平成15年度から平成27年度までの間，教育予算の県予算に占める割合は第1位である。

2　現在，鳥取県の公立小学校，中学校では全学年で少人数学級を実施しており，1学級の児童・生徒数は国の基準以下である。

3　現在，鳥取県では，子どもたちの健全育成のために，「しっかり朝食を食べよう」等の6つの大きな柱をもとに「心とからだいきいきキャンペーン」を実施している。

4　平成26年5月現在，県内の公立小学校，中学校，県立高等学校の「朝の読書」実施率は，いずれも全国の実施率を上回っている。

　5　平成26年5月現在，県内の公立小学校，中学校に学校司書を配置
　　している市町村の割合，及び県立学校に学校司書を配置している
　　学校の割合は100%となっている。

（☆☆☆☆◎◎）

【2】次の(1)～(3)の各問いに答えなさい。

(1)　平成27年4月1日に施行された「地方教育行政の組織及び運営に関
　　する法律の一部を改正する法律」の内容として誤っているものを，
　　次の1～5の中から一つ選びなさい。

　1　教育委員長と教育長は一本化され，教育長は教育委員会の会務
　　を総理し，教育委員会を代表する。

　2　教育長は，地方公共団体の長が，議会の同意を得て，任命する。

　3　すべての地方公共団体に総合教育会議を設置し，同会議は地方
　　公共団体の長が招集する。

　4　総合教育会議は，個人の秘密を保つため非公開とする。

　5　地方公共団体の長が，当該地方公共団体の教育，学術及び文化
　　の振興に関する総合的な施策の大綱を策定する。

(2)　平成28年度から新たな学校の種類として規定された「義務教育学
　　校」に関する説明として最も適切なものを，次の1～5の中から一つ
　　選びなさい。

　1　全ての地方公共団体に設置義務が課せられている。

　2　義務教育学校の教員は，小学校教諭か中学校教諭のいずれかの
　　免許状を有することを原則としている。

　3　義務教育学校とともに，中学校から高等学校までの教育を一貫
　　して行う新たな学校の種類として，中等教育学校も平成28年度か
　　ら設けられている。

　4　現行の小学校，中学校に加え，小学校から中学校までの義務教
　　育を一貫して行う新たな学校の種類として設けられている。

　5　義務教育学校は，小学校，中学校の学習指導要領によらない教
　　育が行われる。

(3)　鳥取県が実施している「あいサポート運動」に関する説明として
誤っているものを，次の1〜5の中から一つ選びなさい。

1　運動の目的は，障がいのある方に対してちょっとした手助けや
配慮などを実践することにより，障がいのある方が暮らしやすい
地域社会を実現することである。

2　「あいサポート運動」も「障害を理由とする差別の解消の推進に
関する法律」も，目指しているのは，ともに障がいの有無に関わ
らず誰もが暮らしやすい社会の実現である。

3　「あいサポート運動」は鳥取県内にとどまらず，他の都道府県と
運動を連携して推進していくこととしている。連携先は平成28年
4月現在2県である。

4　「あいサポート運動」を実践していく方々を「あいサポーター」
と呼び，日常生活のなかで障がいのある方が困っているときなど
に，ちょっとした手助けを行う意欲のある方なら，誰でもなるこ
とができる。

5　「あいサポート運動」に協力する企業・団体等を「あいサポート
企業・団体」として認定し，平成28年3月14日付けの認定をもっ
て1004事業所に達している。

(☆☆☆◎◎◎)

【3】次の(1)〜(7)の各問いに答えなさい。

(1)　次の文は，日本国憲法の条文の一部である。(　A　)〜(　C　)に
入る語句の組み合わせとして最も適切なものを，あとの1〜5の中か
ら一つ選びなさい。

第11条　国民は，すべての基本的人権の(　A　)を妨げられない。
この憲法が国民に保障する基本的人権は，侵すことのできない永
久の権利として，現在及び将来の国民に与へられる。

第20条　信教の自由は，何人に対してもこれを保障する。いかなる
宗教団体も，国から特権を受け，又は政治上の権力を行使しては
ならない。

　　2　略

　　3　（　Ｂ　）は，宗教教育その他いかなる宗教的活動もしてはならない。

　第22条　何人も，（　Ｃ　）に反しない限り，居住，移転及び職業選択の自由を有する。

	Ａ	Ｂ	Ｃ
1	尊重	国及び教育機関	国民の義務
2	尊重	国及び公共団体	国民の義務
3	享有	国及び公共団体	公共の福祉
4	享有	国及びその機関	公共の福祉
5	保持	国及びその機関	良心の自由

(2)　次の文は，教育基本法の条文の一部である。下線の語句が誤っているものを，次の1〜5の中から一つ選びなさい。

　1　第2条　教育は，その目的を実現するため，学問の自由を尊重しつつ，次に掲げる目標を達成するよう行われるものとする。

　　　1　幅広い知識と教養を身に付け，真理を求める態度を養い，<u>豊かな情操</u>と道徳心を培うとともに，健やかな身体を養うこと。

　2　第6条　法律に定める学校は，<u>公の性質を有する</u>ものであって，国，地方公共団体及び法律に定める法人のみが，これを設置することができる。

　3　第9条　法律に定める学校の教員は，<u>自己の崇高な使命</u>を深く自覚し，絶えず研究と修養に励み，その職責の遂行に努めなければならない。

　4　第11条　幼児期の教育は，生涯にわたる<u>人格形成の基礎</u>を培う重要なものであることにかんがみ，国及び地方公共団体は，幼児の健やかな成長に資する良好な環境の整備その他適当な方法によって，その振興に努めなければならない。

　5　第14条　良識ある公民として<u>必要な政治的活動</u>は，教育上尊重されなければならない。

(3) 次の文は，学校教育法の第12条である。(　　　)に入る語句として最も適切なものを，下の1〜5の中から一つ選びなさい。

第12条　学校においては，別に法律で定めるところにより，幼児，児童，生徒及び学生並びに職員の健康の(　　　)を図るため，健康診断を行い，その他その保健に必要な措置を講じなければならない。

1　保持向上　　2　保持増進　　3　維持向上　　4　維持管理
5　維持増進

(4) 次の文は，学校教育法施行令の第20条である。(　A　)〜(　C　)に入る語句の組み合わせとして最も適切なものを，下の1〜5の中から一つ選びなさい。

第20条　小学校，中学校，義務教育学校，中等教育学校及び特別支援学校の(　A　)は，当該学校に在学する学齢児童又は学齢生徒が，休業日を除き(　B　)出席せず，その他その出席状況が良好でない場合において，その出席させないことについて保護者に正当な事由がないと認められるときは，速やかに，その旨を当該学齢児童又は学齢生徒の住所の存する(　C　)に通知しなければならない。

	A	B	C
1	校長	引き続き7日間	市町村の教育委員会
2	校長	総計30日間	市町村の教育委員会
3	設置者	引き続き7日間	市町村の教育委員会
4	設置者	総計30日間	市町村の教育長
5	設置者	引き続き10日間	市町村の教育長

(5) 次の文は，中央教育審議会初等中等教育分科会　教育課程企画特別部会の「教育課程企画特別部会における論点整理について(報告)」(平成27年8月26日)の一部である。(　　　)に入る語句として最も適切なものを，あとの1〜5の中から一つ選びなさい。

　次期改訂の視点は，子供たちが「何を知っているか」だけではなく，「知っていることを使ってどのように(　　　)と関わり，よりよ

い人生を送るか」ということであり，知識・技能，思考力・判断力・表現力等，学びに向かう力や人間性など情意・態度等に関わるものの全てを，いかに総合的に育んでいくかということである。

1　学校・地域　　2　人・物　　3　社会・世界　　4　社会・環境
5　歴史・科学

(6)　次の文章は，中央教育審議会の「チームとしての学校の在り方と今後の改善方策について」(答申)(平成27年12月21日)の一部である。(A)〜(C)に入る語句の組み合わせとして最も適切なものを，下の1〜5の中から一つ選びなさい。

　(略)　個々の教員が個別に教育活動に取り組むのではなく，校長のリーダーシップの下，学校の(A)を強化し，組織として教育活動に取り組む体制を創り上げるとともに，必要な指導体制を整備することが必要である。その上で，生徒指導や(B)等を充実していくために，学校や教員が心理や福祉等の専門家(専門スタッフ)や専門機関と(C)する体制を整備し，学校の機能を強化していくことが重要である。

　このような「チームとしての学校」の体制を整備することによって，教職員一人一人が，自らの専門性を発揮するとともに，専門スタッフ等の参画を得て，課題の解決に求められる専門性や経験を補い，子供たちの教育活動を充実していくことが期待できる。

	A	B	C
1	カリキュラム	学習指導	連携・協力
2	カリキュラム	人権教育	連携・協力
3	マネジメント	人権教育	連携・協力
4	マネジメント	特別支援教育	連携・分担
5	コンプライアンス	特別支援教育	連携・分担

(7)　次の文は，いじめ防止対策推進法の条文の一部である。下線の語句が誤っているものを，次の1〜5の中から一つ選びなさい。

1　第2条　この法律において「いじめ」とは，児童等に対して，当該児童等が在籍する学校に在籍している等当該児童等と一定

の人的関係にある他の児童等が行う心理的又は物理的な影響を与える行為(インターネットを通じて行われるものを含む。)であって,当該行為の対象となった児童等が心身の苦痛を感じているものをいう。

2 第3条 いじめの防止等のための対策は,いじめが全ての児童等に関係する問題であることに鑑み,児童等が安心して学習その他の活動に取り組むことができるよう,学校の内外を問わずいじめが行われなくなるようにすることを旨として行われなければならない。

3 第8条 学校及び学校の教職員は,基本理念にのっとり,当該学校に在籍する児童等の保護者,地域住民,児童相談所その他の関係者との連携を図りつつ,学校全体でいじめの防止及び早期発見に取り組むとともに,当該学校に在籍する児童等がいじめを受けていると思われるときは,適切かつ迅速にこれに対処する責務を有する。

4 第16条 学校の設置者及びその設置する学校は,当該学校におけるいじめを早期に発見するため,当該学校に在籍する児童等に対する定期的な調査その他の必要な措置を講ずるものとする。

5 第25条 校長は,当該学校に在籍する児童等がいじめを行っている場合であって教育上必要があると認めるときは,学校教育法第11条の規定に基づき,適切に,当該児童等に対して懲戒を加えるものとする。

(☆☆○○○○)

【4】次の(1)~(5)の各問いに答えなさい。

(1) 次の文章は,平成27年7月に出された小学校学習指導要領解説特別の教科道徳編に示されている改訂の要点の一部である。(A)~(D)に入る語句の組み合わせとして最も適切なものを,あとの1~5の中から一つ選びなさい。

　道徳教育の目標と道徳科の目標を，各々の役割と関連性を明確にするため，道徳科の目標を「よりよく生きるための基盤となる（　Ａ　）を養う」として，学校の教育活動全体を通じて行う道徳教育の目標と同一であることが分かりやすい表現にするとともに，従前，道徳の時間の目標に定めていた「各教科等との密接な関連」や「計画的，発展的な指導による（　Ｂ　）」は，「第3　指導計画の作成と内容の取扱い」に整理した上で，表現を改めた。また，道徳的価値について（　Ｃ　）も含めて理解し，それに基づいて内省し，多面的・多角的に考え，判断する能力，道徳的心情，道徳的行為を行うための意欲や態度を育てるという趣旨を明確化するため，従前の「道徳的価値の自覚及び自己の生き方についての考えを深め」ることを，学習活動を具体化して「道徳的諸価値についての理解を基に，自己を見つめ，物事を多面的・多角的に考え，自己の生き方についての考えを深める学習」と改めた。さらに，これらを通じて，よりよく生きていくための資質・能力を培うという趣旨を明確化するため，従前の「道徳的実践力を育成する」ことを，具体的に，「道徳的な判断力，心情，（　Ｄ　）と態度を育てる」と改めた。

	Ａ	Ｂ	Ｃ	Ｄ
1	道徳的思考力	補充，深化，統合	自分との関わり	実践的な能力
2	道徳性	補充，深化，発展	他者との関わり	実践的な能力
3	道徳的思考力	補充，発展，統合	人との関わり	実践意欲
4	道徳性	補充，発展，強化	他者との関わり	実践的な能力
5	道徳性	補充，深化，統合	自分との関わり	実践意欲

132

(2) 次の文章は，文部科学省「教育の情報化に関する手引」(平成22年10月)の一部である。(A)～(D)に入る語句の組み合わせとして最も適切なものを，下の1～5の中から一つ選びなさい。

　「情報社会に参画する態度」が最終的に目指す「望ましい社会の創造に参画しようとする態度」とは，情報社会に積極的に参加し，よりよい社会にするために貢献しようとする意欲的な態度のことである。この意味から考えて，「(A)教育」とは，情報化の「(B)」の部分を理解することがねらいなのではなく，情報社会やネットワークの特性の一側面として(B)の部分を理解した上で，よりよい(C)や人と人との関係づくりのために，今後も変化を続けていくであろう情報手段をいかに上手に賢く使っていくか，そのための判断力や(D)を身に付けさせる教育であることをまず念頭に置くことが極めて重要である。

	A	B	C	D
1	ICT活用	影	情報教育	実践力
2	情報モラル	闇	情報環境	心情
3	IT活用	負	情報環境	心構え
4	情報モラル	影	コミュニケーション	心構え
5	ICT活用	闇	コミュニケーション	実践力

(3) 次の文章は，鳥取県の「教育に関する大綱」(平成28年3月29日改定)に示されている平成27年度から平成30年度までの中期的な取組方針の「1　学ぶ意欲を高める学校教育の推進」について説明したものである。(A)～(D)に入る語句の組み合わせとして最も適切なものを，あとの1～5の中から一つ選びなさい。

　人口が少ない本県においては，地域全体の力を高め，地域の中で優れた人材を育てていく必要があります。ふるさと鳥取県で生まれ育った優れた人材は，県内経済や地域社会を支える次代の担い手となるほか，県外で就労・生活されてもUターン後に，豊富な経験や知識，技能等を生かして県内で活躍し県を支え，また県外から鳥取県を応援するなど，様々な形態での鳥取県への貢献・支援も期待で

きます。

　このため，子どもたちの特長，長所を更に伸ばし，（　Ａ　）の定着・向上を図るため，幼児期から（　Ｂ　）までの連続した鳥取ならではのきめ細やかな教育を推進し，子どもたちの学ぶ意欲を高めるための取組を進めていきます。

　また，主体的・協働的に学ぶ人材を育成するため，少人数学級の取組やアクティブ・ラーニング型の授業実践，情報モラルを踏まえたICT活用教育の推進，エキスパート教員の優れた指導力を活用した教員の（　Ｃ　）・指導力向上などにより，学力向上に向けた授業改革を進めます。

　加えて，グローバル化に対応した英語教育の推進，「生きる力」を身に付け，地域ニーズに対応できる人材の育成を目指したキャリア教育の推進，豊かな学習機会を提供する（　Ｄ　）に取り組むなど，教育現場の活性化を図り，子どもたちの学びの質の向上に取り組みます。

	A	B	C	D
1	豊かな学力	中学校期	実践力	放課後子ども教室等
2	確かな学力	高等学校期	授業力	土曜授業等
3	基礎的・基本的な学力	中学校期	授業力	放課後子ども教室等
4	確かな学力	大学期	実践力	ふるさと教育等
5	豊かな学力	高等学校期	学級経営力	土曜授業等

(4)　次の文は，中央教育審議会初等中等教育分科会「共生社会の形成に向けたインクルーシブ教育システム構築のための特別支援教育の推進(報告)」(平成24年7月23日)の一部である。（　Ａ　）〜（　Ｄ　）に入る語句の組み合わせとして最も適切なものを，あとの1〜5の中から一つ選びなさい。

　障害者の権利に関する条約第24条によれば，「インクルーシブ教育

システム」(inclusive education system, 署名時仮訳：包容する教育制度)とは，人間の(A)等の強化，障害者が精神的及び身体的な能力等を可能な最大限度まで発達させ，自由な社会に効果的に(B)することを可能とするとの目的の下，障害のある者と障害のない者が(C)仕組みであり，障害のある者が「general education system」(署名時仮訳：教育制度一般)から排除されないこと，自己の生活する地域において初等中等教育の機会が与えられること，個人に必要な「(D)」が提供される等が必要とされている。

	A	B	C	D
1	平等性の尊重	参加	共に学ぶ	個別的配慮
2	自由性の尊重	参画	共に生きる	合意的配慮
3	多様性の尊重	参加	共に学ぶ	合理的配慮
4	多様性の尊重	参画	共に暮らす	個別的配慮
5	自由性の尊重	参入	共に生きる	合理的配慮

(5) 中央教育審議会「今後の学校におけるキャリア教育・職業教育の在り方について(答申)」(平成23年1月31日)に基づき，キャリア教育について述べたものとして誤っているものを，次の1～5の中から一つ選びなさい。

1 キャリア教育におけるキャリアとは，人が生涯の中で様々な役割を果たす過程で，自らの役割の価値や自分と役割との関係を見いだしていく連なりや積み重ねのことである。

2 キャリア教育とは，一定又は特定の職業に従事するために必要な知識，技能，能力や態度を育てる教育である。

3 キャリア教育は，特定の活動や指導方法に限定されるものではなく，様々な教育活動を通して実践されるものである。

4 キャリア教育は，幼児期の教育から高等教育に至るまで体系的に進めることが必要である。

5 キャリア教育は，社会の中で自分の役割を果たしながら，自分らしい生き方を実現していくことを促すものである。

(☆☆◎◎◎◎)

【5】次の(1)～(3)の各問いに答えなさい。

(1)　ルソーの自然主義から強い影響を受けながら，ルソーのなしえなかった民衆教育の実践に生涯を捧げ，『隠者の夕暮』や『シュタンツだより』を著した近代教育学の教育学者として最も適切な人物を，次の1～5の中から一つ選びなさい。

1　フレーベル　　2　ペスタロッチ　　3　ヘルバルト
4　デューイ　　　5　エリクソン

(2)　「発達水準の指標となるのは子どもが現在独力でできることではなく，他者の働きかけがあってできるような成熟しつつある機能の部分，すなわち発達の最近接領域であり，教育の可能性や方法はこの発達の最近接領域によって決定される」と主張した心理学者として最も適切な人物を，次の1～5の中から一つ選びなさい。

1　パヴロフ　　2　ピアジェ　　3　ワトソン　　4　バンデューラ
5　ヴィゴツキー

(3)　次の文章は，一般的に知られている防衛機制(適応機制)の一つについて説明したものである。この防衛機制(適応機制)として最も適切なものを，下の1～5の中から一つ選びなさい。

　　自分で責任をとろうとせず，いいわけをしたり，へ理屈をつけたりすること。もっともらしい理屈をつけ，自分のプライドを守ろうとする。イソップ物語の「すっぱいぶどう」の話は，典型例である。

1　反動形成　　2　合理化　　3　昇華　　4　投射　　5　補償

(☆◎◎◎◎◎)

解答・解説

【1】(1)　4　　(2)　5

〈解説〉(1)　鳥取県教育振興基本計画は「自立して心豊かに生きる　未来を創造する　鳥取県の人づくり」を基本理念にしている。そして，

この基本理念を支えるのが，出題の4つの「力と姿勢」である。さらに，同計画は上記の基本理念を実現するための5つの目標と18の施策も提示している。　(2)　鳥取県の学校司書配置状況は公立小学校における配置学校が122校で全体の93.1％，公立中学校が58校で全体の98.3％，公立高等学校が24校で全体の100％になっている(文部科学省児童生徒課「平成26年度「学校図書館の現状に関する調査」の結果について」を参照)。また，「とっとり学校図書館活用教育推進ビジョン」(平成28年3月，鳥取県教育委員会)には「県内の多くの市町村でも学校司書の配置を進めており」という記述がある。このような資料等からすれば公立小中学校に学校司書を配置している市町村の割合は100％といえないと思われる。

【2】(1)　4　　(2)　4　　(3)　3
〈解説〉(1)　地方教育行政の組織及び運営に関する法律第1条の4第6項によると，総合教育会議は公開が原則である。　(2)　1　学校教育法第38条は「市町村は，その区域内にある学齢児童を就学させるに必要な小学校を設置しなければならない。ただし，教育上有益かつ適切であると認めるときは，義務教育学校の設置をもってこれに代えることができる」と規定している。　2　教育職員免許法第3条第4項によると，義務教育学校の教諭等は小学校の教員の免許状および中学校の教員の免許状を有する者であることが原則である。ただし，同法附則第20項により当分の間，一方の免許状のみ有する者も教諭等になることができる。　3　中等教育学校は1998年の学校教育法改正で新設された。5　義務教育学校の教育課程も文部科学大臣が定める旨が学校教育法第49条の7に規定されているので，その教育課程は学習指導要領によらなければならない。　(3)　「あいサポート運動」は鳥取県独自の運動としてスタートしたが，2016年現在，広島県，島根県，山口県，岡山県，長野県，奈良県，埼玉県などとも連携して運動を進めている。

【３】(1)　4　　(2)　5　　(3)　2　　(4)　1　　(5)　3　　(6)　4

　　　(7)　5

〈解説〉(1)　「公共の福祉」という文言は日本国憲法の中で，第12条，第13条，第22条第1項，第29条第2項に用いられることに注意したい。

(2)　5の下線部は「必要な政治的教養」が正しい。　　(3)　この学校教育法第12条を受けて，学校保健安全法で児童生徒等の健康診断をはじめ学校保健の詳細が規定されている。　　(4)　出題の学校教育法施行令第20条に先立つ同法第19条では，学齢児童又は学齢生徒の出席状況を明らかにする校長の義務を規定している。その把握の結果，出席状況が良好でない学齢児童又は学齢生徒がいた場合の対応が，第20条の規定である。　　(5)　出題の報告では今後育成すべき資質・能力として「何を知っているか・何ができるか(個別の知識・技能)」，「知っていること・できることをどう使うか(思考力・判断力・表現力等)」，「どのように社会・世界と関わりよりよい人生を送るか(学びに向かう力，人間性等)」の3点をあげている。この3点は確実に把握しておきたい。

(6)　出題の答申では，「連携・分担」と「連携・協働」という文言を多用している。「連携・分担」は校長の指揮監督の下，権限や責任が分配されている教職員や専門スタッフとの間の関係など，学校内の職員間の関係に用いられている。一方，「連携・協働」は，学校と家庭や地域との間の関係や，学校と警察，消防，保健所，児童相談所等の関係機関との間の関係など，学校と学校から独立した組織や機関との関係に用いられている。ぜひ覚えておきたい。　　(7)　5の下線部は「校長及び教員」が正しい。

【４】(1)　5　　(2)　4　　(3)　2　　(4)　3　　(5)　2

〈解説〉(1)　道徳教育の目標が道徳性を養うことにあり道徳教育は学校の教育活動全体で行うことは平成27年3月の学習指導要領の一部改正の前後で変わらない。この点は比較的よく問われることなので，しっかりおさえておこう。　　(2)　問題文は，出題の手引のうち，情報モラル教育の基本的な考え方を述べた部分である。同手引に出てくる「情

報モラル」の定義はしっかり把握したい。 (3) 出題の大綱は，地方教育行政の組織及び運営に関する法律第1条の3第1項に基づき，知事と教育委員会の協議の場である総合教育会議の協議を経て鳥取県知事が策定したものである。 (4) 問題文は，出題の報告の「1. 共生社会の形成に向けて」の一部である。この部分はたいへんよく出題されるので全文を必ず目を通し，内容を把握しておく。特に障害者をも包容する教育制度を構築すること，そのために必要な合理的配慮が提供される必要があることがポイントになると思われる。 (5) 2は職業教育の定義である。

【5】(1) 2 (2) 5 (3) 2

〈解説〉(1) ペスタロッチはスイスの教育思想家で，ブルクドルフの学校で教育実践を行ったことでも知られる。なお，フレーベルは『人間の教育』，ヘルバルトは『一般教育学』，デューイは『学校と社会』などの著作で知られ，エリクソンはアイデンティティ(自我同一性あるいは自己同一性)の用語で知られる。 (2) ヴィゴツキーはソ連(現在のロシア連邦)の心理学者で，本問で出題されている発達の最近接領域の研究で知られる。なお，パヴロフは古典的条件付け，ピアジェは認知の発達段階説，ワトソンは行動主義心理学，バンデューラは自己効力感やモデリング学習などの業績で知られる。 (3) 1 反動形成は社会的に承認されない衝動を抑圧し，全く正反対の行動をすることをいう。 3 昇華は社会的に承認されない欲求を社会的に評価される別の対象に向けることで一応の充足感を得ようとすることをいう。
4 投射(投影)は自分自身の要求や感情を認めたくない時に，それが自分のものでなく，他の人や物にあるかのように感じとる作用をいう。
5 補償は劣等感を他の方向で補うことをいう。

2016年度 | 実施問題

【１】次の(1)，(2)の各問いに答えなさい。

(1)　平成27年3月24日に，鳥取県と鳥取県教育委員会が連携協力して教育振興に取り組んでいくことを目的として締結した「鳥取県の子どもたちの未来のための教育に関する協約」において，平成27年度に重点的に取り組むこととした施策として，誤っているものを，次の1～5の中から一つ選びなさい。

1　ふるさと教育の推進

2　消費者教育の充実

3　キャリア教育の充実

4　ICT活用教育の推進

5　手話教育の推進

(2)　文化庁では，地域の歴史的魅力や特色を通じて，日本の文化・伝統を語るストーリーを「日本遺産(Japan Heritage)」として認定し，ストーリーを語る上で不可欠な魅力ある有形・無形の様々な文化財群を総合的に活用する取組を支援している。認定された日本遺産のタイトルの中で鳥取県と関係の深いものとして最も適切なものを，次の1～5の中から一つ選びなさい。

1　日本茶800年の歴史散歩

2　日本国創成のとき―飛鳥を翔(かけ)た女性たち―

3　津和野今昔～百景図を歩く～

4　六根清浄と六感治癒の地～日本一危ない国宝鑑賞と世界屈指のラドン泉～

5　祈る皇女斎王のみやこ 斎宮

(☆☆☆◎◎◎◎)

【2】 次の(1)～(3)の各問いに答えなさい。

(1) 次の文のうち，平成26年度の出来事として誤っているものを，1～5 の中から一つ選びなさい。

1 群馬県内の絹産業遺産群とともに，養蚕の伝統を刷新したと評価され，富岡製糸場が世界遺産になった。

2 ブエノスアイレス(アルゼンチン)で開催された第125次国際オリンピック委員会(IOC)総会にて，2020年オリンピック・パラリンピック競技大会の開催都市が東京に決定した。

3 ユネスコが「和紙 日本の手漉和紙技術」の登録を正式に決定し，和紙が無形文化遺産になった。

4 テニスの錦織圭が全米オープンで日本男子として初めて準優勝した。

5 ノーベル賞受賞者が発表され，「青色LEDの発明」で日本の赤崎勇，天野浩，中村修二の3氏が物理学賞を受賞し，平和賞では女子教育の権利を訴えたマララ・ユスフザイさんの最年少での受賞も話題になった。

(2) 次の文章は，平成26年12月22日の中央教育審議会答申「新しい時代にふさわしい高大接続の実現に向けた高等学校教育，大学教育，大学入学者選抜の一体的改革について」の一部である。文中の (A)，(B)に入る語句の組み合わせとして最も適切なものを，あとの1～5の中から一つ選びなさい。

高等学校教育については，生徒が，国家と社会の形成者となるための教養と行動規範を身に付けるとともに，自分の夢や目標を持って主体的に学ぶことのできる環境を整備する。そのために，高大接続改革と歩調を合わせて(A)を抜本的に見直し，育成すべき資質・能力の観点からその構造，目標や内容を見直すとともに，課題の発見と解決に向けた主体的・協働的な学習・指導方法である (B)への飛躍的充実を図る。また，教育の質の確保・向上を図り，生徒の学習改善に役立てるため，新テスト「高等学校基礎学力テスト(仮称)」を導入する。

	A	B
1	学習指導要領	アクティブ・ラーニング
2	学習指導要領	カリキュラム・マネジメント
3	教科書や教材	ナレッジマネジメント
4	教員の指導力	ナレッジマネジメント
5	教員の指導力	アクティブ・ラーニング

(3)　次は，まち・ひと・しごと創生法(平成26年11月28日)に基づき国が定めたまち・ひと・しごと創生総合戦略の基本目標である。内容として誤っているものを，次の1～5の中から一つ選びなさい。

1　地方における安定した雇用を創出する

2　地方への新しいひとの流れをつくる

3　若い世代の結婚・出産・子育ての希望をかなえる

4　時代に合った地域をつくり，安心な暮らしを守るとともに，地域と地域を連携する

5　都構想や道州制などを導入し，実態に見合った地域区分の再編を行う

(☆☆☆◎◎◎)

【3】次の(1)～(7)の各問いに答えなさい。

(1)　次は，日本国憲法及び教育関係の法律の条文である。下線の語句が誤っているものを，1～5の中から一つ選びなさい。

1　日本国憲法第26条

すべて国民は，法律の定めるところにより，その<u>能力に応じて</u>，ひとしく教育を受ける権利を有する。

2　教育基本法第6条

法律に定める学校は，公の性質を有するものであって，国，地方公共団体及び<u>法律に定める法人のみ</u>が，これを設置することができる。

3　学校教育法第1条

この法律で，学校とは，幼稚園，小学校，中学校，高等学校，

中等教育学校，特別支援学校，大学及び認定こども園とする。

4　学校保健安全法第27条

　　学校においては，児童生徒等の安全の確保を図るため，当該学校の施設及び設備の安全点検，児童生徒等に対する通学を含めた学校生活その他の日常生活における安全に関する指導，職員の研修その他学校における安全に関する事項について計画を策定し，これを実施しなければならない。

5　いじめ防止対策推進法第2条

　　この法律において「いじめ」とは，児童等に対して，当該児童等が在籍する学校に在籍している等当該児童等と一定の人的関係にある他の児童等が行う心理的又は物理的な影響を与える行為(インターネットを通じて行われるものを含む。)であって，当該行為の対象となった児童等が心身の苦痛を感じているものをいう。

(2)　次の文は，教育基本法の第2条である。(　A　)～(　C　)に入る語句の組み合わせとして最も適切なものを，あとの1～5の中から一つ選びなさい。

(教育の目標)

第2条　教育は，その目的を実現するため，(　A　)を尊重しつつ，次に掲げる目標を達成するよう行われるものとする。

1　幅広い知識と教養を身に付け，真理を求める態度を養い，豊かな情操と道徳心を培うとともに，健やかな身体を養うこと。

2　個人の価値を尊重して，その能力を伸ばし，創造性を培い，自主及び自律の精神を養うとともに，職業及び生活との関連を重視し，勤労を重んずる態度を養うこと。

3　正義と責任，男女の平等，自他の敬愛と協力を重んずるとともに，(　B　)に基づき，主体的に社会の形成に参画し，その発展に寄与する態度を養うこと。

4　生命を尊び，自然を大切にし，環境の保全に寄与する態度を養うこと。

5　伝統と文化を尊重し，それらをはぐくんできた(　C　)を愛する

とともに，他国を尊重し，国際社会の平和と発展に寄与する態度
を養うこと。

	A	B	C
1	学問の自由	公共の精神	我が国と郷土
2	個人の尊厳	公共の精神	地域や家族
3	個人の尊厳	憲法の理念	我が国と郷土
4	学問の自由	憲法の理念	地域や家族
5	個人の尊厳	公共の精神	我が国と郷土

(3)　次の文は，学校教育法の第20条である。(　　　)に入る最も適切
な語句を，下の1〜5の中から一つ選びなさい。

第20条　学齢児童又は学齢生徒を使用する者は，その使用によつて，
　　　　当該学齢児童又は学齢生徒が，(　　　)を受けることを妨げ
　　　　てはならない。

1　学校教育　　2　義務教育　　3　普通教育　　4　初等教育
5　中等教育

(4)　次の文は，地方公務員法の第24条である。(　　　)に入る最も適
切な語句を，下の1〜5の中から一つ選びなさい。

第24条　職員の給与は，その(　　　)に応ずるものでなければなら
　　　　ない。

1　専門性　　　2　勤続年数　　　3　能力と実績
4　勤務成績　　5　職務と責任

(5)　次の文は，教育に関連するある法令の条文の一部である。法令の
名称として最も適切なものを，下の1〜5の中から一つ選びなさい。

第50条　小学校の教育課程は，国語，社会，算数，理科，生活，音
　　　　楽，図画工作，家庭及び体育の各教科(以下この節において
　　　　「各教科」という。)，道徳，外国語活動，総合的な学習の時間
　　　　並びに特別活動によつて編成するものとする。

1　学校教育法施行規則
2　教育基本法
3　学校教育法

4　義務教育諸学校の教科用図書の無償措置に関する法律

5　学校教育法施行令

(6)　次の文章は，中央教育審議会初等中等教育分科会 学校段階間の連携・接続等に関する作業部会における「小中連携，一貫教育に関する主な意見等の整理」(平成24年7月13日)の一部である。(　A　)～(　C　)に入る語句の組み合わせとして最も適切なものを，下の1～5の中から一つ選びなさい。

　　小中一貫教育の実施に当たっては，小学校と中学校の教育課程の(　A　)を確保していくことが重要であり，そのためには，小・中学校教員が互いの学校の教育課程を理解することが求められる。具体的には，小学校教員は自らが指導する内容が中学校における学習にどのようにつながっていくのかを理解しながら指導し，中学校教員は小学校における学習の程度を把握した上で各分野の指導をすることが必要である。その際，例えば，小・中学校教員の合同研修会における意見交換を通じ，(　B　)，授業観を一貫したものとすることで，(　A　)の担保につなげていくことが考えられる。

　　そうした(　A　)の確保とともに，各学校段階における児童生徒の発達の段階を踏まえた独自性を尊重していくことも重要である。例えば，小学校における学級担任制と中学校における教科担任制は，児童生徒の発達に合わせ，指導における(　C　)を高めていく観点から採用されているものであり，こうした独自性の尊重も必要である。

	A	B	C
1	系統性	学力観	実践力
2	連続性	児童・生徒観	実践力
3	系統性	学力観	専門性
4	連続性	児童・生徒観	専門性
5	連続性	学力観	専門性

(7)　次のA～Fは，これまでの学習指導要領改訂の特色を示したものである。古い順に並べたものとして最も適切なものを，あとの1～5

の中から一つ選びなさい。

A　ゆとりある充実した学校生活の実現＝学習負担の適正化(各教科等の目標・内容を中核的事項にしぼる)

B　「生きる力」の育成，基礎的・基本的な知識・技能の習得，思考力・判断力・表現力等の育成のバランス(授業時数の増，指導内容の充実，小学校外国語活動の導入)

C　教育課程の基準としての性格の明確化(道徳の時間の新設，基礎学力の充実，科学技術教育の向上等)

D　社会の変化に自ら対応できる心豊かな人間の育成(生活科の新設，道徳教育の充実)

E　基礎・基本を確実に身に付けさせ，自ら学び自ら考える力などの「生きる力」の育成(教育内容の厳選，「総合的な学習の時間」の新設)

F　教育内容の一層の向上(「教育内容の現代化」，算数における集合の導入等)

1　F→C→A→D→E→B

2　F→A→C→E→B→D

3　F→A→C→D→B→E

4　C→F→A→D→E→B

5　C→A→F→E→D→B

(☆☆☆◎◎◎◎)

【4】次の(1)～(5)の各問いに答えなさい。

(1)　次の文章は，道徳教育の充実に関する懇談会が行った報告「今後の道徳教育の改善・充実方策について(報告)～新しい時代を，人としてより良く生きる力を育てるために～」(平成25年12月26日)の一部である。(A)～(C)に入る語句の組み合わせとして最も適切なものを，あとの1～5の中から一つ選びなさい。

　　これまでも繰り返し道徳教育の重要性と課題が指摘されながら，全体としては十分な改善に至らなかった反省も踏まえ，道徳教育の

目標や内容，指導方法，教材，教員の指導力向上の在り方，さらには(A)における位置付けなどについて検討を行い，道徳教育が学校教育活動全体の(B)としての役割を果たすこととなるよう，早急に抜本的な改善・充実を図る必要がある。

　その際，道徳教育については，学校と，子供の人格の基礎を形成する(C)とが連携して取り組むことが不可欠であることを踏まえ，相互の連携をより緊密なものとすることが必要である。

	A	B	C
1	教育課程	真の中核	家庭
2	教育課程	推進者	地方公共団体
3	生涯学習	真の中核	地域の関係者
4	人生設計	バックアップ	地域の関係者
5	人生設計	バックアップ	家庭

(2) 次の文章は，「学校教育法施行令の一部改正について(通知)」(平成25年9月1日)の一部である。(A)～(C)に入る語句の組み合わせとして最も適切なものを，あとの1～5の中から一つ選びなさい。

　今回の学校教育法施行令の改正は，平成24年7月に公表された中央教育審議会初等中等教育分科会報告「共生社会の形成に向けた(A)教育システム構築のための特別支援教育の推進」(以下「報告」という。)において，「就学基準に該当する障害のある子どもは特別支援学校に原則就学するという従来の就学先決定の仕組みを改め，障害の状態，本人の(B)，本人・保護者の意見，教育学，医学，心理学等専門的見地からの意見，学校や地域の状況等を踏まえた総合的な観点から就学先を決定する仕組みとすることが適当である。」との提言がなされたこと等を踏まえ，所要の改正を行うものであること。

　なお，報告においては，「その際，市町村教育委員会が，本人・保護者に対し十分情報提供をしつつ，本人・保護者の意見を最大限尊重し，本人・保護者と市町村教育委員会，学校等が(B)と必要な支援について(C)を行うことを原則とし，最終的には市町

村教育委員会が決定することが適当である。」との指摘がなされており，この点は，改正令における基本的な前提として位置付けられるものであること。

	A	B	C
1	インテグレーティブ	才能や能力	相談とアドバイス
2	バリアフリー	興味・関心	合意形成
3	インクルーシブ	教育的ニーズ	合意形成
4	インクルーシブ	才能や能力	相談とアドバイス
5	インテグレーティブ	興味・関心	現状の確認

(3)　次の文章は，日本ユネスコ国内委員会によるESDについての説明の一部である。（　Ａ　）〜（　Ｃ　）に入る語句の組み合わせとして最も適切なものを，下の1〜5の中から一つ選びなさい。

　　今，世界には環境，貧困，人権，平和，開発といった様々な問題があります。ESDとは，これらの現代社会の課題を自らの問題として捉え，（　Ａ　）取り組むことにより，それらの課題の解決につながる新たな（　Ｂ　）を生み出すこと，そしてそれによって（　Ｃ　）社会を創造していくことを目指す学習や活動です。

	A	B	C
1	身近なところから	価値観や行動	持続可能な
2	身近なところから	秩序や情報管理システム	高度に経済発展した
3	地球規模の視野で	希望や道徳意識	多様性を認める
4	地球規模の視野で	価値観や行動	高度に経済発展した
5	地域に根差して	秩序や情報管理システム	持続可能な

(4)　次の文章は，英語教育の在り方に関する有識者会議「今後の英語教育の改善・充実方策について　報告〜グローバル化に対応した英語教育改革の五つの提言〜」（平成26年9月26日）の一部である。（　Ａ　）〜（　Ｃ　）に入る語句の組み合わせとして最も適切なものを，あとの1〜5の中から一つ選びなさい。

　　これからは，国民一人一人にとって，（　Ａ　）や異文化コミュニケーションはますます重要になる。その際に，国際共通語である英

語力の向上は日本の将来にとって不可欠であり，（　B　）の中でトップクラスの英語力を目指すべきである。今後の英語教育改革において，その基礎的・基本的な知識・技能とそれらを活用して主体的に課題を解決するために必要な思考力・判断力・表現力等を育成することは，児童生徒の将来的な可能性の広がりのために欠かせない。

　もちろん，社会のグローバル化の進展への対応は，英語さえ習得すればよいということではない。（　C　）等の教養とともに，思考力・判断力・表現力等を備えることにより，情報や考えなどを積極的に発信し，相手とのコミュケーションができなければならない。

	A	B	C
1	外国語の能力	アジア	欧米諸国の歴史・文化
2	外国語の能力	先進国	アジア諸国の歴史・文化
3	異文化理解	世界	アジア諸国の歴史・文化
4	異文化理解	アジア	我が国の歴史・文化
5	情報活用能力	世界	我が国の歴史・文化

(5) 次の文のうち，学校の授業(1クラス30人)で著作物を利用する場合，著作権者の了解を得ないと著作権侵害に該当するものとして最も適切なものを，次の1〜5の中から一つ選びなさい。

1　環境問題を取り上げる授業で，企業が省エネルギーの啓発のために使っている漫画を教材プリントに印刷して，生徒に配布する場合。

2　市販の様々な問題集から適当に問題を集めて問題集を作り，これを授業中に生徒に配布する場合。

3　授業者がある放送局の歴史番組を録画して，担当している社会の授業で生徒に見せる場合。

4　担当している授業で新聞の社説を複写して生徒に配布する場合。

5　授業の中で発表するため，生徒がインターネットから印刷した絵やデザインを使って発表資料や作品を作る場合。

（☆☆☆○○○○）

【5】次の(1)～(3)の各問いに答えなさい。

(1)　次の文章は，鳥取県出身のある人物についての説明である。この人物名として最も適切なものを，下の1～5の中から一つ選びなさい。

　　季語や形にとらわれない自由律の俳人，それも漂泊の俳人として知られ明治中期から大正にかけて活躍した。本名は秀雄。明治18年(1885)現在の鳥取市吉方町に生まれた。立志尋常小学校(現在の市立修立小学校)を経て，県立第一中学校(現在の鳥取西高等学校)に入学。この頃から句作を始めている。大正15年(1926)41歳で亡くなった。代表句として「咳をしても一人」「入れものがない両手で受ける」などがある。

1　田中寒樓
2　河本緑石
3　尾崎放哉
4　植田正治
5　岩宮武二

(2)　次の文章は，教育史上のある人物についての説明である。この人物名として最も適切なものを，下の1～5の中から一つ選びなさい。

　　この人物の教育思想は自由と自然な活動を基盤としており，児童研究を科学的に行う必要性を強調した。また教師の役割は子どもの心身の自発的・個性的な発達のための環境整備にあると考え，一人ひとりの子どもを尊重する教育方法を実践した。この教育思想は多くの人々に共感を与え，ヨーロッパ各地に「子どもの家(児童の家)」が設立された。

1　フレーベル
2　モンテーニュ
3　アンナ・フロイト
4　モンテッソーリ
5　ペスタロッチ

(3)　次のグラフA～Cは，学習曲線の典型例を示したものである。このグラフの説明として最も適切なものを，あとの1～5の中から一つ

選びなさい。

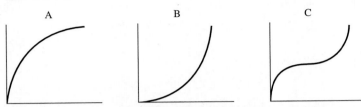

A   B   C

1　3つのグラフはいずれも，縦軸に学習の回数または時間(期間)，横軸に単位時間内の作業量や正反応数などの学習成績をとっている。

2　グラフAは，学習能力が作業の困難度に比べて大きく，動機づけも強い場合によく見られる。

3　グラフBは，低レベルと高レベルの習得段階がある運動技能の学習の場合などによく見られる。

4　グラフCは，最初は積極的加速度曲線を，後に消極的加速度曲線をとっている。

5　グラフA〜Cのうち，プラトーと呼ばれる現象が見られるのは，グラフBである。

(☆☆☆◎◎◎)

解答・解説

【1】(1)　2　　(2)　4

〈解説〉(1)　本問で取り上げている協約は，鳥取県と鳥取県教育委員会が連携協力して教育振興に取り組んでいくことを目的として平成24年度から毎年締結しているものである。その年度に鳥取県で重点的に取り組まれる教育振興施策が簡潔にまとめられている最頻出資料なので，必ずその年度の協約の内容はおさえておくこと。なお，消費者教

育については，「消費者教育の推進に関する基本的な方針」(平成25年6月28日　閣議決定)に目を通しておくとよいだろう。　(2)　1は京都府，2は奈良県，3は島根県，5は三重県と関係の深い日本遺産である。

【２】(1)　2　　(2)　1　　(3)　5

〈解説〉(1)　2は平成25年度にあたる2013年9月の出来事である。
(2)　本問で取り上げた答申は，教育改革における最大の課題とされる「高大接続」改革を実現するための方策として，高等学校教育，大学教育，大学入学者選抜の抜本的な改革を提言したものである。一般的には，現行の大学入試センター試験の廃止および「大学入学希望者学力評価テスト(仮称)」導入についての提言で取り上げられることが多いが，教員採用試験対策としては，高等学校教育に関する提言の部分をよく読み込んでおきたい。　(3)　まち・ひと・しごと創生本部では，「まち・ひと・しごと創生」を，まち(国民一人一人が夢や希望を持ち，潤いのある豊かな生活を安心して営める地域社会)の形成，ひと(地域社会を担う個性豊かで多様な人材)の確保，しごと(地域における魅力ある多様な就業の機会)の創出を一体的に推進することとしている。

【３】(1)　3　　(2)　1　　(3)　2　　(4)　5　　(5)　1　　(6)　3
　(7)　4

〈解説〉(1)　3は「認定こども園」ではなく「高等専門学校」が正しい。
(2)　教育基本法は日本の教育の原則を定めた法律である。前文および全18条の構成で，施行令や施行規則もなく，法規の問題では最頻出のものの1つなので，暗記型の学習で内容を完全に把握しておくこと。
(3)　義務教育に関しては，子女への普通教育の義務を規定した日本国憲法第26条第2項を合わせて覚えておくこと。また，3の普通教育については，学校教育法第21条にその目標が規定されているので確認しておきたい。　(4)　公立学校の教員は地方公務員であるが，給与に関する規定は教育公務員特例法第13条第1項「公立の小学校等の校長及び教員の給与は，これらの者の職務と責任の特殊性に基づき条例で定め

るものとする」に従う。　(5)　学校教育法に関して，平成27年3月27日に定められた学校教育法施行規則の一部を改正する省令により，本問で取り上げた第50条中の「道徳」は，平成30年4月1日から「特別の教科である道徳」に改められる。これに伴い平成27年3月に一部校種の学習指導要領の一部改訂が行われ，平成27年度より移行措置がとられている。道徳教育に関する出題が今後高まることが予想されることから，本条文が出題されることも考えられるので，注意しておきたい。(6)　本報告は，小中連携，一貫教育の取り組みが進められている学校・市町村における成果を踏まえ，小中連携，一貫教育に今後取り組む小・中学校においても同様の成果を上げることができるようにするため，また，既に取組が進められている市町村で課題と認識されている点の解決に資するようにするため，国としての支援も含めた改善方策に関する意見を整理したものである。　(7)　古い順に，Cは昭和33〜35年改訂，Fは昭和43〜45年改訂，Aは昭和52〜53年改訂，Dは平成元年改訂，Eは平成10〜11年改訂，Bは平成20〜21年改訂の特色である。

【4】(1)　1　　(2)　3　　(3)　1　　(4)　4　　(5)　2
〈解説〉(1)　本報告では道徳教育を「国や民族，時代を越えて，人が生きる上で必要なルールやマナー，社会規範などを身に付け，人としてより良く生きることを根本で支えるとともに，国家・社会の安定的で持続可能な発展の基盤」と位置付けている。この概念は必ずおさえておきたい。　(2)　本通知はよく出題されるが，本文中の「共生社会の形成に向けたインクルーシブ教育システム構築のための特別支援教育の推進(報告)」(平成24年7月23日)も頻出の資料である。国連総会での障害者の権利に関する条約の採択から日本の批准・発効に至るまでの背景や，「合理的配慮」の定義や具体例などを中心に，内容をおさえておくことが望ましい。　(3)　ESDは「持続可能な開発のための教育」と訳され，言い換えると，「持続可能な社会づくりの担い手を育む教育」である。　(4)　本報告では，英語教育において必要な改革として，「国が示す教育目標・内容の改善」「学校における指導と評価の改善」

「高等学校・大学の英語力の評価及び入学者選抜の改善」「教科書・教材の充実」「学校における指導体制の充実」を提示している。

(5)　学校の教師が自分の授業で他人の著作物を複製して利用することは，著作権法第35条により，一定の条件の下に著作権者の了解なしにできるとされているが，市販の問題集は，同年代の児童生徒の使用を目的に販売されているものなので，同条第1，2項の「著作権者の利益を不当に害することとなる場合」場合に該当し，著作権者の了解なしに利用できないと考えられる。

【5】(1)　3　　(2)　4　　(3)　2

〈解説〉(1)　1は島根県八上郡小畑村(現在の鳥取県鳥取市)出身の俳人，2は鳥取県出身の詩人・自由律俳人，4と5は鳥取県出身の写真家である。
(2)　1は幼児教育の祖とされるドイツの教育学者，2は経験による実物教授を提唱したフランスの思想家，3は精神分析学の祖と呼ばれるフロイトの娘で，精神分析を児童に適用した児童精神分析を始めた人物，5は近代的な学校教育理論の源流となる理論・思想を築いたスイスの教育家である。　(3)　1　本問のグラフの学習曲線は，縦軸に単位時間内の作業量や正反応数などの学習成績を，横軸に学習の回数または時間(期間)をとっている。　3　グラフBは，難しい課題の時によく見られる。　4　グラフCは，最初は消極的加速度曲線を，後に積極的加速度曲線をとっている。　5　プラトーとは学習の途中で進歩がしばらく停滞する現象のことで，グラフCの中程で平坦になっている部分がこの現象にあたる。

2015年度　実施問題

【1】次の(1)〜(3)の各問いに答えなさい。

(1)　主人公が様々な体験を通して様々な人々と出会い，その助力を得つつ，困難を乗り越えて大きく成長していく姿が描かれている映画『魔女の宅急便』とタイアップを行うことで，文部科学省が国民に広く理解・普及を図る取組を行っているのは何教育か。最も適切なものを，次の1〜5の中から一つ選びなさい。

1　バリアフリー教育

2　メディア教育

3　グローバル教育

4　キャリア教育

5　エコロジー教育

(2)　次の文章は，ある日本人宇宙飛行士の活動について説明したものである。この説明に当てはまる最も適切な人物を，下の1〜5の中から一つ選びなさい。

　国際宇宙ステーション(ISS)に長期滞在し，平成26年3月9日，第39代目のアジア初のISS船長(ISSコマンダー)に就任した。日本人ならではの「和」の心を掲げて，5名の宇宙飛行士の力を結集し15ヶ国のISSの運用を統括して，第39次長期滞在ミッションを完遂した後，平成26年5月14日にソユーズ宇宙船で無事帰還した。

(日時はすべて日本標準時)

1　若田光一

2　野口聡一

3　向井千秋

4　山崎直子

5　古川聡

(3)　次の文章は，運動部活動における体罰が問題になったことを受け，文部科学省が設置した，運動部活動の在り方に関する調査研究協力者会議が平成25年5月にとりまとめた「運動部活動の在り方に関する調査研究報告書」で示された，本調査研究の趣旨についての抜粋である。(　　　)に入る語句として正しいものを，下の1〜5の中から一つ選びなさい。

　運動部活動の指導者は，これまでに熱心な取組，適切な指導方法によって多くの成果をあげてきましたが，指導に当たって，(　　　)で禁止されている体罰を厳しい指導として正当化するような認識があるとしたら，それは誤りであり，許されないものです。また，指導に当たっては，生徒の人間性や人格の尊厳を損ねたり否定したりするような発言や行為は許されません。

1　教育基本法
2　スポーツ基本法
3　学校教育法
4　地方教育行政の組織及び運営に関する法律
5　ユネスコ活動に関する法律

(☆☆☆◎◎◎)

【2】次の(1)〜(7)の各問いに答えなさい。

(1)　次の文章は，日本国憲法の条文である。(　Ａ　)〜(　Ｃ　)に入る語句の組み合わせとして最も適切なものを，あとの1〜5の中から一つ選びなさい。

　第12条　この憲法が国民に保障する自由及び権利は，国民の(　Ａ　)によつて，これを保持しなければならない。又，国民は，これを(　Ｂ　)してはならないのであつて，常に(　Ｃ　)のためにこれを利用する責任を負ふ。

　第13条　すべて国民は，個人として尊重される。生命，自由及び幸福追求に対する国民の権利については，(　Ｃ　)に反しない限り，立法その他の国政の上で，最大の尊重を必要とする。

	A	B	C
1	絶え間ない尽力	濫用	万人の福祉
2	惜しみない貢献	制限	公共の利益
3	絶え間ない尽力	制限	万人の利益
4	不断の努力	濫用	公共の福祉
5	不断の努力	無視	万人の利益

(2) 教育基本法の条文として誤っているものを，次の1～5の中から一つ選びなさい。

1 第1条

　教育は，人格の完成を目指し，平和で民主的な国家及び社会の形成者として必要な資質を備えた心身ともに健康な国民の育成を期して行われなければならない。

2 第4条

　すべて国民は，ひとしく，その能力に応じた教育を受ける機会を与えられなければならず，人種，信条，性別，社会的身分，経済的地位又は門地によって，教育上差別されない。

　2～3　略

3 第5条

　国民は，その保護する子に，別に法律で定めるところにより，普通教育を受けさせる義務を負う。

　2～4　略

4 第9条

　法律に定める学校の教員は，社会的責任を深く自覚し，絶えず研究と修養に励み，その職責の遂行に努めなければならない。

　2　略

5 第10条

　父母その他の保護者は，子の教育について第一義的責任を有するものであって，生活のために必要な習慣を身に付けさせるとともに，自立心を育成し，心身の調和のとれた発達を図るよう努めるものとする。

2　略

(3)　次の文は，学校教育法の第19条である。(　　　)に入る最も適切な語句を，下の1〜5の中から一つ選びなさい。

第19条　経済的理由によつて，就学困難と認められる学齢児童又は学齢生徒の保護者に対しては，(　　　)は，必要な援助を与えなければならない。

1　国

2　都道府県

3　市町村

4　首長

5　教育長

(4)　次のうち，地方公務員法では規定されていないものはどれか。1〜5の中から一つ選びなさい。

1　職務に専念する義務

2　秘密を守る義務

3　信用失墜行為の禁止

4　兼職及び他の事業等の従事

5　争議行為等の禁止

(5)　次の文は，教育公務員特例法第11条である。(　A　)〜(　C　)に入る語句の組み合わせとして最も適切なものを，下の1〜5の中から一つ選びなさい。

第11条　(　A　)の校長の採用並びに教員の採用及び昇任は，(　B　)によるものとし，その(　B　)は，大学附置の学校にあつては当該大学の学長，大学附置の学校以外の(　A　)にあつてはその校長及び教員の任命権者である教育委員会の(　C　)が行う。

	A	B	C
1	国立学校	選考	教育委員長
2	公立学校	選考	教育長
3	私立学校	公募	地方公共団体の長
4	国立学校	公募	教育長

5　公立学校　　選考　　教育委員長

(6)　「鳥取県いじめの防止等のための基本的な方針」(平成26年3月)における本県の「いじめに対する基本的な認識」として適切でないものを，次の1～5の中から一つ選びなさい。

1　いじめは，いじめを受けた児童生徒の教育を受ける権利を著しく侵害し，その心身の健全な成長及び人格の形成に重大な影響を与えるのみならず，その生命又は身体に重大な危険を生じさせるおそれがあるものです。

2　いじめは，人間として絶対に許されない卑怯な行為です。

3　いじめは，どの児童生徒にも，どの学校でも起こりうる可能性のあるものです。

4　いじめは，全ての児童生徒に関係する問題であり，児童生徒がいじめを行わず，いじめを認識しながら放置することがないよう，児童生徒のいじめ問題に対する理解を深めることが大切です。

5　子ども社会の問題は，大人社会の問題の反映と言われますが，いじめの問題は，この例外です。

(7)　次の文章は，中学校学習指導要領総則の一部である。(　A　)～(　C　)に入る語句の組み合わせとして最も適切なものを，あとの1～5の中から一つ選びなさい。

　学校の教育活動を進めるに当たっては，各学校において，生徒に(　A　)をはぐくむことを目指し，創意工夫を生かした特色ある教育活動を展開する中で，基礎的・基本的な知識及び技能を確実に習得させ，これらを活用して課題を解決するために必要な思考力，判断力，表現力その他の能力をはぐくむとともに，(　B　)に学習に取り組む態度を養い，個性を生かす教育の充実に努めなければならない。その際，生徒の発達の段階を考慮して，生徒の(　C　)を充実するとともに，家庭との連携を図りながら，生徒の学習習慣が確立するよう配慮しなければならない。

	A	B	C
1	生きる力	主体的	言語活動
2	確かな学力	積極的	言語活動
3	確かな学力	主体的	体験活動
4	生きる力	積極的	体験活動
5	確かな学力	主体的	言語活動

(☆☆☆◎◎◎)

【3】次の(1)～(5)の各問いに答えなさい。

(1) 次の文章は，文部科学省が道徳教育用教材について述べたものである。(　A　)～(　C　)に入る語句の組み合わせとして最も適切なものを，下の1～5の中から一つ選びなさい。

　文部科学省では，道徳教育用教材「(　A　)」を全面改訂した「(　B　)」の作成を進めてきましたが，このたび，その冊子が完成し，公表することとなりましたので，お知らせします。

　本冊子は，平成26年度から使用できるよう，全国の(　C　)に配布することとしています。(平成26年2月14日)

	A	B	C
1	心のノート	私たちの道徳	小・中・高等学校
2	私たちの道徳	心のノート	小・中学校
3	心のノート	私たちの道徳	小・中学校
4	私たちの道徳	読み物資料集	小・中・高等学校
5	読み物資料集	心のノート	小・中学校

(2) 次の文章は，「教育委員会制度等の在り方について(第二次提言)」(平成25年4月)の一部である。この提言を行ったものを，あとの1～5の中から一つ選びなさい。

　地方公共団体における教育行政の責任体制を明確にするため，首長が任免を行う教育長が，地方公共団体の教育行政の責任者として教育事務を行うよう現行制度を見直す。首長による教育長の任命・罷免に際しては，議会の同意を得ることとし，議会が教育長の資

160

質・能力をチェックする。

1　中央教育審議会

2　教育再生実行会議

3　文部科学省政策会議

4　教育課程審議会

5　科学技術・学術審議会

(3)　次の文章は,「世界自閉症啓発デー」に当たっての文部科学大臣メッセージ(平成26年4月2日)の一部である。(　　　)に入る語句として最も適切なものを,下の1～5の中から一つ選びなさい。

　　本日4月2日に,「世界自閉症啓発デー」は7年目を迎えました。また,日本では,本日から8日までを「発達障害啓発週間」として,自閉症をはじめ発達障害についての正しい理解の啓発に取り組むという活動を行っております。

　　文部科学省としても,幼稚園,小学校,中学校,高等学校等に在籍している,自閉症をはじめ発達障害のある子供たち一人一人の教育的ニーズを把握し,適切な教育支援を行うことができるよう,関係機関が連携した特別支援教育の体制整備を進めているところです。特に,本年批准した(　　　)において提唱されている「インクルーシブ教育システム」の構築や発達障害の可能性のある児童生徒に対する早期支援,教職員の専門性向上等に関して引き続き注力してまいります。

1　教育における差別待遇の防止に関する条約

2　児童の権利に関する条約

3　技術教育及び職業教育に関する条約

4　障害者の権利に関する条約

5　国際人権規約

(4)　インターナショナルスクールの卒業生に,国際的に認められる大学入学資格を与え,大学進学へのルートを確保するとともに,学生の柔軟な知性の育成と,国際理解教育の促進に資することを目的として1968年に発足した組織の名称を,次の1～5の中から一つ選びな

さい。

1　国際ギムナジウム機構

2　国際アカデミヤ機構

3　国際コレージュ機構

4　国際リベラルアーツ機構

5　国際バカロレア機構

(5)　次の文は，学校保健安全法第30条である。(　　　)に入る最も適切な語句を，下の1〜5の中から一つ選びなさい。

第30条　学校においては，児童生徒等の安全の確保を図るため，児童生徒等の保護者との連携を図るとともに，当該学校が所在する地域の実情に応じて，当該地域を管轄する(　　　)その他の関係機関，地域の安全を確保するための活動を行う団体その他の関係団体，当該地域の住民その他の関係者との連携を図るよう努めるものとする。

1　消防署

2　警察署

3　都道府県

4　保健所

5　地方公共団体

(☆☆☆◎◎◎)

【4】次の(1)〜(3)の各問いに答えなさい。

(1)　1900年刊行の『児童の世紀』で，20世紀こそは児童の世紀として子どもが幸せに育つことのできる平和な社会を築くべき時代であると主張したスウェーデンの思想家を，次の1〜5の中から一つ選びなさい。

1　エレン・ケイ

2　デューイ

3　モンテッソーリ

4　シュタイナー

   5　クルプスカヤ

(2)　鳥取県に生まれ，鳥取師範学校教師となった。その後，私立鳥取
　　図書館，私立鳥取女学校，私立鳥取盲唖学校を創設するなど，鳥取
　　県の教育文化の発展に大きく貢献した人物を，次の1〜5の中から一
　　つ選びなさい。
　　1　羽仁もと子
　　2　遠藤　董
　　3　田村虎蔵
　　4　荻野吟子
　　5　岸本辰雄

(3)　平安時代の教育について説明した次の文章の(　　　)に入る語句
　　として最も適切なものを，下の1〜5の中から一つ選びなさい。

　　　貴族は，大学での学問を重んじ，一族子弟の教育のために，大学
　　別曹を設けた。これは大学に付属する寄宿施設的なもので，学生た
　　ちは学費の支給を受け，書籍を利用しながら大学で学んだ。大学は
　　官吏養成のために中央におかれた教育機関だが，空海が創設した
　　(　　　)は，庶民に対しても教育の門戸を開いたことで名高い。
　　1　弘文院
　　2　勧学院
　　3　奨学院
　　4　綜芸種智院
　　5　学館院

(☆☆☆◎◎◎)

解答・解説

【1】(1)　4　　(2)　1　　(3)　3

〈解説〉(1)　「魔女の宅急便」は角野栄子作の児童文学で，第1作目では主人公のキキが親元を離れ，知らない町で魔女として一人立ちする姿を描いている。なお，キャリア教育とタイアップした映画には，ほかに「WOOD JOB！～神去なあなあ日常～」がある。　(2)　若田氏はISSに約188日間滞在した。2014年7月現在，宇宙滞在期間は合計347日8時間33分となり，日本人最長である。　(3)　体罰の禁止は学校教育法第11条で示されている。

【2】(1)　4　　(2)　4　　(3)　3　　(4)　4　　(5)　2　　(6)　5
(7)　1

〈解説〉(1)　ここでは，権利を濫用してはいけないこと，個人の自由や権利は，無制限に尊重されるわけではないことに注意したい。(2)　教育基本法は日本国憲法と同様，重要法規の一つであるので，全文暗記をおすすめする。第9条は「社会的責任を深く自覚し」ではなく，「自己の崇高な使命を深く自覚し」が正しい。　(4)　地方公務員法は服務に関する事項が頻出なので，よく学習しておくこと。1は第35条，2は第34条，3は第33条，5は第37条である。　(6)　5は「子ども社会の問題は大人社会の問題の反映とも言われます。いじめの問題もこの例外ではなく，大人たちが「心豊かで安全・安心な社会をつくる」という認識の共有が不可欠です」が正しい。　(7)　中学校学習指導要領解説 総則編によると，学校教育においては「基礎的・基本的な知識・技能の習得，思考力・判断力・表現力等の育成，学習意欲の向上や学習習慣の確立，豊かな心や健やかな体の育成のための指導の充実」が求められている。また，学習指導要領の改訂では方針の一つとして，「生きる力」の育成があげられている。以上を踏まえて，学習するとよいだろう。

【3】(1) 3　　(2) 2　　(3) 4　　(4) 5　　(5) 2

〈解説〉(1)　「私たちの道徳」は小学校1〜2年，3〜4年，5〜6年，中学校別となっている。特徴の一つとして「学校の教育活動全体を通じて，また，家庭や地域においても活用することが期待されている」があげられる。　(2)　本資料は「子どもたちのための教育再生を成し遂げるため，教育行政における責任体制を確立」する視点から，いじめ問題等への対応に続き，教育委員会制度の在り方を示したものである。

(3)　「本年批准」「インクルーシブ教育システム」というキーワードから正答を導き出したい。「障害者の権利に関する条約」は障害者の人権及び基本的自由の享有の確保，障害者の固有の尊厳の尊重を促進することを目的としている。　(4)　国際バカロレアには，3歳〜19歳の子どもの年齢に応じて，初等教育プログラム，中等教育プログラム，ディプロマ資格プログラムの3つがある。ディプロマ課程を修了し，統一試験に合格することで，国際的な大学入学資格である国際バカロレア資格を取得できる。　(5)　学校保健安全法第30条は地域の関係機関等との連携について示されている。学校安全については同法第27条で学校安全にかかる計画を策定し，実施しなければならないとある。

【4】(1) 1　　(2) 2　　(3) 4

〈解説〉(1)　エレン・ケイの著作は日本でも紹介され，大正デモクラシーや婦人運動に大きな影響を与えた。　(2)　遠藤董(えんどう・ただす)は教育一筋にその身を捧げ，多くの人材を育てたことから「郷土教育の父」と慕われた人物である。明治から昭和にかけて鳥取県の教育に大きな功績を残した。　(3)　空欄前にある「空海が創設した」から正答を導きたい。1の弘文院は和気広世(和気清麻呂の子)，2の勧学院は藤原冬嗣，3の奨学院は在原行平，5の学館院は檀林皇后が設置したものである。

2014年度　実施問題

【1】「教育振興基本計画(平成25年6月14日閣議決定)」について，次の(1)
　〜(3)の各問いに答えなさい。

　(1)　教育行政の四つの基本的方向性として，誤っているものを，次の
　　　1〜5の中から一つ選びなさい。

　　　1　社会を生き抜く力の養成

　　　2　未来への飛躍を実現する人材の養成

　　　3　子どもたちの安全・安心の確保

　　　4　学びのセーフティネットの構築

　　　5　絆づくりと活力あるコミュニティの形成

　(2)　「今後の教育政策の遂行に当たって特に留意すべき視点」の中で
　　　述べられている四つの基本的方向性を実現するための共通理念とし
　　　て，誤っているものを，次の1〜5の中から一つ選びなさい。

　　　1　教育における多様性の尊重

　　　2　生涯学習社会の実現に向けた「縦」の接続

　　　3　各セクターの役割分担を踏まえた社会全体の「横」の連携・協働

　　　4　教育現場の活性化に向けた国・地方の連携・協働

　　　5　社会全体で教育の向上に取り組むシステムの構築

　(3)　教育振興基本計画は，何という法令に基づいて政府が策定したの
　　　か，最も適切なものを，次の1〜5の中から一つ選びなさい。

　　　1　日本国憲法

　　　2　教育基本法

　　　3　学校教育法

　　　4　内閣法

　　　5　教育振興法

(☆☆☆☆◎◎◎◎)

【2】次の(1)～(8)の各問いに答えなさい。

(1) 次の文章は日本国憲法第27条である。(　　)に入る最も適切な語句を，下の1～5の中から一つ選びなさい。

第27条　　すべて国民は，勤労の権利を有し，義務を負ふ。

賃金，就業時間，休息その他の勤労条件に関する基準は，法律でこれを定める。

児童は，これを(　　)してはならない。

1　虐待　　2　雇用　　3　酷使　　4　拘束　　5　悪用

(2) 次の文章は教育基本法の前文である。(　A　)～(　C　)に入る語句の組み合わせとして，最も適切なものを，下の1～5の中から一つ選びなさい。

我々日本国民は，たゆまぬ努力によって築いてきた民主的で文化的な国家を更に発展させるとともに，世界の平和と人類の福祉の向上に貢献することを願うものである。

我々は，この理想を実現するため，(　A　)を重んじ，真理と正義を希求し，(　B　)を尊び，豊かな人間性と創造性を備えた人間の育成を期するとともに，(　C　)，新しい文化の創造を目指す教育を推進する。

ここに，我々は，日本国憲法の精神にのっとり，我が国の未来を切り拓く教育の基本を確立し，その振興を図るため，この法律を制定する。

	A	B	C
1	個人の尊厳	公共の精神	伝統を継承し
2	個人の尊厳	公共の精神	個性を活かし
3	歴史と伝統	公共の精神	個性を活かし
4	歴史と伝統	自由と平等	個性を活かし
5	個人の尊厳	自由と平等	伝統を継承し

(3) 次の文は学校教育法第42条である。(　　)に入る最も適切な語句を，あとの1～5の中から一つ選びなさい。

小学校は，(　　)の定めるところにより当該小学校の教育活動そ

167

の他の学校運営の状況について評価を行い，その結果に基づき学校運営の改善を図るため必要な措置を講ずることにより，その教育水準の向上に努めなければならない。

1　市町村の教育委員会
2　都道府県の教育委員会
3　市町村の教育長
4　都道府県の教育長
5　文部科学大臣

(4)　学校で備えるべき表簿類について説明した次の文章の(　Ａ　)，(　Ｂ　)に入る数字の組み合わせとして正しいものを，下の1〜5の中から一つ選びなさい。

　　学校教育法施行規則第28条では，学校で備えなければならない表簿については，「学校に関係のある法令」を含む7項を定めている。これらは別の法令で定められるものを除いて(　Ａ　)年間保存しなければならないとされている。ただし，指導要録及びその写しのうち入学，卒業等の学籍に関する記録については，その保存期間は，(　Ｂ　)年間と定められている。

	Ａ	Ｂ
1	5	10
2	5	20
3	5	30
4	10	20
5	10	30

(5)　学校教育法施行規則の条文として正しいものを，次の1〜5の中から一つ選びなさい。

1　第44条
　　小学校には，研究主任及び学年主任を置くものとする。

　2〜5　略

2　第45条
　　小学校においては，保健体育主任を置くものとする。

2～4　略

3　第46条

　小学校には，事務長又は事務次長を置くことができる。

2～4　略

4　第48条

　小学校には，設置者の定めるところにより，校長の職務の円滑な執行に資するため，職員会議を置くことができる。

2　略

5　第49条

　小学校には，設置者の定めるところにより，第三者評価委員を置くことができる。

2～3　略

(6)　学校教育法第11条では，体罰について「校長及び教員は，教育上必要があると認めるときは，文部科学大臣の定めるところにより，児童，生徒及び学生に懲戒を加えることができる。ただし，体罰を加えることはできない。」と定められている。この趣旨の周知・徹底を図るため，文部科学省は初等中等教育局長及びスポーツ・青少年局長の連名で「体罰の禁止及び児童生徒理解に基づく指導の徹底について(通知)」(平成25年3月13日付)を出した。

　A～Eは，その別紙「学校教育法第11条に規定する児童生徒の懲戒・体罰等に関する参考事例」に示された事例の一部である。これらのうち，通常，体罰と判断されると考えられる行為に該当するものの組み合わせとして，最も適切なものを，あとの1～5の中から一つ選びなさい。

A　放課後に児童を教室に残留させ，児童がトイレに行きたいと訴えたが，一切，室外に出ることを許さない。

B　練習に遅刻した生徒を試合に出さずに見学させる。

C　立ち歩きの多い児童生徒を叱って席につかせる。

D　給食の時間，ふざけていた生徒に対し，口頭で注意したが聞かなかったため，持っていたボールペンを投げつけ，生徒に当てる。

　　E　試合中に相手チームの選手とトラブルになり，殴りかかろうと
　　　する生徒を，押さえつけて制止させる。
　1　CとE
　2　AとD
　3　DとE
　4　BとC
　5　AとE

(7)　地方公務員法の条文として誤っているものを，次の1〜5の中から
　　一つ選びなさい。
　1　第30条
　　　すべて職員は，全体の奉仕者として公共の利益のために勤務し，
　　且つ，職務の遂行に当つては，全力を挙げてこれに専念しなけれ
　　ばならない。
　2　第31条
　　　職員は，条例の定めるところにより，服務の宣誓をしなければ
　　ならない。
　3　第32条
　　　職員は，その職務を遂行するに当つて，法令，条例，地方公共
　　団体の規則及び地方公共団体の機関の定める規程に従い，且つ，
　　任命権者の職務上の命令に忠実に従わなければならない。
　4　第33条
　　　職員は，その職の信用を傷つけ，又は職員の職全体の不名誉と
　　なるような行為をしてはならない。
　5　第34条
　　　職員は，職務上知り得た秘密を漏らしてはならない。その職を
　　退いた後も，また，同様とする。
　　2〜3　略

(8)　次の文は教育公務員特例法の条文の一部である。（　A　）〜（　C　）に
　　入る語句の組み合わせとして正しいものを，あとの1〜5の中から一
　　つ選びなさい。

・専門的教育職員の採用及び昇任は，（　A　）によるものとし，その（　A　）は，当該教育委員会の教育長が行う。

・指導教員は，初任者に対して教諭の職務の遂行に必要な事項について（　B　）を行うものとする。

・（　C　）の期間は，一年を超えてはならない。ただし，特に必要があると認めるときは，任命権者は，（　C　）を開始した日から引き続き二年を超えない範囲内で，これを延長することができる。

	A	B	C
1	選考	指導及び助言	指導改善研修
2	競争	指導及び助言	初任者研修
3	競争	指導及び評価	初任者研修
4	選考	指導及び助言	十年経験者研修
5	選考	指導及び評価	指導改善研修

(☆☆☆☆◎◎◎◎)

【3】次の(1)・(2)の各問いに答えなさい。

(1) 次の文は少年法の条文の一部である。（　ア　）～（　エ　）に入る語句や数字の組み合わせとして正しいものを，あとの1～5の中から一つ選びなさい。

第2条　この法律で「少年」とは，（　ア　）歳に満たない者をいい，「成人」とは，満（　ア　）歳以上の者をいう。

第3条　次に掲げる少年は，これを（　イ　）の審判に付する。

一　罪を犯した少年

二　（　ウ　）歳に満たないで刑罰法令に触れる行為をした少年

三　次に掲げる事由があつて，その性格又は環境に照して，将来，罪を犯し，又は刑罰法令に触れる行為をする虞のある少年

イ　保護者の正当な監督に服しない性癖のあること。

ロ　正当の理由がなく家庭に寄り附かないこと。

ハ　犯罪性のある人若しくは不道徳な人と交際し，又はいかがわしい場所に出入すること。

ニ　自己又は他人の徳性を害する行為をする性癖のあること。

2　(　イ　)は，前項第二号に掲げる少年及び同項第三号に掲げる少
年で(　ウ　)歳に満たない者については，都道府県知事又は(　エ　)
から送致を受けたときに限り，これを審判に付することができる。

	ア	イ	ウ	エ
1	20	家庭裁判所	14	教育長
2	18	家庭裁判所	14	児童相談所長
3	18	簡易裁判所	18	児童相談所長
4	18	簡易裁判所	18	教育長
5	20	家庭裁判所	14	児童相談所長

(2)　文部科学省が示している「人権教育の指導方法等の在り方につい
て〔第三次とりまとめ〕」において，人権教育を通じて培われるべ
き資質・能力については，3つの側面から捉えることができるとし
ている。3つの側面として最も適切なものを，次の1～5の中から一
つ選びなさい。

1　知識的側面，感覚的側面，エンパワメント的側面
2　知識的側面，価値的・態度的側面，技能的側面
3　思考的・判断的側面，感覚的側面，エンパワメント的側面
4　思考的・判断的側面，価値的・態度的側面，技能的側面
5　思考的・判断的側面，感覚的側面，問題解決的側面

(☆☆☆☆◎◎◎◎)

【4】次の(1)～(5)の各問いに答えなさい。

(1)　幼稚園の創始者として知られ，幼児教育における遊戯の重要性を
主張して「恩物」と呼ばれる遊具を考案した人物を，次の1～5の中
から一つ選びなさい。

1　ルソー
2　フレーベル
3　ペスタロッチ
4　ブルーナー
5　シュナイダー

(2) 性格検査の中で，投影法ではないものを，次の1～5の中から一つ選びなさい。

1 ロールシャッハ・テスト

2 SCT(文章完成法テスト)

3 TAT(主題絵画統覚検査)

4 Y－G性格検査

5 描画法

(3) 著書に『人間性の心理学』や『完全なる人間』があり，欲求階層説を唱えた人間主義心理学の創始者として知られる心理学者を，次の1～5の中から一つ選びなさい。

1 マスロー

2 アドラー

3 ロジャーズ

4 レヴィン

5 エリクソン

(4) ある人が何かよく目立つすぐれた特徴をもっていると，その人の他の諸特徴まですべてすぐれたものと判断されがちになる，という対人的判断の傾向として，最も適切なものを，次の1～5の中から一つ選びなさい。

1 ブーメラン効果

2 サブリミナル効果

3 ピグマリオン効果

4 引きがね効果

5 ハロー効果

(5) 次のア～オは学習指導要領の改訂内容の特徴を示したものである。これを改訂のあった年の古いものから順に正しく並べたものを，あとの1～5の中から一つ選びなさい。

ア 総合的な学習の時間の新設

イ 小学校外国語活動の導入

ウ ゆとりある充実した学校生活の実現

　　エ　道徳の時間の新設

　　オ　生活科の新設

　1　エ　→　ウ　→　オ　→　ア　→　イ

　2　エ　→　ア　→　オ　→　ウ　→　イ

　3　イ　→　エ　→　ウ　→　オ　→　ア

　4　オ　→　ア　→　エ　→　イ　→　ウ

　5　オ　→　ウ　→　イ　→　ア　→　エ

(☆☆☆◎◎◎)

解答・解説

【1】(1)　3　　(2)　5　　(3)　2

〈解説〉平成25年の第2期教育振興基本計画では，4つの基本的方向性と8つの成果目標，30の施策が掲げられている。誤りの部分を探し出す問題であることから，難易度は大変高い。今後もこの計画は出題されることが予想されることから，文部科学省のリーフレット等で細部まで確認しておこう。「3つの理念」「我が国を取り巻く危機的状況」等も含め，現在の教育が抱える課題と今後の方向性が明示されていることから，用語等も合わせて理解しておきたい。

【2】(1)　3　　(2)　1　　(3)　5　　(4)　2　　(5)　4　　(6)　2

　　(7)　3　　(8)　1

〈解説〉必出条文からの抜粋問題。学校に関わる重要な法律ばかりを組み合わせた出題である。特に(6)は，平成25年の通知の別紙であり体罰が増加したことから改めて出された通知であることから，「体罰と懲戒」「出席停止」も合わせて確認しておきたい。なお，(5)の1は「研究主任」ではなく「教務主任」，2は「保健体育主任」ではなく「保健主任」，3は「事務次長」ではなく「事務主任」，5は「第三者評価委員」ではな

174

く「学校評議員」である。(7)の3は，「任命権者の職務上の命令」ではなく「上司の職務上の命令」である。

【3】(1) 5 　(2) 2
〈解説〉(1)は少年法からの抜粋問題である。「少年」の定義は，法律によっても異なることから，法律とともに定義された年齢も確認しておきたい。　(2)の「人権教育の指導方法等の在り方について〔第三次取りまとめ〕」(平成20年3月)は，人権教育と学校教育に関わる根幹であり，他の都道府県においても出題されていることから，文部科学省のホームページなどで必ず確認しておきたい資料である。

【4】(1) 2 　(2) 4 　(3) 1 　(4) 5 　(5) 1
〈解説〉(1)は，幼稚園の創始者および恩物とあるので2のフレーベルが正解である。フレーベルの主著『人間の教育』もあわせて覚えておきたい。　(2)は投影法ではないものとあるので，4のY−G性格検査が答えとなる。ちなみにY−G性格検査は質問紙法による性格検査である。(3)は人間主義心理学(人間性心理学)とあるので，1のマスローが正解。あわせてマスローの欲求5段階説も覚えておきたい。　(4)は，後光効果，光背効果ともいい，5のハロー効果の説明である。他の選択肢の効果も内容とともに確認しておこう。　(5)は1が正解であるが，学習指導要領の変遷とその特徴については，参考書などできちんと確認するようにしたい。

2013年度　実施問題

【1】次の(1)・(2)の各問いに答えなさい。

(1)　鳥取県教育振興基本計画(H21〜H25)に示されている鳥取県教育の
めざす人間像でないものを，1〜5から一つ選びなさい。

1　「自立して」生きていく

2　「確かな学力をしっかり身につけて」生きていく

3　「社会の中で，社会を支えて」生きていく

4　「健やかで，心豊かに」生きていく

5　「ふるさと鳥取県に誇りを持ち，一人ひとりを大切にして」生
きていく

(2)　平成24年3月，鳥取県知事と鳥取県教育委員会委員長が連携協力し
て教育振興に取り組んでいくことを目指して締結した協約の(　A　)
に入る語句を，1〜5から一つ選びなさい。

「鳥取県の子どもたちの(　A　)のための教育に関する協約」

1　未来　　2　健康　　3　成長　　4　将来　　5　学力向上

(☆☆☆◎◎)

【2】次の(1)〜(8)の各問いに答えなさい。

(1)　次の文は，日本国憲法第26条である。(　A　)〜(　D　)に入る
語句の組み合わせを，1〜5から一つ選びなさい。

すべて国民は，(　A　)の定めるところにより，その(　B　)に応
じて，ひとしく教育を受ける(　C　)を有する。

すべて国民は，(　A　)の定めるところにより，その保護する子
女に普通教育を受けさせる義務を負ふ。義務教育は，これを(　D　)
とする。

	A	B	C	D
1	法令	適性	機会	無償
2	法律	能力	機会	9年間
3	法律	適性	権利	無償
4	法律	能力	権利	無償
5	法令	能力	機会	9年間

(2) 次の文は，ある法律の一部である。この法律の条文ではないものを，1〜5から一つ選びなさい。

　教育は，人格の完成を目指し，平和で民主的な国家及び社会の形成者として必要な資質を備えた心身ともに健康な国民の育成を期して行われなければならない。

1　国及び地方公共団体は，障害のある者が，その障害の状態に応じ，十分な教育を受けられるよう，教育上必要な支援を講じなければならない。

2　法律に定める学校は，特定の政党を支持し，又はこれに反対するための政治教育その他政治的活動をしてはならない。

3　経済的理由によつて，就学困難と認められる学齢児童又は学齢生徒の保護者に対しては，市町村は，必要な援助を与えなければならない。

4　教育は，不当な支配に服することなく，この法律及び他の法律の定めるところにより行われるべきものであり，教育行政は，国と地方公共団体との適切な役割分担及び相互の協力の下，公正かつ適正に行われなければならない。

5　国民一人一人が，自己の人格を磨き，豊かな人生を送ることができるよう，その生涯にわたって，あらゆる機会に，あらゆる場所において学習することができ，その成果を適切に生かすことのできる社会の実現が図られなければならない。

(3) 次の文は，教育公務員特例法第22条の一部である。(　　　)に入る語句を，1〜5から一つ選びなさい。

　教員は，授業に支障のない限り，(　　　)の承認を受けて，勤務

場所を離れて研修を行うことができる。

1　任命権者　　2　教育委員会　　3　学校長　　4　本属長

5　教育長

(4)　次の文は,「幼稚園,小学校,中学校,高等学校及び特別支援学校の学習指導要領等の改善について(答申)」(平成20年1月中央教育審議会)の一部である。(　　　)に入る語句を,1～5から一つ選びなさい。

　　1990年代半ばから現在にかけて顕著になった,「(　　　)」の時代などと言われる社会の構造的な変化の中で,「生きる力」をはぐくむという理念はますます重要になっていると考えられる。

1　グローバル社会　　2　知識基盤社会　　3　少子高齢化社会

4　高度情報化社会　　5　国際競争社会

(5)　次の文は,小学校学習指導要領(平成20年告示),中学校学習指導要領(平成20年告示),特別支援学校小学部・中学部学習指導要領(平成21年告示),高等学校学習指導要領(平成21年告示)の中で,指導計画の作成に当たって配慮すべき事項について述べたものである。(　A　)に入る語句を,1～5から一つ選びなさい。

　　各教科等及び各学年相互間の関連を図り,(　A　),発展的な指導ができるようにすること。(小学校学習指導要領,中学校学習指導要領,特別支援学校小学部・中学部学習指導要領)

　　各教科・科目等について相互の関連を図り,発展的,(　A　)な指導ができるようにすること。　　　　　　　　(高等学校学習指導要領)

1　基本的　　2　総合的　　3　系統的　　4　効果的　　5　基礎的

(6)　次の文は,地方公務員法第35条である。(　　　)に入る語句を,1～5から一つ選びなさい。

　　職員は,法律又は条例に特別の定がある場合を除く外,その勤務時間及び職務上の注意力のすべてをその(　　　)遂行のために用い,当該地方公共団体がなすべき責を有する職務にのみ従事しなければならない。

1　職責　　2　責務　　3　業務　　4　本務　　5　義務

178

(7) 次の文は，学校保健安全法の一部である。下線部の語句が，誤っ
ているものを，1〜5から一つ選びなさい。

　₁校長は，感染症にかかつており，かかつている疑いがあり，又は
かかるおそれのある児童生徒等があるときは，₂政令で定めるところ
により，出席を停止させることができる。(学校保健安全法第19条)

　₃校長は，感染症の₄予防上必要があるときは，臨時に，学校の全
部又は一部の₅休業を行うことができる。(学校保健安全法第20条)

(8) 次の文は，小学校学習指導要領(平成20年告示)，中学校学習指導
要領(平成20年告示)，特別支援学校小学部・中学部学習指導要領(平
成21年告示)，高等学校学習指導要領(平成21年告示)の教育課程編成
の一般方針の一部である。(A)〜(D)に入る語句の組み合わ
せとして最も適切なものを，1〜5から一つ選びなさい。

　道徳教育は，教育基本法及び学校教育法に定められた教育の根本
精神に基づき，(A)尊重の精神と(B)に対する畏敬の念を家
庭，学校，その他社会における具体的な(C)の中に生かし，豊
かな心をもち，伝統と文化を尊重し，それらをはぐくんできた我が
国と郷土を愛し，個性豊かな文化の創造を図るとともに，(D)
の精神を尊び，民主的な社会及び国家の発展に努め，他国を尊重し，
国際社会の平和と発展や環境の保全に貢献し未来を拓く主体性のあ
る日本人を育成するため，その基盤としての道徳性を養うことを目
標とする。

	A	B	C	D
1	人間	生命	生活	公共
2	人間	環境	行動	協同
3	人権	生命	生活	協同
4	人権	環境	行動	公共
5	人権	生命	生活	公共

(☆☆☆◎◎◎◎)

【３】 次の(1)～(3)の各問いに答えなさい。

(1)　世界最初の絵入り教科書である『世界図絵』の著者を，１～５から一つ選びなさい。

1　ペスタロッチ　　　2　ルソー　　　3　フレーベル
4　モンテッソーリ　　5　コメニウス

(2)　明治期以降の教育制度についての記述として，内容が誤っているものを，１～５から一つ選びなさい。

1　我が国の近代教育は，明治5年8月公布の「学制」により開始された。

2　明治12年に太政官布告として公布された「教育令」は，児童の小学校への就学の期間や条件を緩和するなど，従来の政策を大きく転換したので「自由教育令」と評された。

3　初代文部大臣の森有礼は，全国で一校の官立高等師範学校，府県ごとに各一校の府県立尋常師範学校の二段階から成る師範学校制度を設立し，教員養成に取り組んだ。

4　明治23年，国民道徳及び国民教育の基本とされ，やがて国家の精神的支柱として重大な役割を果たすことになる「教育ニ関スル勅語」が発布された。

5　明治33年に全面改正された「国民学校令」により，四年制で単一な内容から成り無償制を原則とする義務教育制度が確立した。制度の確立に伴い，就学率も明治35年に男女平均で初めて90％を上回り，国民皆学の実態が生み出された。

(3)　次の文は，キャリア教育について述べたものである。（　Ａ　）～（　Ｃ　）に入る語句の組み合わせとして最も適切なものを，１～５から一つ選びなさい。

「キャリア教育」とは，「一人一人の社会的・職業的（　Ａ　）に向け，必要な基盤となる（　Ｂ　）や（　Ｃ　）を育てることを通して，キャリア発達を促す教育」である。

〔「今後の学校におけるキャリア教育・職業教育の在り方について(答申)」平成23年1月中央教育審議会〕

	A	B	C
1	実践	技能	意欲
2	自立	技能	意欲
3	自立	能力	態度
4	活動	能力	意欲
5	活動	技能	態度

(☆☆☆○○○○)

解答・解説

【1】(1)　2　　(2)　1

〈解説〉(1)　鳥取県教育振興基本計画は，10年先の日本の姿，鳥取県の姿を見据えて，今後5年間に鳥取県で取り組むべき教育の方向性を示すもので，教育基本法に基づいて策定された。県民一人ひとりが自分の役割を認識し社会全体で計画を推進していくことを目指している。基本理念は「自立した 心豊かな 人づくり」であり，目指す人間像として選択肢2以外の4項目があげられている。　(2)　協約では，「子どもたちの未来のための教育振興施策」が掲げられている。具体的には，①きめ細やかな教育や教育現場の活性化に取り組み，子どもたちの「学びの質」を高めること。②不登校対策に取り組むこと。③特別な支援を必要とする子どもたちへの教育を充実させること。④心身の健やかな育ちへ支援することをあげている。

【2】(1)　4　　(2)　3　　(3)　4　　(4)　2　　(5)　3　　(6)　1　　(7)　3
(8)　1

〈解説〉(1)　日本国憲法第26条は，国民の権利及び義務の中でも，社会権，その中でも教育を受ける権利について示している。第2項では，教育を受けさせる義務や義務教育の無償について示している。

(2)　引用は教育基本法の第1条である。選択肢1は第4条第2項，2は第14条第2項，4は第16条第1項である。5は第3条である。3は学校教育法第19条である。どの条文も頻出条文であるため，暗記しておくことが望ましい。　(3)　教育公務員特例法第22条は，研修の中でも研修の機会について定めている。第1項から第3項まであるが，いずれも頻出条文である。　(4)　「知識基盤社会」とは，新しい知識や情報，技術が社会・経済の発展を駆動する基本的な要素となる社会を指す。英語ではknowledge-based societyという。　(6)　地方公務員法は，昭和25年に公布された法律で，地方公務員の職，任免，服務，労働関係などの身分に関する基本事項を定めている。第35条は，職務専念義務について定められている。特に，第30〜38条は頻出条文なので，確認しておこう。　(7)　学校保健安全法は昭和33年に定められた法律で，問題は感染症の予防に関する法律である。選択肢3は「学校の設置者」が正しい。　(8)　道徳教育は，教育基本法の中で「道徳心を培う」ことが明記されたことを受け，児童生徒が人間としての在り方を自覚し，人生をよりよく生きるために，その基盤となる道徳性を育成しようとするもの，と位置付けられた。

【3】(1)　5　　(2)　5　　(3)　3

〈解説〉(1)　選択肢1のペスタロッチ(1746〜1827年)は，スイスの教育家である。直観教授や，社会の重視など近代教育学の発達を方向づけた。著作には，『隠者の夕暮』がある。2のルソー(1712〜78年)は，「社会における自然人」の形成を目指し，政治，教育，宗教の分野で活躍した。教育の分野では『エミール』が有名である。3のフレーベル(1782〜1852年)は，ドイツの教育学者である。ペスタロッチに影響を受け，恩物を考案し，幼児教育施設を創設した。著作には『人間の教育』がある。4のモンテッソーリ(1870〜1952年)は，イタリアの医学博士である。「子どもの家」で幼児教育に取り組み，モンテッソーリ法を確立した。5のコメニウス(1592〜1670年)は，チェコの教育学者である。ルソーやペスタロッチなど多くの教育思想家に影響を与えた。　(2)　「国民学校

令」は昭和16年に出された。明治33年に全面改正されたのは,「小学校令」である。　　(3)　キャリアとは「個々人が生涯にわたって遂行する様々な立場や役割の連鎖及びその過程における自己と働くこととの関係付けや価値付けの累積」と定義されており,「働く」ということは職業だけでなく,家庭生活や市民生活の中での立場や役割といった,広範の意味でとらえる必要があることに注意しておこう。

2012年度　実施問題

【1】次のPISAと呼ばれる国際的な学習到達度に関する調査について説明した文章を読んで，各問いに答えなさい。

PISA(Programme for International Student (　A　))調査は，①OECDが進めている国際的な学習到達度に関する調査で，参加国が共同して国際的に開発し，3年ごとに，15歳児を対象に，(　B　)，数学的リテラシー，科学的リテラシーの3分野について実施している。2009年には65か国・地域の約47万人の生徒を対象に調査が実施された。文部科学省の発表によると，2009年調査の結果，日本の(　B　)，科学的リテラシーは，(　C　)にあり，数学的リテラシーは(　D　)にある。

(1)　下線部①について，OECDの日本語での名称を漢字で答えなさい。

(2)　(A)に入る最も適切な単語を(ア)～(エ)の中から選び，記号で答えなさい。

(ア)　Achievement　　(イ)　Assessment　　(ウ)　Association

(エ)　Approach

(3)　(B)に入る最も適切な語句を漢字で答えなさい。

(4)　(C)，(D)にあてはまる学力の国際的な位置付けの組み合わせとして正しいものを(ア)～(エ)の中から選び，記号で答えなさい。

(ア)　C：国際的に見て上位グループ
　　　D：OECD平均より高得点グループ

(イ)　C：国際的に見て上位グループ
　　　D：OECD平均と同程度

(ウ)　C：OECD平均より高得点グループ
　　　D：国際的に見て上位グループ

(エ)　C：OECD平均と同程度
　　　D：国際的に見て上位グループ

(☆☆☆☆◎◎◎◎)

【2】次の各問いに答えなさい。

(1) 次の①～③の文章は，世界各国の学校制度について説明したものである。①～③の文章が説明している国を(ア)～(ク)の中から選び，記号で答えなさい。

① 州によって学校制度が異なり，基礎学校修了後にギムナジウム・実科学校・基幹学校・総合制学校などに分かれて進学する分岐型学校制度がとられている。

② 6・3・3・4制の学校制度である。学校年度は3月から翌年2月までであり，2学期制が採られている。伝統的に学問を重視する社会風土があり，現在も過度の受験競争や学閥偏重，私教育費の膨張等が社会問題になっている。

③ 政府が定めたカリキュラムの達成方法は，各学校長の裁量に委ねられており，学校ごとに特色ある運営がなされている。近年，OECDによる学習到達度調査において，優秀な成績をあげており，日本をはじめ各国から注目されている。

(ア) アメリカ合衆国　　(イ) 日本　　　　(ウ) ドイツ

(エ) フランス　　　　(オ) 大韓民国　　(カ) イギリス

(キ) 中華人民共和国　　(ク) フィンランド

(2) 次の①，②の文章が説明している人物を(ア)～(オ)の中から選び，記号で答えなさい。

① 経験主義をとなえ，また人民の抵抗権を認める社会契約説を説いたイギリスの哲学者・政治思想家。主著に『人間知性論』がある。

② 民主主義や教育の原理としてプラグマティズムを大成したアメリカの哲学者・教育学者。主著に『民主主義と教育』がある。

(ア) フレーベル　　(イ) ルソー　　(ウ) デューイ

(エ) ロック　　　　(オ) ペスタロッチ

(☆☆☆◎◎◎)

【３】次の①～⑤の文は，法令の一部である。文を読み，各問いに答えなさい。

① 職員は，職務上知り得た秘密を漏らしてはならない。その職を退いた後も，また，同様とする。

② すべて国民は，法の下に平等であつて，人種，信条，性別，社会的身分又は(　Ａ　)により，政治的，経済的又は社会的関係において，差別されない。

③ 教育は，(　Ｂ　)の完成を目指し，平和で民主的な国家及び社会の形成者として必要な資質を備えた心身ともに健康な国民の育成を期して行われなければならない。

④ 校長及び教員は，教育上必要があると認めるときは，(　Ｃ　)の定めるところにより，児童，生徒及び学生に懲戒を加えることができる。ただし，体罰を加えることはできない。

⑤ 法律に定める学校は，公の性質を有するものであって，国，地方公共団体及び法律に定める法人のみが，これを(　Ｄ　)することができる。

(1) ①～⑤の文には，教育基本法の一部が二つある。教育基本法の組み合わせを，(ア)～(オ)の中から選び，記号で答えなさい。

(ア) ①と③　　(イ) ②と④　　(ウ) ③と⑤　　(エ) ①と④
(オ) ②と⑤

(2) (　Ａ　)～(　Ｄ　)に入る最も適切な語句を(ア)～(シ)の中から選び，記号で答えなさい。

(ア) 経営　　　　　　(イ) 教育委員会　　(ウ) 人格
(エ) 学齢　　　　　　(オ) 個人的価値　　(カ) 認可
(キ) 門地　　　　　　(ク) 心身の発達　　(ケ) 情操
(コ) 文部科学大臣　　(サ) 設置　　　　　(シ) 任命権者

(☆☆☆☆◎◎◎◎)

【4】 次の①〜⑤の文は，教育に関する法令の一部である。①〜⑤の法令名を，(ア)〜(キ)の中から選び，記号で答えなさい。

① 学校においては，毎学年定期に，児童生徒等(通信による教育を受ける学生を除く。)の健康診断を行わなければならない。

② 市町村教育委員会は，県費負担教職員の服務を監督する。

③ 教育公務員には，研修を受ける機会が与えられなければならない。

④ 校長及び教員が児童等に懲戒を加えるに当つては，児童等の心身の発達に応ずる等教育上必要な配慮をしなければならない。

⑤ 学校においては，別に法律で定めるところにより，幼児，児童，生徒及び学生並びに職員の健康の保持増進を図るため，健康診断を行い，その他その保健に必要な措置を講じなければならない。

(ア) 学校教育法 　　　　　(イ) 学校教育法施行規則

(ウ) 教育基本法 　　　　　(エ) 学校保健安全法

(オ) 教育公務員特例法 　　(カ) 教育公務員特例法施行令

(キ) 地方教育行政の組織及び運営に関する法律

(☆☆☆☆○○○○○)

【5】 次の文章を読み，各問いに答えなさい。

平成19年6月の改正教育職員免許法の成立により，平成21年4月1日から教員免許更新制が実施されることになった。制度開始により，平成21年3月31日までに授与された教員免許状(旧免許状)には有効期間は定められないが，旧免許状をもって勤めている現職教員は，各自の修了確認期限前の(　①　)年間のうちに大学などが開設する(　②　)時間以上の免許状更新講習を受講・修了し，免許管理者である都道府県教育委員会に申請して更新講習修了確認を受けることの義務が課されている。また，平成21年4月以降に授与された教員免許状(新免許状)には，(　③　)年間の有効期間が定められている。

(1) (　①　)〜(　③　)に入る最も適切な数字を答えなさい。

(2) 各学校に勤務する教職員の中で，旧免許状を所持している場合，各修了確認期限までに免許状更新講習の受講・修了の義務がある職

を，(ア)～(オ)の中から一つ選び，記号で答えなさい。

(ア)　学校栄養職員　　　(イ)　保育士　　　(ウ)　養護助教諭

(エ)　実習助手　　　　　(オ)　寄宿舎指導員

(3)　学校に勤務しており，修了確認期限までに免許状更新講習を受講する義務が課されている職の中で，講習の受講の免除の認定申請をできない職にある者を，(ア)～(オ)の中から一つ選び，記号で答えなさい。

(ア)　公立小学校長　　　(イ)　私立中学校教頭　　　(ウ)　主幹教諭

(エ)　教務主任の教諭　　(オ)　学年主任の指導教諭

(☆☆☆◎◎◎◎)

解答・解説

【1】(1)　経済協力開発機構　　(2)　イ　　(3)　読解力　　(4)　ア

〈解説〉(1)　OECDの日本語正式名称は，一般教養でも出題されることから，覚えておきたい。TIMSS(国際数学・理科教育動向調査)の実施機関は，IEA(国際教育到達度評価学会)であるので，混同しないように。(2)　PISAの日本語正式名称は，生徒の学習到達度調査である，そのことからイのAssessmentが正しい。(3)　PISAは，数学的リテラシー，科学的リテラシー，読解力を測定する。

【2】(1)　①　ウ　　②　オ　　③　ク　　(2)　①　エ　　②　ウ

〈解説〉(1)　説明文にあるキーワードをヒントに考える。①はギムナジウム・実科学校・基幹学校・総合制学校，②は6・3・3・4制の学校制度，伝統的に学問を重視する社会風土。③は校長裁量，OECDによる学習到達度調査において，優秀な成績，があげられる。(2)　これも，キーワードから考えるとよい。①は経験主義，社会契約説，イギリスの哲学者，『人間知性論』。②はプラグマティズムを大成したアメリ

の哲学者,『民主主義と教育』である。教育史上の人物は,頻出問題であることから,人物のキーワード,著書,名言,出身国,名言などを一緒に覚えておきたい。

【3】(1) ウ　(2) A キ　B ウ　C コ　D サ

〈解説〉①は地方公務員法第34条,②は日本国憲法第14条,③は教育基本法第1条,④は学校教育法第11条,⑤は教育基本法第6条である。これは頻出条文であることから,記述式問題であっても答えられるようにしておきたい。

【4】① エ　② キ　③ オ　④ イ　⑤ ア

〈解説〉それぞれ頻出条文なので,暗記しておきたい。①は学校保健安全法第13条,②は地方教育行政の組織及び運営に関する法律第43条,③は教育公務員特例法第22条,④は学校教育法施行規則第26条,⑤は学校教育法第12条からの出題である。

【5】(1) ① 2　② 30　③ 10　(2) ウ　(3) エ

〈解説〉(2)　難しい問題である。学校において免許状が必要なのは,普通免許状が教諭,養護教諭,栄養教諭で,臨時免許状は助教諭と養護助教諭であることから,選択肢の養護助教諭が正答。　(3)　更新免除者として,教員を指導する立場にある者があげられる。具体的には校長,副校長,教頭,主幹教諭または指導教諭が該当する。

2011年度　実施問題

【1】次の(1)～(3)の文を読み，最も関係の深い人物を(ア)～(オ)の中から選び，記号で答えなさい。

(1)　「教育の過程」の著者でアメリカの発達心理学者。発見学習や教科の構造化を提唱したことで知られる。

(ア)　ラングラン　　(イ)　キルパトリック　　(ウ)　ブルーナー

(エ)　フレーベル　　(オ)　シュプランガー

(2)　孤児の救済，民衆の教育に生涯を捧げたスイスの教育者。著書には，「隠者の夕暮れ」「リーンハルトとゲルトルート」がある。

(ア)　ルソー　　　　(イ)　ペスタロッチ　　(ウ)　ロック

(エ)　コメニウス　　(オ)　ヘルバルト

(3)　初代文部大臣を務め，「師範学校令」「中学校令」「小学校令」等を次々と公布し，近代的学校体系を確立させた。

(ア)　井上毅　　　(イ)　佐久間象山　　(ウ)　岩倉具視

(エ)　伊沢修二　　(オ)　森有礼

(☆☆☆◎◎◎)

【2】次の(1)～(3)の語句について説明した各①～③の文章について，正誤の正しい組合せをあとの(ア)～(ク)の中から一つ選び，記号で答えなさい。（①～③の文章の内容が正しげれば○印，間違っていれば×印とする。）

(1)　地方公務員法における「服務」

①　職員は，上司の職務上の命令に忠実に従わなければならない。

②　職員は，職務上知り得た秘密を，その職にあるうちは漏らしてはならない。

③　職員は，その職の信用を傷つけ，又は職員の職全体の不名誉となるような行為をしてはならない。

(2) 地方公務員法における「懲戒」

① 懲戒処分として，戒告，減給，停職又は免職の処分をすることができる。

② 職務上の義務に違反し，又は職務を怠った場合，懲戒処分をすることができる。

③ 全体の奉仕者たるにふさわしくない非行のあった場合，懲戒処分をすることができる。

(3) 学校教育法施行規則における「指導要録」

① 校長はその学校に在学する児童等の指導要録を作成しなければならない。

② 校長は，児童等が進学した場合においては，その作成に係る当該児童等の指導要録の抄本又は写しを作成し，これを進学先の校長に送付しなければならない。

③ 指導要録は五年間保存しなければならない。ただし，指導要録及びその写しのうち，入学，卒業等の学籍の記録については，その保存期間は十年間とする。

(ア)　①－○　②－×　③－×

(イ)　①－○　②－○　③－×

(ウ)　①－○　②－×　③－○

(エ)　①－×　②－○　③－○

(オ)　①－×　②－×　③－○

(カ)　①－×　②－○　③－×

(キ)　①－○　②－○　③－○

(ク)　①－×　②－×　③－×

(☆☆☆○○○○)

【３】次の(1)～(4)の文は，教育に関する法令の一部である。(　ア　)～
　　(　エ　)に入る最も適切な語句を答えなさい。また，それぞれの正式
　　な法令名を漢字で答えなさい。

(1)　教員は，授業に支障のない限り，本属長の承認を受けて，勤務場
　　所を離れて(　ア　)を行うことができる。

(2)　学校，家庭及び地域住民その他の関係者は，教育におけるそれぞ
　　れの役割と(　イ　)を自覚するとともに，相互の連携乃び協力に努
　　めるものとする。

(3)　すべて国民は，法律の定めるところにより，その保護する子女に
　　(　ウ　)を受けさせる義務を負ふ。義務教育は，これを無償とする。

(4)　校長及び教員は，教育上必要があると認めるときは，文部科学大
　　臣の定めるところにより，児童，生徒及び学生に懲戒を加えること
　　ができる。ただし，(　エ　)を加えることはできない。

(☆☆☆◎◎◎◎)

【４】次の文章は，小・中学校学習指導要領(平成20年3月告示)及び高等
　　学校学習指導要領(平成21年3月告示)「総則」の一部である。(　ア　)
　　～(　ク　)に入る最も適切な語句を答えなさい。

　　学校の教育活動を進めるに当たっては，各学校において，生徒に
　(　ア　)をはぐくむことを目指し，創意工夫を生かした特色ある教育
　活動を展開する中で，基礎的・基本的な知識及び技能を確実に(　イ　)
　させ，これらを(　ウ　)して課題を解決するために必要な(　エ　)，判
　断力，(　オ　)その他の能力をはぐくむとともに，(　カ　)に学習に
　取り組む態度を養い，個性を生かす教育の充実に努めなければならな
　い。その際，生徒の発達の段階を考慮して，生徒の(　キ　)活動を充
　実するとともに，家庭との連携を図りながら，生徒の(　ク　)が確立
　するよう配慮しなければならない。

　　　　　　　※文中の生徒は，小学校学習指導要領においては児童と表記

(☆☆☆◎◎◎◎)

解答・解説

【1】(1) ウ　　(2) イ　　(3) オ

〈解説〉いずれも教育史上の重要人物。必ず人名と業績と著書はセットで暗記のこと。(1)ブルーナーはウッズホール会議の議長をつとめ，アメリカの科学技術振興のための教育改革について提言した。(2)ペスタロッチは「直観教授」で知られる。(3)森有礼は他に「帝国大学令」も公布。国家主導の教育政策をすすめた。

【2】(1)　ウ　　(2)　キ　　(3)　イ

〈解説〉(1)　①は職務上の義務。②は身分上の義務(守秘義務)。「その職を退いた後も，また，同様とする」が正しい。③も身分上の義務(信用失墜行為の禁止)。　(2)　いずれも「懲戒」として正しい。「分限」と「懲戒」の区別ができるようにしておくこと。　(3)　③は「十年間」ではなく「二十年間」。

【3】ア　研修・教育公務員特例法　　イ　責任・教育基本法
　　ウ　普通教育・日本国憲法　　エ　体罰・学校教育法

〈解説〉ア　教育公務員特例法の第21-24条は教員研修に関する部分であり，非常に出題率が高い。地方公務員法にも同様の規程があるので，混同しないよう注意。　ウ　教育基本法第5条では，「国民は，その保護する子に，別に法律で定めるところにより，普通教育を受けさせる義務を負う」とされる。　エ　体罰と懲戒の区別については間違えやすい。平成19年の文部科学省通知は具体例が示してあり，よく出題される。

【4】ア　生きる力　　イ　習得　　ウ　活用　　エ　思考力
　　オ　表現力　　カ　主体的　　キ　言語　　ク　学習習慣

〈解説〉いずれも改訂学習指導要領の中核となる理念に関する出題。「生

きる力」「基礎基本の確実な習得」「思考力，判断力，表現力の育成」「学習習慣の確立」「道徳教育の重視」「体験の重視」などが重要であり，いずれの教科，学校種でも出題される可能性が高い内容である。

2010年度　実施問題

【1】次の(1)，(2)の項目について，それぞれ説明した①〜③の各文の内容が正しければ○，間違っていれば×とする場合，正しい組み合わせを(ア)〜(カ)の中から選び，記号で答えなさい。

(1)　職員会議

①　校長の職務の円滑な執行に資するためのものであり，校長が主宰する。

②　職員会議は，法令上に規定されたものではない。

③　職員会議に関する業務において時間外勤務を命じられることはない。

(2)　学校教育法施行規則に定められている事項

①　指導要録の作成　　②　通知票の作成　　③　出席簿の作成

(ア)　①−○　②−×　③−×

(イ)　①−○　②−○　③−×

(ウ)　①−○　②−×　③−○

(エ)　①−×　②−○　③−○

(オ)　①−×　②−×　③−○

(カ)　①−×　②−○　③−×

(☆☆◎◎◎)

【2】次の(1)〜(5)は，教育に関係する法律の条文の一部である。(　ア　)〜(　ス　)に当てはまる語句又は数字を答えなさい。また，それぞれの法律名を漢字で答えなさい。

(1)　(　ア　)免許状は，その授与の日の翌日から起算して(　イ　)年を経過する日の属する年度の末日まで，すべての都道府県において効力を有する。

(2)　すべて(　ウ　)は，全体の奉仕者として(　エ　)のために勤務し，

且つ，職務の遂行に当つては，全力を挙げてこれに（　オ　）しなければならない。

(3)　義務教育として行われる普通教育は，各個人の有する（　カ　）を伸ばしつつ（　キ　）において自立的に生きる基礎を培い，また，（　ク　）及び社会の形成者として必要とされる基本的な（　ケ　）を養うことを目的として行われるものとする。

(4)　教育公務員は，その（　コ　）を遂行するために，絶えず（　サ　）に努めなければならない。

(5)　校長及び教員は，教育上必要があると認めるときは，文部科学大臣の定めるところにより，児童，生徒及び学生に（　シ　）を加えることができる。ただし，（　ス　）を加えることができない。

（☆☆☆◎◎◎◎）

【3】鳥取県では，平成21年3月20日に「鳥取県教育振興基本計画」を策定し，10年先の日本の姿，鳥取県の姿を見据えた教育の方向性を示した。「鳥取県教育振興基本計画」に関する(1)～(3)の問に答えなさい。

(1)　鳥取県教育振興基本計画の基本理念は「（　　　　）した　心豊かな人づくり」である。（　　　　）に当てはまる語句を答えなさい。

(2)　鳥取県では，計画の内容について「PDCAサイクル」で1年毎の取組を見直し，次年度の取組に反映させることとしているが，このサイクルのうち「A」の動きについて簡潔に説明しなさい。

(3)　具体的取組の一つである「心とからだいきいきキャンペーン」には，6つの取組の柱が設定されている。次の[　　　]に当てはまるものを(ア)～(オ)から2つ選び，記号で答えなさい。(順不同)

【6つの取組の柱】

・しっかり朝食を食べよう　・[　　　]　・外で元気に遊ぼう

・たっぷり寝よう　　　　　・[　　　]　・服装を整えよう

　(ア)　交通ルールを守ろう

　(イ)　長時間テレビを見るのはやめよう

　(ウ)　宿題は必ずやろう

(エ)　じっくり本を読もう

(オ)　さわやかなあいさつをしよう

(☆☆☆◎◎◎◎)

【4】次の(1)～(4)の各文を読んで，最も関係の深い人物を(ア)～(コ)の中から選び，記号で答えなさい。

(1)　プラグマティズム，道具主義，ないし実験主義の立場を確立した哲学者。彼が唱えた学習方法は，問題解決学習と呼ばれる。

(2)　鳥取県出身で，「この子らを世の光りに」と唱え，人権尊重の福祉の取り組みを展開した。

(3)　現在の鳥取市出身で1796年に日本で最初の蘭日辞書である『ハルマ和解』を刊行した。

(4)　生徒の生活記録文集として出版された「山びこ学校」は，戦後の生活記録運動の出発点となった。

(ア)　森有礼　　　(イ)　ペスタロッチ　　(ウ)　無着成恭

(エ)　糸賀一雄　　(オ)　石田梅岩　　　　(カ)　鈴木三重吉

(キ)　ルソー　　　(ク)　岡野貞一　　　　(ケ)　稲村三伯

(コ)　デューイ

(☆☆☆◎◎◎◎◎)

解答・解説

【1】(1)　(ア)　　(2)　(ウ)

〈解説〉(1)　職員会議については学校教育法施行規則第48条に規定されている。職員会議は「必置」ではない。あくまでも校長の学校運営の補助機関としての位置付けである。教職員の時間外勤務については「公立の義務教育諸学校等の教育職員を正規の勤務時間を超えて勤務させる場合等の基準を定める政令」がある。そして「歯止め4項目」

といわれるものがあり，職員会議についてはその項目にある。

(2)　通知表を保護者に出すことは法令上何ら定めはなく，書く義務はない。あくまでも，日本の長い慣例上のものであり「学校と保護者」の連絡手段である。

【２】(ア)　普通　　(イ)　十　　(ウ)　職員　　(エ)　公共の利益
(オ)　専念　　(カ)　能力　　(キ)　社会　　(ク)　国家　　(ケ)　資質
(コ)　職責　　(サ)　研究と修養　　(シ)　懲戒　　(ス)　体罰
法律名：(1)　教育職員免許法　　(2)　地方公務員法　　(3)　教育基本法　　(4)　教育公務員特例法　　(5)　学校教育法
〈解説〉(1)　同法第9条を参照する。普通，特別，臨時免許状の校種有効期限及び有効範囲を把握する。　　(2)　同法第30条を参照する。服務の根本基準を表している。8つの具体的な服務を「身分上の義務」，「職務上の義務」に分けて理解する。　　(3)　同法第5条第2項を参照する。
(4)　同法第21条第1項を参照する。　　(5)　同法第11条を参照する。

【３】(1)　自立　　(2)　点検・評価の結果に基づき，次年度の取組を改善すること　　(3)　(イ)(エ)
〈解説〉(1)　基本理念は，同計画の冒頭に書かれている。鳥取県の「10年間の将来ビジョン」も理解しておきたい。　　(2)　PDCAは，Plan・Do・Check・Actionである。　　(3)　「心とからだいきいき」を「食読遊寝」と換言している。同計画の19頁に示されている。

【４】(1)　(コ)　　(2)　(エ)　　(3)　(ケ)　　(4)　(ウ)
〈解説〉教育史上の人物の功績についての問題は頻出である。主だった人物の功績をまとめておきたい。解答として選択されなかった者では次のことを押さえておきたい。森有礼は「初代文部大臣」，石田梅岩は「石門心学の始祖」，鈴木三重吉は「赤い鳥の創刊者」，ルソーは「エミールの作者」，岡野貞一は「文部省省歌，春の小川の作曲者」である。

2009年度　実施問題

【1】平成18年12月22日に公布・施行された教育基本法について以下の各問いに答えなさい。

(1) 次のア～オの条文を読んで，教育基本法の条文として正しいものには○を，誤っているものには×を書きなさい。

ア　国民は，その保護する子女に，九年の普通教育を受けさせる義務を負う。

イ　男女は，互に敬重し，協力し合わなければならないものであつて，教育上男女の共学は，認められなければならない。

ウ　幼児期の教育は，生涯にわたる人格形成の基礎を培う重要なものであることにかんがみ，国及び地方公共団体は，幼児の健やかな成長に資する良好な環境の整備その他適当な方法によって，その振興に努めなければならない。

エ　経済的理由によつて，就学困難と認められる学齢児童又は学齢生徒の保護者に対しては，市町村は，必要な援助を与えなければならない。

オ　宗教に関する寛容の態度，宗教に関する一般的な教養及び宗教の社会生活における地位は，教育上尊重されなければならない。

(2) 次の条文を読み，文中の（　ア　）～（　エ　）に当てはまる適切な語句を<u>漢字</u>で書きなさい。

(学校教育)

第6条　法律に定める学校は，（　ア　）の性質を有するものであって，国，地方公共団体及び法律に定める法人のみが，これを設置することができる。

2　前項の学校においては，教育の（　イ　）が達成されるよう，教育を受ける者の心身の発達に応じて，体系的な教育が組織的に行われなければならない。この場合において，教育を受ける者が，学

校生活を営む上で必要な(　ウ　)を重んずるとともに，自ら進ん
で学習に取り組む(　エ　)を高めることを重視して行われなけれ
ばならない。

(☆☆☆◎◎◎)

【２】下記の文は，教育基本法が改正され，新しい時代に求められる教育
理念が法律上明確になったことを踏まえ改正された関係法律のポイン
トの一部を示したものである。

次の文を読み，(　Ａ　)には正式な法令名を，(　ア　)～(　ウ　)に
は当てはまる適切な語句をそれぞれ答えなさい。

(1)　学校教育法等の改正
　　〇副校長その他新しい職の設置
　　　・学校における組織運営体制や指導体制の確立を図るため，幼稚
　　　　園，小・中学校等に副校長，(　ア　)，指導教諭という職を置
　　　　くことができることとする。
(2)　地方教育行政の組織及び運営に関する法律の改正
　　〇教育における地方分権の推進
　　　・教育委員の数を弾力化し，教育委員への(　イ　)の選任を義務
　　　　化する。
(3)　教育職員免許法及び(　Ａ　)の改正
　　〇教員免許更新制の導入【教育職員免許法】
　　　・施行前に授与された免許状を有する者の取扱い
　　　　施行前に授与された免許状を有している教員等は，10年ごとに
　　　　(　ウ　)を修了したことの確認を受けなければならない。
　　〇指導が不適切な教員の人事管理の厳格化【(　Ａ　)】
　　　・指導が不適切な教員の認定及び研修の実施等
　　　　任命権者は，教育や医学の専門家や保護者などの意見を聴いて，
　　　「指導が不適切な教員」の認定を行う。

(☆☆☆◎◎◎)

【3】 次の(1)～(4)の各文は，ある法令の一部である。下線部分が正しければ○を，間違っていれば正しく直して解答欄に答えなさい。また，その正式な法令名を答えなさい。

(1) 小学校には，設置者の定めるところにより，<u>教職員</u>の職務の円滑な執行に資するため，職員会議を置くことができる。

(2) 職員は，条例の定めるところにより，<u>職務</u>の宣誓をしなければならない。

(3) 校長及び教員は，教育上必要があると認めるときは，文部科学大臣の定めるところにより，児童，生徒及び学生に<u>懲戒</u>を加えることができる。ただし，体罰を加えることはできない。

(4) 使用者は，労働者に，休憩時間を除き1週間について<u>50</u>時間を超えて，労働させてはならない。

(☆☆☆◎◎◎)

【4】 次の(1)～(4)の各文章は，ある人物について述べたものである。誰に関するものか，(ア)～(カ)の中から一つ選び，記号で答えなさい。

(1) 幼少の頃，米子で過ごした。近江で私塾を開き，やがて朱子学に傾倒するが次第に陽明学の影響を受け，格物致知論を究明するようになる。近江聖人と称えられた。

(2) ドイツの教育学者である。教育の目的を倫理学に，教育の方法を心理学に求め，教育学を初めて学問的に体系化した。また，教授過程の理論としては，明瞭，連合，系統，方法の4段階説を唱えた。

(3) アメリカの教育心理学者。診断的評価，形成的評価，総括的評価など教育評価のあり方に新たな指針を与えた。また，完全習得学習(マスター・ラーニング)で，全ての子どもに対し確実に学習内容の達成を目指す方法論を展開した。

(4) 「人間は教育によって人間になり得る」という人間観，教育観を表現した。主な著書に「純粋理性批判」がある。

(ア) ヘルバルト   (イ) カント   (ウ) 中江藤樹
(エ) デューイ   (オ) 緒方洪庵   (カ) ブルーム

(☆☆☆◎◎◎)

解答・解説

【１】(1)　ア　×　イ　×　ウ　○　エ　×　オ　○
(2)　ア　公　イ　目標　ウ　規律　エ　意欲

〈解説〉(1)　新しい教育基本法には，義務教育年限の規定，男女共学の規定がない。第4条3の教育の機会均等を述べた条文では，経済的理由によって就学が困難な者に対して，国と地方公共団体が就学の措置をすることと規定している。ウは，第11条の幼児期の教育の規定である。オは，第15条の宗教教育の規定である。　(2)　教育基本法第6条では，学校の設置主体として，公の性質を有する国・地方公共団体・学校法人が学校を設置できると規定している。なお現在は，特区においてのみ株式会社なども学校を設置できる。同法第2項では，「教育の目標が達成されるよう，教育を受ける者の心身の発達に応じて，体系的な教育が組織的に行わなければならない。この場合において，教育を受ける者が，学校生活を営む上で必要な規律を重んずるとともに，自ら進んで学習に取り組む意欲を高めることを重視して行われなければならない。」と述べている。

【２】Ａ　教育公務員特例法　　(ア)　主幹教諭　　(イ)　保護者
(ウ)　免許状更新講習

〈解説〉教育基本法が改正されたことで関係法も改正された。指導が不適切な教員に対して研修などを実施するため，教育公務員特例法が改正された。教育公務員特例法とは，教育公務員が一般の公務員と勤務条件，服務規程などが異なるため，別途特例として制定された法律である。　(ア)については，教員組織の新しい職として主幹教諭が設定された。　(イ)　地方教育行政の組織及び運営に関する法律第4条4では，教育委員に保護者を入れることを義務化している。　(ウ)　平成19年の「教育職員免許法及び教育公務員特例法の一部を改正する法律」によって，教育職員免許法の第9条の2と3に教員免許状の更新について

の条文が追加された。

【3】(1) 校長　学校教育法施行規則　　(2) 服務　地方公務員法
(3) ○　学校教育法　　(4) 40　労働基準法
〈解説〉(1)は，学校教育法施行規則第48条である。(2)は，地方公務員法
　　第31条である。(3)は，正解である。学校教育法11条である。体罰の禁
　　止を規定している。(4)は，労働基準法第32条である。

【4】(1) ウ　　(2) ア　　(3) カ　　(4) イ
〈解説〉(1)のように，志望先にゆかりのある教育者や教育施設は要注意
　　である。中江藤樹は家塾「藤樹書院」を開き，熊沢蕃山らが学んだ。
　　主著は『翁問答』。(オ)の緒方洪庵は蘭学者で，大坂に適塾を開き，福
　　澤諭吉らが学んだ。　　(2)　ヘルバルトの主著は『一般教育学』。彼の
　　理論はライン，ツィラーらによって継承された。

2008年度　実施問題

【１】平成18年12月22日に公布された教育基本法について，以下の各問い
に答えなさい。

(1)　施行日はいつか，年月日を書きなさい。

(2)　次の条文の(ア)～(ク)に入る最も適切な語句を答えなさ
い。

①　(前文)　〜略〜　我々は，この理想を実現するため，(ア)
を重んじ，真理と正義を希求し，(イ)を尊び，豊かな人間性
と創造性を備えた人間の育成を期するとともに，伝統を継承し，
新しい文化の創造を目指す教育を推進する。

　　ここに，我々は，(ウ)の精神にのっとり，我が国の(エ)を
切り拓く教育の基本を確立し，その振興を図るため，この法律を
制定する。

②　伝統と文化を尊重し，それらをはぐくんできた我が国と(オ)を
愛するとともに，他国を尊重し，(カ)の平和と発展に寄与す
る態度を養うこと。

③　父母その他の保護者は，子の教育について第一義的責任を有す
るものであって，生活のために必要な(キ)を身に付けさせる
とともに，(ク)を育成し，心身の調和のとれた発達を図るよ
う努めるものとする。

(3)　改正にあたって新設された条文の見出しを4つ，削除された条文
の見出しを1つ，ア～シの中から選びなさい。

ア　教育の目的　　　イ　生涯学習の理念　　ウ　教育の機会均等

エ　義務教育　　　　オ　学校教育　　　　　カ　男女共学

キ　大学　　　　　　ク　家庭教育　　　　　ケ　幼児期の教育

コ　社会教育　　　　サ　政治教育　　　　　シ　宗教教育

(☆☆☆◎◎◎◎)

【2】 次の文の下線部分が正しければ○を，間違っていれば正しく直して解答欄に答えなさい。

(1)　平成12年12月に施行された人権教育及び人権啓発の推進に関する法律では，その施策の推進について，国，地方公共団体及び<u>各種学校</u>の責務を明らかにした。

(2)　緊急連絡網等の連絡名簿は，個人データの取得時に適切に同意を得る手続きをとることにより<u>作成も配布もできる</u>。

(3)　言語障害者，情緒障害者，弱視者，難聴者，<u>自閉症者，知的障害者，注意欠陥多動性障害者</u>，その他心身に故障のある者で，学校教育法施行規則第73条の21の規定により特別の教育課程による教育を行うことが適当なものは，通級による指導を受けることができる。

(☆☆◎◎◎)

【3】 次の(1)～(3)の文章は，ある法令の一部である。(1)～(3)の正式な法令名を答えなさい。また，文章中の（　①　）～（　②　）に入る最も適切な語句を記入しなさい。

(1)　学校その他の教育機関(営利を目的として設置されているものを除く。)において教育を担任する者及び授業を受ける者は，その授業の過程における使用に供することを目的とする場合には，必要と認められる限度において，公表された著作物を複製することができる。

(2)　職員は，法律又は条例に特別の定がある場合を除く外，その勤務時間及び職務上の注意力のすべてをその（　①　）のために用い，当該地方公共団体がなすべき責を有する職務にのみ従事しなければならない。

(3)　（　②　）は，伝染病にかかつており，かかつておる疑があり，又はかかるおそれのある児童，生徒，学生又は幼児があるときは，政令で定めるところにより，出席を停止させることができる。

(☆☆☆◎◎)

【４】次の(1)～(2)の文章は，誰に関するものか答えなさい。

(1)　文明の進歩による弊害を感じ，人間の本質として内在する自然状態の意義を説き，「エミール」を著した。

(2)　小学校で作業教育を課し，公民教育の重要性を強調した。主な著書に「労作学校の概念」「公民教育の概念」がある。

(☆☆◎◎)

解答・解説

【１】(1)　平成18年12月22日　(2)　ア　個人の尊厳　イ　公共の精神　ウ　日本国憲法　エ　未来　オ　郷土　カ　国際社会　キ　習慣　ク　自立心　(3)　新設　イ，キ，ク，ケ　削除　カ
〈解説〉2006年に改正された教育基本法は今後も問われる頻度の高い事項なので，改正前とどの部分が異なるのか，という点をきちんと把握する必要がある。改正後のキーワードとしては，「公共の精神」，「豊かな人間性と創造性」，「未来を切り拓く」，「豊かな情操と道徳心」，「生涯学習」などがあげられる。

【２】(1)　国民　(2)　○　(3)　自閉症者，学習障害者，注意欠陥多動性障害者
〈解説〉人権教育，個人情報の適切な取り扱い，軽度発達障害をもつ児童生徒への対応はこれから教壇に立つためには必須の事項であり，正確な理解と柔軟な対応が求められている。特に(3)については2005年に中央教育審議会の答申「特別支援教育を推進するための制度の在り方について」に目を通しておくこと。

【3】(1) 著作権法　(2) 地方公務員法　(3) 学校保健法
① 職責遂行　② 校長
〈解説〉(1)は著作権法の第35条学校その他の教育機関における複製等，(2)は地方公務員法第35条職務に専念する義務，(3)は学校保健法第12条出席停止の条文である。教員に直接関わる教育基本法，学校基本法，学校教育法，学校教育法施行令，学校教育法施行規則の他にも教育に関わる法律は幅広いため，一通り学習することが望ましい。

【4】(1) ルソー　(2) ケルシェンシュタイナー
〈解説〉ルソーとケルシェンシュタイナーともに，教育史を学習するうえで重要な人物であるため，ここはきちんと解答しておきたい。ルソーはエミールのなかで消極教育を唱え，子どもを植物の剪定のようにがんじがらめにするのではなく，自然のやり方に従うことを主張した。ケルシェンシュタイナーは公民教育と労働教育を柱にした教育論を唱えており，のちのドイツ統一学校運動を推し進める原動力となった。

2007年度　実施問題

【１】次の(1)～(5)はある法令の条文である。(　①　)～(　③　)に入る語句を答えなさい。また，(1)～(5)の法令名を答えなさい。

(1)　(　①　)は，その学校に在学する児童等の指導要録(略)を作成しなければならない。

(2)　使用者は，労働時間が6時間を超える場合においては少くとも45分，8時間を超える場合においては少くとも1時間の(　②　)を労働時間の途中に与えなければならない。

(3)　職員は，その職務を遂行するに当って，法令，条例，地方公共団体の規則及び地方公共団体の機関の定める規程に従い，且つ，上司の職務上の命令に忠実に従わなければならない。

(4)　食育は，食に関する適切な判断力を養い，生涯にわたって健全な食生活を実現することにより，国民の心身の健康の増進と豊かな人間形成に資することを旨として，行われなければならない。

(5)　学校には，学校図書館の専門的職務を掌らせるため，(　③　)を置かなければならない。

(☆☆☆◎◎◎)

【２】次の文章は，誰に関するものか，答えなさい。

(1)　初代文部大臣で，学校制度の確立に尽力し，文部大臣在任時に，諸学校令(「帝国大学令」「師範学校令」「中学校令」「小学校令」)が発布された。

(2)　私塾を主宰し，高杉晋作，伊藤博文，山県有朋らを輩出する。

(3)　アメリカの教育学者で，「Learning by Doing」という方法を実践すべきであると説いた。著書に『民主主義と教育』がある。

(4)　イタリア女性初の医学博士，幼児教育者。障害児教育の治療教育で成果をあげた発達トレーニングの手法を，ローマの「子どもの家」

で健常児に応用し，新しい幼児教育の手法を開発した。

(☆☆☆☆◎◎)

【3】次の(1)〜(3)の定義について述べているものを，下のア〜エの中から
それぞれ一つずつ選び，記号で答えなさい。

(1)　高機能自閉症

(2)　アスペルガー症候群

(3)　LD

　　ア　基本的には全般的な知的発達に遅れはないが，聞く，話す，読
　　　　む，書く，計算するまたは推論する能力のうち特定のものの習得
　　　　と使用に著しい困難を示す様々な状態を指すもの

　　イ　知的発達の遅れを伴わず，かつ，自閉症の特徴のうち言葉の発
　　　　達の遅れを伴わないもの

　　ウ　3歳位までに現れ，①他人との社会的関係の形成の困難さ，②
　　　　ことばの発達の遅れ，③興味や関心が狭く特定のものにこだわる
　　　　ことを特徴とする行動の障害である自閉症のうち，知的発達の遅
　　　　れを伴わないもの

　　エ　年齢あるいは発達に不釣り合いな注意力，及び/又は衝動性，多
　　　　動性を特徴とする行動の障害で，社会的な活動や学業の機能に支
　　　　障をきたすもの

(☆☆☆◎◎◎◎◎)

【4】次の文を読んで，正しければ○を，間違っていれば，正しく直しな
さい。

(1)　「児童虐待の防止等に関する法律」に規定されている児童とは18
歳未満の者のことである。

(2)　教諭の条件附採用期間は6月間である。

(3)　教育職員の免許状の種類は，普通免許状と臨時免許状である。

(4)　一般職に属する地方公務員に対する懲戒処分には免職，休職，減
給，戒告の4種類がある。

(☆☆☆☆◎◎◎)

解答・解説

【１】① 校長　② 休憩時間　③ 司書教諭　(1) 学校教育法施行規則　(2) 労働基準法　(3) 地方公務員法　(4) 食育基本法　(5) 学校図書館法

〈解説〉それぞれ，次の法令を参照。　(1) 学校教育法施行規則第12条の3　(2) 労働基準法第34条　(3) 地方公務員法第32条　(4) 食育基本法第2条　(5) 学校図書館法第5条

【２】(1) 森有礼　(2) 吉田松陰　(3) デューイ　(4) モンテッソーリ

〈解説〉(1) 諸学校令は1886(明治19)年に発布された。　(2) 吉田松陰は，現在の山口県萩市に松下村塾を開いた。　(3) デューイは，経験主義を重視した。その実践がシカゴの実験学校で行われたことは有名である。　(4) モンテッソーリは，モンテッソーリ・メソッドを開発した人物として知られている。

【３】(1) ウ　(2) イ　(3) ア

〈解説〉発達障害の概念定義は頻出であるので，そのまま覚えておきたい。(1) 「高機能」とは，知的発達の遅れが見られないことを指す。(2) 高機能自閉症はアスペルガー症候群との区別が難しいが，言語発達の遅れが見られない場合がアスペルガー症候群である。　(3) 学習障害はADHDとの併発も多く見られるが，概念上は区別される。なお，選択肢のエがADHDの定義である。

【４】(1) ○　(2) 「6月間」→「一年」　(3) 「普通免許状と臨時免許状」→「普通免許状，特別免許状及び臨時免許状」　(4) 「休職」→「停職」

〈解説〉(1) 同法2条により正しい。　(2) 教育公務員特例法12条を参照

のこと。　(3)　教育職員免許法4条を参照のこと。　(4)　地方公務員法29条を参照のこと。

2006年度　実施問題

【１】次の(1)〜(3)の各文は法律の条文である。それぞれの法律名を答えなさい。また，（　①　）〜（　⑥　）に入る最も適切な語句を答えなさい。

(1)　校長及び教員は，教育上必要があると認めるときは，文部科学大臣の定めるところにより，学生，生徒及び児童に（　①　）を加えることができる。ただし，（　②　）を加えることはできない。

(2)　法律に定める学校の教員は，（　③　）であって，自己の使命を自覚し，その（　④　）に努めなければならない。このためには，教員の身分は，尊重され，その待遇の適正が，期せられなければならない。

(3)　職員の（　⑤　），勤務時間その他の勤務条件は，（　⑥　）で定める。

(☆☆☆◎◎◎)

【２】次の各問いに答えなさい。

(1)　明治5年(1872年)に公布された「学制」はある国の学校制度をモデルとしている。その国名を答えなさい。

(2)　「教育基本法」が公布されたのは昭和何年か答えなさい。

(3)　「大教授学」などを著したチェコの教育者の名前を答えなさい。

(4)　「学問のすゝめ」などを著した教育者の名前を答えなさい。

(5)　ドイツの教育家で1840年に世界最初の幼稚園を創立した教育者の名前を答えなさい。

(6)　「実験教育学入門」を著し，教育学と心理学を結びつけようとした教育者の名前を答えなさい。

(☆☆☆◎◎◎)

【3】 次の文章は文部科学者が平成16年1月に出した「学校安全緊急アピール」の学校安全に関する具体的な留意事項等の一部である。これについて下の各問いに答えなさい。

　各学校においては，学校安全に関し，教職員間の連絡調整や指導・助言に当たる中心的な役割を果たす担当者を_a校務分掌上明確にしたり，校長，教頭及びその担当者を中心とした「学校安全委員会」等の校内組織(以下「校内安全組織」という。)を設けるなどして，安全に関する校内体制を整備することが必要です。

　校長の責任の下，校内安全組織が中心となって，教職員一人一人の，安全確保のための努力を怠らず，_b緊急事態に備える意識を高め，学校マニュアルの策定・見直しのほか，安全点検項目の設定，点検作業や防犯訓練の実施など，必要な取組を全教職員により推進することが重要です。

　特に_c安全点検については，改善すべき課題はもうないのかという問題意識を絶えず持ちつつ，日課や週間予定に組み込んで着実に実施していただきたいと考えます。

(1)　下線aの校務分掌を決めるのは誰か答えなさい。

(2)　下線bを別の語句(漢字6文字)に直しなさい。

(3)　下線cの安全点検を実施しなければならないと定めている法律名を答えなさい。また，その法律の施行規則では，安全点検は，毎（　　）一回以上行わなければならないと定めている。（　　）に入る最も適当な語句を答えなさい。

(☆☆☆◎◎◎)

解答・解説

【１】(1)　学校教育法　　(2)　教育基本法
(3)　地方公務員法　　　①　懲戒　　②　体罰　　③　全体の奉仕者
④　職責の遂行　　⑤　給与　　⑥　条例

〈解説〉(1)は学校教育法第11条の懲戒についての条文であり，体罰を禁
　止した条文でもある。　　(2)は教育基本法第6条の②である。学校の教
　員は全体の奉仕者であり，職責の遂行に努めなければならない。この
　条文を受けて学校の教員は，公務員の中でも待遇の異なる教育公務員
　として(私立学校の教員も準ずるものとして)扱われるのである。
　(3)は地方公務員法第24条第6項である。教員の給与や勤務条件につい
　ては条例で定められている。これは，国と都道府県とで厳密な教員雇
　用費の負担区分が設定されているからである。

【２】(1)　フランス　　(2)　昭和22年　　(3)　コメニウス　　(4)　福沢
　諭吉　(5)　フレーベル　　(6)　モイマン

〈解説〉(2)　敗戦後，すぐに新しい法律が公布されたのではない。重要
　法案の制定には通常なら5年以上かかる。教育基本法は国民の価値観
　に関わるものだけに制定が急がれ，昭和22年に公布された。　　(3)　近
　代教育の祖ともいわれる。コメニウスは，世界政府建設の理念をもっ
　ていた。したがって，普遍的知識の体系は，全ての人に教えるべきだ
　と考えていた。　　(4)　1万円札に肖像が載っている。若いときに大坂
　の緒方洪庵の適塾で蘭学を学んだ。その後，英語を学び欧米使節団に
　同行した。1868年に慶應義塾を創立し，教育活動に専念した。福沢の
　思想は，日本の近代化路線に多大な影響を与えた。　　(5)　フレーベル
　は，作業と遊戯を中心に活動が行われる「キンダーガルテン」をブラ
　ンケンブルクに創立した。意味は，自ら発育する可能性を持った植物
　の芽が，すぐれた園丁の指導下に成長する花園である。　　(6)　20世紀
　初頭のドイツの心理学者である。ライとともに実験主義教育学を提唱

した。

【3】(1)　校長　　(2)　危機管理意識　　(3)　学校保健法，学期
〈解説〉(1)　学校教育法28条の③に校長が校務を司ることになっている。
(2)　緊急事態も危機も非日常な状態を示す。危機については，さらに
リスクかクライシスかの違いがある。リスクは行動に付随して起こる
可能性がある危険を指し，クライシスは災害など突発的な危険を指す。
(3)　学校保健法では，環境衛生の維持が重要視されている。安全点検
については，学校保健法施行規則第22条5によって毎学期一回以上行
われることになっている。

｜ 実施問題

【１】次の文章は，中央教育審議会について述べたものである。これを読んで，下の各問いに答えなさい。

　　中央教育審議会(通称中教審)というのは，国家行政組織法に基づいて，昭和27年に文部省(当時)に設置された。以来日本の教育の針路を示し続けてきている。学制公布，教育基本法制定などに続く「第三の教育改革」と呼ばれた昭和46年の答申(46答申)が例として挙げられる。

　　平成13年1月，ａ 中央省庁再編に伴い国の審議会を整理合理化する考えから，生涯学習審議会，教育課程審議会，大学審議会など6つの審議会が中教審に統合され，教育制度，生涯学習，初等中等教育，大学，スポーツ・青少年に関する5つの分科会が設けられた。

　　近年の動向としては，平成15年3月教育基本法の改正を求める答申や，平成16年3月「地域運営学校」の創設を提案する答申などがある。

　　現行(小中学校は平成14年4月から，高校では平成15年4月から実施)の学習指導要領の見直しにも着手している。

　　初等中等教育改革の一環として，義務教育国庫負担制度，ｂ LD・ADHDなどを含めた障害のある子どもへのｃ 特別支援教育，幼児教育の在り方など議論している。これらは，いずれも今年末にも答申する運びとなっている。

(1)　中央教育審議会に諮問するのは誰か，役職名で答えなさい。

(2)　下線ａにより現在文部科学省と呼ばれている省は，再編以前は二つの省庁に分かれていた。その二つの省庁名を答えなさい。

(3)　下線ｂのLD，ADHDそれぞれの用語を，漢字の名称に直して答えなさい。

(4)　下線ｃの特別支援教育について簡単に説明しなさい。

(5)　中教審は，平成16年1月の答申で約半世紀ぶりの新制度の創設へ道筋を示した。これにより，法律改正がおこなわれ，平成17年度か

ら新たに学校におくことができるようになる教諭を何というか答え
なさい。

(☆☆◎◎◎◎)

【2】次の文章を読んで，それぞれに該当する人物名を，それぞれ下欄か
ら選んで，ア～キの記号で答えなさい。

(1) 今から100年余り前に記憶の実験を初めて行った人として知られ
ている。彼の研究は人間の学習の実験的研究の第一歩として重要な
意味を持っている。記憶の研究はその後彼の考え方を継承しながら
発展していくこととなる。

(2) 新生児から青年までの知識の世界を科学的に明らかにした。発達
心理学の創始者。幼児の遊びの中にも知的行為があることを臨床実
験によりはじめて認識した。

(3) 「教育心理学創設の先駆者」といわれているアメリカの心理学者。
動物を使って学習の実験を行い，学習が試行錯誤の過程を通るとし
て，効果の法則，練習の法則，準備の法則の3法則を主張した。

(4) フロイトが主に病理的な人を対象に研究し精神分析を開発したの
に対して，彼は健康で人々から尊敬されるような人を研究対象にし
た。そこから欲求の階層論という仮説を導き出した。「人間性心理
学」を創始し，心理学第3の勢力と位置づけた。

ア　ピアジェ　　イ　エビングハウス　　ウ　マズロー
エ　フロイト　　オ　ソーンダイク　　　カ　クレペリン
キ　ギルフォード

(☆☆☆◎◎◎◎)

【３】次の(1)〜(6)はある法規の条文である。(　①　)〜(　⑥　)に入る最も適当な語句を答えなさい。また，(1)〜(6)の法規名を答えなさい。

(1)　教員は，授業に支障のない限り，本属長の(　①　)を受けて，(　②　)を離れて研修を行うことができる。

(2)　市町村は，その区域内にある学齢児童を就学させるに必要な小学校を(　③　)しなければならない。

(3)　男女は，互いに敬重し，協力し合わなければならないものであって，教育上男女の(　④　)は，認められなければならない。

(4)　職員は，職務上知り得た(　⑤　)を漏らしてはならない。その職を退いた後も，また，同様とする。

(5)　中学校の修業年限は，三年とする。

(6)　職員会議は，(　⑥　)が主宰する。

(☆☆☆◎◎◎)

解答・解説

【１】(1)　文部科学大臣　　(2)　文部省　科学技術庁　　(3)　LD　学習障害　ADHD　注意欠陥多動性障害　　(4)　(略)　　(5)　栄養教諭
〈解説〉近年の教育改革，省庁再編を中心とする難易度の低い基本的な出題。(1)　中央教育審議会は文部科学大臣の諮問機関である。

(4)　〈解答例〉「特別支援教育とは，従来の特殊教育の対象の障害だけでなく，LD，ADHD，高機能自閉症を含めて障害のある児童生徒の自立や社会参加に向けて，その一人一人の教育的ニーズを把握して，その持てる力を高め，生活や学習上の困難を改善又は克服するために，適切な教育や指導を通じて必要な支援を行うものである。」これは，文部科学省の特別支援教育の在り方に関する調査研究協力者会議が2003年3月に提出した最終報告書にもとづく。近年，出題率が高い政策文書のひとつ。

【2】(1) イ　　(2) ア　　(3) オ　　(4) ウ

〈解説〉選択肢にある人物の研究業績について理解されていれば難しい問題ではない。

(1) については，記憶の実験を今から百年余り前に初めて行ったということと，その実験をもとにした研究が人間の学習の実験的研究の第一歩として重要な意味を持っているという評価に着目する。該当する人物として，1885年に『記憶について』という著書を著し，「忘却曲線」の研究を行ったドイツの心理学者エビングハウスがあがってくる。

(2) については，発達心理学の創始者ということと，臨床実験によって，子どもの知識の世界(認識や思考など)を科学的に明らかにしたということに着目する。該当する人物として，認識の発達段階や子どもの自己中心性を研究したピアジェがあがってくる。　(3) については，アメリカの心理学者で「教育心理学創設の先駆者」であることと，動物を使っての学習の実験を通して効果，練習，準備の各法則を主張したことに着目する。20世紀はじめにアメリカで最初に書かれた『教育心理学』の著者であり，心理学における動物実験の創始者であるソーンダイクがあがってくる。　(4) については，欲求の階層論，健康な人間についての心理学の研究，「人間性心理学」の創始ということに着目する。該当する人物として，アメリカの心理学者マズローがあがってくる。上記の4人以外の人物については，フロイトが『精神分析入門』や『夢判断』などの著書を著した精神分析学の創始者であり，クレペリンが精神作業の過程の分析によるパーソナリティ検査(内田・クレペリン精神作業検査)で知られるドイツの精神医学の研究者であり，ギルフォードがパーソナリティ検査の一種である人格目録の作成者でありY－G検査で知られている人物であることを押さえておきたい。

【3】① 承認　　② 勤務場所　　③ 設置　　④ 共学　　⑤ 秘密　　⑥ 校長　　(1) 教育公務員特例法　　(2) 学校教育法　　(3) 教育基本法　　(4) 地方公務員法　　(5) 学校教育法　　(6) 学校教

育法施行規則

〈解説〉地方公務員法，教育基本法，学校教育法，同施行令，施行規則等からの基本的な出題。(1)　教育公務員特例法第22条の2　　(2)　学校教育法第29条　　(3)　教育基本法第5条　　(4)　地方公務員法第34条1項　　(5)　学校教育法第37条　　(6)　学校教育法施行規則第23条の2第2項

2004年度　実施問題

【1】次の文章は，平成14年1月17日に遠山文部科学大臣がアピールした「確かな学力の向上のための2002アピール『学びのすすめ』」の一節である。これを読んで，後の問いに答えなさい。

1　きめ細かな指導で，基礎・基本や自ら学び自ら考える力を身に付ける

　　少人数授業・(ア)など，個に応じたきめ細かな指導の実施を推進し，①基礎・基本の確実な定着や自ら学び自ら考える力の育成を図る

2　発展的な学習で，一人ひとりの個性等に応じて子どもの力をより伸ばす

　　学習指導要領は(イ)であり，理解の進んでいる子どもは，発展的な学習で力をより伸ばす

3　学ぶことの楽しさを体験させ，学習意欲を高める

　　(ウ)などを通じ，子どもたちが学ぶ楽しさを実感できる学校づくりを進め，将来，子どもたちが新たな課題に創造的に取り組む力と意欲を身につける

4　学びの機会を充実し，学ぶ習慣を身に付ける

　　放課後の時間などを活用した補充的な学習や朝の読書などを推奨・支援するとともに，適切な宿題や課題など(エ)における学習の充実を図ることにより，子どもたちが学ぶ習慣を身に付ける

5　確かな学力の向上のための特色ある学校づくりを推進する

　　②学力向上フロンティア事業などにより，確かな学力の向上のための特色ある学校づくりを推進し，その成果を適切に評価する

(1)　1の項目について，空欄アに入る最も適当な指導方法を答えなさい。

(2)　新しい学習指導要領では，1の項目の下線部①のために何が行われたか，答えなさい。

(3)　2の項目について，学習指導要領に示された内容は，各学校で取り扱われなければならないが，学校において特に必要がある場合には，それに示されていない内容を加えて指導することもできることとしている。このことを踏まえて，空欄イに入る最も適当な語句を答えなさい。

(4)　3の項目について，空欄ウには，新しい学習指導要領で創設されたものが入る。正式名称で答えなさい。

(5)　4の項目について，空欄エに入る最も適当な語句を答えなさい。

(6)　5の項目について，下線部②の事業の他に，確かな学力向上のための特色ある学校づくりを支援するための国の施策のうち一つを答えなさい。

(☆☆☆☆☆◎◎◎◎)

【2】次の(1)〜(4)の文はある教育方法や，教育史上の評価である。それぞれに適する人物名を答えなさい。

(1)　問答(産婆術)によって常識や偏見を論破し，「無知の知」を自覚させることを通して，真理の探求，思考の深化を促す教育活動を展開した。

(2)　「学問芸術論」(1750)，「人間不平等起源論」(1755)，「エミール」(1762)等を著し，人為的な教育を排除し，児童の自然の発達，成長を基本とする教育方法を唱えた。

(3)　「カニの本」，「アリの本」を著し，近代体操教育の祖と呼ばれる。体験的・献身的な訓育と体育を奨励し，健康で理性に富み，善良で快活な児童の育成に尽力した。

(4)　「生活が陶冶する」と述べ，人間性の調和的発達を目指す基礎陶冶を教育の目的とした。教育方法の原理として自発性，直観，労作，

社会の4つをあげた。

(☆☆○○○○○)

【3】次の(1)～(5)の条文の(A)～(G)にあてはまる語句を答えなさい。また，それぞれの条文の規定してある法規名を【語群】から選んで記号で答えなさい。

(1) 校長及び(A)は，教育上必要があると認めるときは，文部科学大臣の定めるところにより，学生，生徒及び児童に(B)を加えることができる。ただし，体罰を加えることはできない。

(2) 小学校等の教諭等の(C)は，小学校等の教諭等に対して，その在職期間(私立の小学校等の教諭等としての在職期間を含む。)が(D)(特別の事情がある場合には，(D)を標準として任命権者が定める年数)に達した後相当の期間内に，個々の能力，適性等に応じて，教諭等としての資質の向上を図るために必要な事項に関する研修(以下「(D)経験者研修」という。)を実施しなければならない。

(3) 職員は，その職の信用を傷つけ，又は職員の職全体の(E)となるような行為をしてはならない。

(4) 教育委員会は，(F)の委員をもつて組織する。ただし，条例で定めるところにより，都道府県若しくは地方自治法(昭和22年法律第67号)第252条の19第1項の指定都市(以下「指定都市」という。)又は地方公共団体の組合のうち都道府県若しくは指定都市が加入するものの教育委員会にあつては6人の委員，町村又は地方公共団体の組合のうち町村のみが加入するもの(次条第3項及び第7条第2項から第4項までにおいて単に「町村」という。)の教育委員会にあつては3人の委員をもつて組織することができる。

(5) 職員は，政党その他の政治的団体の結成に関与し，若しくはこれらの団体の(G)となつてはならず，又はこれらの団体の構成員となるように，若しくはならないように勧誘運動をしてはならない。

【語群】

　　ア　地方公務員法　　　イ　学校教育法　　　ウ　教育基本法

　　エ　教育公務員特例法　　オ　学校教育法施行規則

　　カ　地方教育行政の組織及び運営に関する法律

（☆☆☆◎◎◎）

解答・解説

【１】(1)　習熟度別指導　　(2)　教育内容の厳選　　(3)　最低基準

(4)　総合的な学習の時間　　(5)　家庭　　(6)　スーパーサイエンスハ

イスクール(スーパー・イングリッシュ・ランゲージ・ハイスクール)

〈解説〉(4)　いわゆる「総合学習」は，教科の枠をこえ特定の主題にそ

って総合的に学習を組織する教育課程・方法をいう。具体的な課題や

体験に即して探求的な活動を発展させ，生活や興味に根差した学習を

行う。1996(平成8)年の中教審答申で「生きる力」の育成の重視が強調

され，98年の教育課程審議会答申で小・中・高校に「総合的な学習の

時間」を導入することが提言され，学習指導要領の改訂がなされた。

「学びのすすめ」は，今年出題率が高いものとなった。例えば，中教

審が「初等中等教育における当面の教育課程及び指導の充実・改善方

策について」等が出され，ひきつづき学力問題が注目されていること

を考えると，この傾向はしばらくつづくものと思われる。上記答申も

あわせてしっかりと学習しておこう。

【２】(1)　ソクラテス　　(2)　ルソー　　(3)　ザルツマン

(4)　ペスタロッチ

〈解説〉本問で問われている人物はいずれも教育史上欠くことのできない

人物なので，確実に覚えるようにしたい。

　　古代ギリシアの哲学者ソクラテスは，「産婆術」あるいは「助産術」

ともいわれる問答法によって相手の思い込みを論破し，本当は自分は

何も知ってはいないのだということ，つまり「無知の知」を相手に自覚させることを生涯の使命とした。なお，ソクラテスに師事した人物として，著書『国家』の中で，絶対的に普遍的な真理(善のイデア)を認識させることこそ教育の任務に他ならないと説いた，古代ギリシアの哲学者プラトンを挙げることができる。

18世紀フランスの思想家ルソーは，著書『エミール』において，大人とは異なる子どもの独自性を明らかにし(「子どもの発見」)，そうした子どもに対する教育は子どもの心身の発達に合わせておこなわれるべきである(「合自然の原則」)と述べ，いわゆる「消極教育」の論理を主張し，後世に大きな影響を与えた。

このルソーの教育思想の影響を強く受け，実践に取り組んだのが18～19世紀にかけてのドイツ汎愛派の教育者たちであり，その代表的人物がザルツマンである。汎愛派の教育実践の特色として，強健な身体の育成をめざしての身体の鍛錬，および実学的知識の教授を重視することにより，人間の啓蒙と理性化，国家的な幸福と人類愛の実現を図ろうとした点を挙げることができる。

18～19世紀スイスの教育者ペスタロッチは，その教育思想として「基礎陶冶」がよく知られているが，教育実践においても重要な役割を果たしており，とりわけノイホーフの貧民学校およびシュタンツの孤児院での実践は著名である。また著書として『隠者の夕暮』がある。なお，問題文では教育方法の原理の一つとして「直感」が挙げられているが，普通「直観」と記されるのが一般的である。

【3】A　教員　　B　懲戒　　C　任命権者　　D　10年　　E　不名誉
F　5人　　G　役員　　(1)　イ　　(2)　エ　　(3)　ア　　(4)　カ
(5)　ア
〈解説〉(2)は，新たに設けられた10年経験者研修を法定化する規定である。新しい規定のためその情報を持っていたか否かが正解を得る鍵となる。(2)以外は出題頻度の高い基本的な問題であり，空欄補充や法規名との組み合わせは易しい。

2003年度　実施問題

【１】本年1月，文部科学省は，「確かな学力の向上のための2002アピール『学びのすすめ』」を発表した。その中で，新しい学習指導要領のねらいとする「確かな学力」の向上のために，指導に当たっての重点等を明らかにした5つの方策が次のとおり提示された。

　そこで，これらの方策の趣旨を踏まえて，確かな学力を児童生徒に身に付けさせるため，あなたはどのようなことを行いますか，方策の1と2について具体的に書きなさい。

　5つの方策

　1　きめ細かな指導で，基礎・基本や自ら学び自ら考える力を身に付ける

　2　発展的な学習で，一人一人の個性等に応じて子どもの力をより伸ばす

　3　学ぶことの楽しさを体験させ，学習意欲を高める

　4　学びの機会を充実し，学ぶ習慣を身に付ける

　5　確かな学力の向上のための特色ある学校づくりを推進する

(☆☆☆☆◎◎◎◎)

【２】新しい学習指導要領の中で「総合的な学習の時間」が創設された。次の設問に答えなさい。

(1)　「総合的な学習の時間」の趣旨とねらいについて書きなさい。

(2)　「総合的な学習の時間」の授業を行う場合，どのようなことに留意して取り組んでいくか。具体的に書きなさい。

(☆☆☆◎◎◎)

【３】道徳教育を充実させるためには，どのような点に留意すべきか。

(☆☆☆◎◎◎)

【4】鳥取県では，平成15年度以降，原則としてすべての学校に司書教諭を置くこととしている。これを受けて，学校図書館の活用を今後どのように図っていくべきか，書きなさい。

(☆☆☆◎◎◎)

【5】次のA・B・Cの文章は，ある法規の一部である。A・B・Cの正式な法規名を答えなさい。また，文章中の(　　)に適する語句を記入しなさい。

A　教育は，(　①　)の完成をめざし，平和的な国家及び社会の形成者として，真理と正義を愛し，(　②　)をたっとび，勤労と責任を重んじ，自主的精神に充ちた心身ともに健康な国民の育成を期して行われなければならない。

B　小学校には，設置者の定めるところにより，校長の職務の(　③　)に資するため，職員会議を置くことができる。

2　職員会議は，校長が(　④　)する。

C　職員は，法律又は条例に特別の定がある場合を除く外，その勤務時間及び(　⑤　)のすべてをその職責遂行のために用い，当該地方公共団体がなすべき(　⑥　)を有する職務にのみ従事しなければならない。

(☆☆◎◎◎◎)

【6】次の各問いに答えなさい。

(1)　ある法律に，「教育公務員は，その職責を遂行するために，絶えず研究と修養に努めなければならない。」という文言があります。この正式な法律名を答えなさい。

(2)　次の内容の中で(1)の法律で規定されているものはどれか。該当するものをすべて記号で答えなさい。

①　教育委員会の職務権限

②　上司の職務上の命令に忠実に従う義務

③　兼職及び他の事業等への従事

(3)　次の文章は，(1)の法律の条項である。記述が正しい場合には○を，誤りがある場合には×を解答欄に答えなさい。

①　教員は，職務に支障のない限り，本属長の許可を得て，勤務場所を離れて研修を行うことができる。

②　校長の採用並びに教員の採用及び昇任は，試験によるものとし，その試験は，大学附置の学校にあってはその学長，大学附置の学校以外の国立学校にあっては文部科学大臣，大学附置の学校以外の公立学校にあってはその校長及び教員の任命権者である教育委員会の教育長が行う。

③　教育公務員には，研修を受ける機会が与えられなければならない。

(☆☆☆◎◎◎◎)

解答・解説

【1】1．毎時間授業の終わり近く小テストを行い，一人ひとりの児童生徒の習熟度を確認して次の授業を進める。　2．作業学習・体験学習・ディベート授業など，児童生徒を中心とした授業を行うことによって一人ひとりの力を伸ばしていく。

〈解説〉1．このほかティーム・ティーチング(複数教師による指導)などが考えられる。

【2】例＝①趣旨は，地域や学校，生徒の実態等に合わせて，横断的・総合的な学習や生徒の興味・関心等に基づく創意工夫のある教育活動を行うものである。そのねらいは，児童・生徒自ら課題を見付け，自ら主体的に判断し，問題を解決する資質・能力を養うこと。および，学び方などを修得，問題解決や探究活動に主体的，創造的に取り組み，自分自身の生き方を考えられるようにすることである。

　　　例＝②グループ学習や異年齢集団による学習が可能なように，地域
　　との連携をおこないつつ，学校で協力体制を整え，地域の教材や学習
　　環境の積極的な活用について工夫するなどの注意が必要である。
〈解説〉学習指導要領の総則における「総合的な学習の時間の取扱い」を
　　確認しておくこと。

【3】例＝次の2点に留意する。①学級担任をはじめ，校長や教頭の参加，
　　他の教師との協力的な指導体制を充実する。②ボランティアや自然体
　　験活動などを生かし，児童・生徒の発達段階や特性等を考慮した指導
　　を行う。
〈解説〉学習指導要領の「道徳」の章を確認しておくこと。

【4】資料の選び方や読書指導など，司書教諭の指導範囲を教科担任は司
　　書教諭と十分打合せて，教科指導に生かしていくことを心掛けていく。
〈解説〉今後「総合学習」などで，図書館の利用度は大きくなっていくと
　　思われるので，司書教諭の役割も大切なものとなっていく。

【5】A　法規名　教育基本法　　①　人格　　②　個人の価値
　　B　法規名　学校教育法施行規則　　③　円滑な執行　　④　主宰
　　C　法規名　地方公務員法　　⑤　職務上の注意力　　⑥　責
〈解説〉A＝教育基本法第1条，B＝学校教育法施行規則第23条の2，C＝
　　地方公務員法第35条の条文。しばしば出題される内容であるため，選
　　択肢こそないが，法令名や空欄に適切な語句を答えることはそれほど
　　困難ではない。注意すべき点としては，職員会議に関する記述中の
　　「主宰」の漢字を正確に答えること（「主催」は誤り）である。

【6】(1)　教育公務員特例法　　(2)　③　　(3)　①　×　②　×　③
　　○
〈解説〉本問で問題とされているのが「教育公務員特例法」であると分か
　　らなければ，(2)(3)に正確に解答することが困難となる。ただし，(1)

には「教育公務員」という語句があるため，教育公務員特例法と特定することは基礎的な知識で可能。(2)の教育委員会の職務権限は地方教育行政の組織及び運営に関する法律に規定されており，また，上司の命令に従う義務は地方公務員法に規定されている。　(3)　①「職務」ではなく「授業」が正しい。　②　採用と昇進は任免権を有する教育委員会の教育長による選考によって行われる。したがって，「試験によるものとし」という記述は，試験は選考の手段の一部であり面接等の手段が存在することから不充分であり，また，「校長及び(中略)教育長が行う」とあるが「都道府県教育委員会の教育長」が法令上適切である。教育公務員特例法第13条参照。

第3部

チェックテスト

過去の全国各県の教員採用試験において出題された問題を分析し作成しています。実力診断のためのチェックテストとしてご使用ください。

教職教養

【1】 日本国憲法の条文として<u>規定されていない</u>条文はどれか。次の①〜
⑤から1つ選べ。 (4点)

① 何人も，公共の福祉に反しない限り，居住，移転及び職業選択の
自由を有する。

② 集会，結社及び言論，出版その他一切の表現の自由は，これを保
障する。

③ 国民一人一人が，自己の人格を磨き，豊かな人生を送ることがで
きるよう，その生涯にわたって，あらゆる機会に，あらゆる場所に
おいて学習することができ，その成果を適切に生かすことのできる
社会の実現が図られなければならない。

④ 国は，すべての生活部面について，社会福祉，社会保障及び公衆
衛生の向上及び増進に努めなければならない。

⑤ すべて国民は，法律の定めるところにより，その保護する子女に
普通教育を受けさせる義務を負ふ。義務教育は，これを無償とする。

【2】 教育基本法の記述として適切なものはどれか。次の①〜⑤から1つ
選べ。 (4点)

① われらは，さきに，日本国憲法を確定し，民主的で文化的な国家
を建設して，世界の平和と人類の福祉に貢献しようとする決意を示
した。この理想の実現は，根本において教育の力にまつべきもので
ある。

② 教育は，人格の陶冶を目指し，自由な国家及び社会の形成者とし
て必要な資質を備えた心身ともに健康な国民の育成を期して行われ
なければならない。

③ 国及び地方公共団体は，すべて修学が困難な者に対して，奨学の
措置を講じなければならない。

④ 学校においては，授業料を徴収することができる。

⑤ 法律に定める学校は，公の性質を有するものであって，国，地方公共団体及び法律に定める法人のみが，これを設置することができる。

【3】 学校教育法の条文として適切なものはどれか。次の①～⑤から1つ選べ。 (4点)

① この法律で，学校とは，幼稚園，小学校，中学校，中高一貫学校，高等学校，中等教育学校，特別支援学校，大学及び高等専門学校とする。

② 保護者(子に対して親権を行う者(親権を行う者のないときは，未成年後見人)をいう。以下同じ。)は，次条に定めるところにより，子に九年の義務教育を受けさせる義務を負う。

③ 経済的理由によつて，就学困難と認められる学齢児童又は学齢生徒の保護者に対しては，教育委員会は，必要な援助を与えなければならない。

④ 学齢児童又は学齢生徒を使用する者は，その使用によつて，当該学齢児童又は学齢生徒が，普通教育を受けることを妨げてはならない。

⑤ 市町村は，その区域内にある学齢児童を就学させるに必要な小学校を設置しなければならない。ただし，教育上有益かつ適切であると認めるときは，義務教育学校の設置をもつてこれに代えることができる。

【4】 学校教育法施行規則の規定として適切なものはどれか。次の①～⑤から1つ選べ。 (4点)

① 小学校には，設置者の定めるところにより，学校評議員を置かなければならない。

② 職員会議は，学校の重要事項の決定機関であり，校長が召集する。

③ 小学校の学年は，4月1日に始まり，翌年3月31日に終わる。

④ 教育活動その他の学校運営の状況について，自ら評価を行い，そ

の結果を公表することに努めなければならない。

⑤ 小学校の学級数は，6学級以上12学級以下を標準とする。

【5】 教育公務員に関する記述として<u>誤っているもの</u>はどれか。次の①〜⑤から1つ選べ。 (4点)

① 勤務時間中であっても，自らの裁量で，勤務場所を離れて研修を行うことができる。

② 職の信用を傷つけたり，職員の職全体の不名誉となるような行為をしたりすることが禁じられている。

③ 全国どこであっても政治的行為をすることができない。

④ 兼職や兼業が認められる場合がある。

⑤ 争議行為を行うことができない。

【6】 次は，地方公務員法の条文または条文の一部である。下線部が誤っているものを，①〜⑤から1つ選べ。 (4点)

① 第30条 すべて職員は，全体の奉仕者として<u>公共の利益</u>のために勤務し，且つ職務の遂行に当つては，全力を挙げてこれに専念しなければならない。

② 第32条 職員は，その職務を遂行するに当つて，法令，条例，地方公共団体の規則及び地方公共団体の機関の定める規程に従い，且つ，<u>上司の命令</u>に忠実に従わなければならない。

③ 第34条 職員は，<u>職務上知り得た秘密</u>を漏らしてはならない。その職を退いた後も，また，同様とする。

④ 第35条 職員は，法律又は条例に特別の定がある場合を除く外，その勤務時間及び<u>職務上の注意力</u>のすべてをその職責遂行のために用い，当該地方公共団体がなすべき責を有する職務にのみ従事しなければならない。

⑤ 第36条 職員は，政党その他の政治的団体の結成に関与し，若しくはこれらの団体の役員となつてはならず，又はこれらの団体の構成員となるように，若しくはならないように<u>勧誘運動</u>をしてはならない。

【7】 いじめ防止対策推進法の内容として適切なものはどれか。次の①〜
⑤から1つ選べ。　　　　　　　　　　　　　　　　　　　　(4点)

① この法律において「いじめ」とは，児童等に対して，当該児童等
が在籍する学校に在籍している等当該児童等と一定の人的関係にあ
る他の児童等が行う心理的又は物理的な影響を与える行為である
が，インターネットを通じて行われるものは含まれない。

② いじめの防止等のための対策は，いじめが全ての児童等に関係す
る問題であることに鑑み，児童等が安心して学習その他の活動に取
り組むことができるよう，学校内においていじめが行われなくなる
ようにすることを旨として行われなければならない。

③ 学校の設置者及びその設置する学校は，児童等の豊かな情操と道
徳心を培い，心の通う対人交流の能力の素地を養うことがいじめの
防止に資することを踏まえ，道徳及び特別活動の時間において道徳
教育及び体験活動等の充実を図らなければならない。

④ 学校の設置者及びその設置する学校は，当該学校におけるいじめ
を早期に発見するため，当該学校に在籍する児童等に対する定期的
な調査その他の必要な措置を講ずるものとする。

⑤ 学校の教職員，地方公共団体の職員その他の児童等からの相談に
応じる者及び児童等の保護者は，児童等からいじめに係る相談を受
けた場合において，いじめの事実があるなしに関係なく，いじめを
受けたと思われる児童等が在籍する学校への通報その他の適切な措
置をとるものとする。

【8】学校保健安全法の条文として誤っているものはどれか。次の①〜⑤
から1つ選べ。　　　　　　　　　　　　　　　　　　　　(4点)

① 学校においては，毎学年定期に，児童生徒等(…中略…)の健康診
断を行わなければならない。

② 校長は，感染症にかかつており，かかつている疑いがあり，又は
かかるおそれのある児童生徒等があるときは，政令で定めるところ
により，出席を停止させることができる。

③　学校の設置者は，感染症の予防上必要があるときは，臨時に，学校の全部又は一部の休業を行うことができる。

④　校長は，当該学校の施設又は設備について，児童生徒等の安全の確保を図る上で支障となる事項があると認めた場合には，遅滞なく，その改善を図るために必要な措置を講じ，又は当該措置を講ずることができないときは，当該学校の設置者に対し，その旨を申し出るものとする。

⑤　学校の設置者は，学校給食衛生管理基準に照らして適切な衛生管理に努めるものとする。

【9】教育課程とカリキュラムについての記述の組合せとして正しいものはどれか。下の①〜⑤から1つ選べ。　(4点)

ア　教育課程とは，教育目標を達成するために，教育内容を選択し，組織し，一定の順序に配列した計画のことをいう。

イ　教育課程は，カリキュラムよりも狭義の概念である。

ウ　カリキュラムには，教科主義カリキュラムと経験主義カリキュラムがある。

エ　教科中心カリキュラムは学問中心カリキュラムともいい，スキナーが提唱した。

オ　経験主義カリキュラムは，学力向上の要請の中で縮小が求められている。

①　ア・イ・ウ　　②　ア・ウ・エ　　③　イ・ウ・エ
④　イ・エ・オ　　⑤　ウ・エ・オ

【10】学習指導についての記述として適切なものはどれか。次の①〜⑤から1つ選べ。　(4点)

①　一斉学習は効率が悪く，個別指導の方が優れている。

②　グループ学習は，能力や興味，欲求が類似したグループに分けるのが基本である。

③　チーム・ティーチング(TT)は学校の教師全体で指導に当たること

である。

④　CAIはコンピュータを利用して学習活動を支援するものである。

⑤　劇化法は，学習内容の深化には適さない。

【11】 次は幼児教育に影響を与えた人物とその説である。正しく述べられたものの組合せはどれか。下の①～⑤から1つ選べ。　　　　　(4点)

ア　ワトソンは，個人差に応じた学習をさせることを目的としたプログラム学習を開発した。

イ　スキナーは，人間のライフサイクルのなかで発達しなければならない8つの発達段階を示した。

ウ　チョムスキーは，言語は他から教えられて身に付けるのではなく，自らが獲得するものだという言語生得説を唱えた。

エ　エリクソンは，人の発達は環境によって決定するという環境説を唱え，学習を重視した。

オ　フロイトは，人間の性格形成は乳幼児期の環境，教育によって決定されるとし，この説が幼児期における情操教育の重要性のルーツとなった。

①　ア・ウ　　②　ア・イ　　③　イ・オ　　④　ウ・オ

⑤　ア・エ

【12】 特別支援教育について述べたものとして<u>誤っているもの</u>はどれか。次の①～⑤から1つ選べ。　　　　　(4点)

①　特別支援教育は，障害のある幼児児童生徒への教育にとどまらず，障害の有無やその他の個々の違いを認識しつつ様々な人々が生き生きと活躍できる共生社会の形成の基盤となるものである。

②　障害のある児童生徒への指導では，個別の対応が中心であり，指導の継続の観点から記録を残すことが必要である。

③　各学校では，特別支援コーディネーターを配置し，学校としての取組のほか，校外の専門機関と連携した対応を取ることが必要である。

④　通級による指導は，通常の学級に在籍している児童生徒を対象と

し，ほとんどの授業を通級指導教室で行っている。

⑤　医師等による障害の診断がなされている場合でも，障害の特徴や対応を固定的にとらえることのないよう注意し，児童生徒のニーズに合わせた指導を工夫する必要がある。

【13】 次のア〜エは，通級による指導の対象とする児童生徒の障害の種類及び程度について述べたものである。障害の程度の文章として適切なものの組合せはどれか。下の①〜⑤から1つ選べ。　　　　(4点)

ア　注意欠陥多動性障害者は，年齢又は発達に不釣り合いな注意力，又は衝動性・多動性が認められ，社会的な活動や学業の機能に支障をきたすもので，一部特別な指導を必要とする程度のもの。

イ　自閉症者は，自閉症又はそれに類するもので，通常の学級での学習におおむね参加でき，一部特別な指導を必要とする程度のもの。

ウ　情緒障害者は，主として身体的な要因による選択性かん黙等があるもので，通常の学級での学習におおむね参加でき，一部特別な指導を必要とする程度のもの。

エ　学習障害者は，全般的な知的発達に遅れがあり，聞く，話す，読む，書く，計算する又は推論する能力のうち特定のものの習得と使用に著しい困難を示すもので，一部特別な指導を必要とする程度のもの。

①　ア・イ　　②　ア・エ　　③　イ・ウ　　④　イ・エ

⑤　ウ・エ

【14】 次のA〜Cの文は，子どもの人権にかかわる法律等の一部である。それぞれの法律等の名称の組合せとして正しいものはどれか。あとの①〜⑤から1つ選べ。　　　　(4点)

A　全て児童は，児童の権利に関する条約の精神にのっとり，適切に養育されること，その生活を保障されること，愛され，保護されること，その心身の健やかな成長及び発達並びにその自立が図られることその他の福祉を等しく保障される権利を有する。

B　教育は，人格の完全な発展並びに人権及び基本的自由の尊重の強化を目的としなければならない。

C　いかなる児童も，その私生活，家族，住居若しくは通信に対して恣意的に若しくは不法に干渉され又は名誉及び信用を不法に攻撃されない。

ア　児童の権利に関する条約　　　イ　日本国憲法
ウ　世界人権宣言　　　　　　　　エ　教育基本法
オ　児童福祉法

① A－ア　B－ウ　C－イ
② A－オ　B－ウ　C－ア
③ A－ア　B－イ　C－ウ
④ A－エ　B－イ　C－ア
⑤ A－エ　B－オ　C－イ

【15】生徒指導について説明した文として誤っているものはどれか。次の①〜⑤から1つ選べ。　　　　　　　　　　　　　　　　　　　(4点)

① 生徒指導は，すべての児童生徒を対象とするものである。

② 生徒指導は，教育課程の全領域において行われるものであり，全教職員が共通して取り組むべきである。

③ 問題行動が起きたときには，初動の措置として，管理職のリーダーシップのもと，全職員で対応に当たる。

④ スクールカウンセラーの業務には，児童生徒に対する相談のほか，保護者及び教職員に対する相談も含まれる。

⑤ 生徒指導は，すべての生徒にとって学校生活が充実したものになるよう，生徒の問題行動に積極的に対応しその解決を図るところに本来的意義をもつものである。

【16】いじめ問題に対して必要とされる姿勢・取組として適切なものはどれか。次の①〜⑤から1つ選べ。　　　　　　　　　　　　　　　(4点)

① いじめは学校のみで解決すること。担任が保護者等からの訴えを

受けた場合には，謙虚に耳を傾け，学校全体で組織的に対応すること。また校長のリーダーシップの下，教職員間の緊密な情報交換や共通理解を図り，一致協力して対応する体制で臨むこと。

② いじめは，「どの学校でも，どの子どもにも起こり得る」問題であるから，日頃から，児童生徒が発する危険信号を見逃さないようにして，いじめの早期発見に努めること。

③ 「いじめられる側にも問題がある」という認識のもと，加害者被害者両方に公平に接すること。

④ いじめ問題の解決が難しい場合は，児童相談所など関係機関にすべて任せるようにする。

⑤ いじめが起こったときは，担任が指導の中心となり，生徒指導主事との連携を図りながら個人情報保護の視点を優先して慎重に対応すること。

【17】「新しい時代の教育に向けた持続可能な学校指導・運営体制の構築のための学校における働き方改革に関する総合的な方策について(答申)」(平成31年1月　中央教育審議会)では，業務の役割分担・適正化を着実に実行するための仕組みの構築するため，文部科学省，教育委員会，各学校がそれぞれ取り組むべき方策をあげている。次のア〜オのうち各学校が取り組むべき方策としてあげられているものの組合せを，あとの①〜⑤から1つ選べ。　　　　　　　　　(4点)

ア　学校・教師が担うべき業務の範囲について，学校現場や地域，保護者等の間における共有のため，学校管理規則のモデル(学校や教師・事務職員等の標準職務の明確化)を周知する。

イ　各学校や地域で業務が発生した場合には，教師が専門性を発揮できるようにするため，その業務について，学校以外が担うべき業務，学校の業務だが必ずしも教師が担う必要のない業務，教師の業務のいずれであるかを仕分け，教師に課されている過度な負担を軽減する。

ウ　地域・保護者や福祉部局・警察等との適切な連携に努め，地域・保護者との連携に当たっては，学校運営協議会制度も活用しつつ，学校

経営方針の共有を図るとともに，地域学校協働活動を推進する。
エ　各学校の管理職は，教職員の働き方を改善する項目を盛り込んだ学校の重点目標や経営方針を設定する。
オ　学校における働き方改革に係る取組を進める上では，地域や保護者の協力が不可欠であることから，社会全体の理解を得られるように，その趣旨等をわかりやすくまとめた明確で力強いメッセージを発出し，認識を共有する。
①　ア・イ　　②　ア・ウ　　③　イ・オ　　④　ウ・エ
⑤　エ・オ

【18】 小学校学習指導要領(平成29年告示)解説　総則編において示されているキャリア教育の充実について，その内容として適切なものの組合せを，あとの①〜⑤から1つ選べ。　　　　　　　　　(4点)
ア　児童に将来の生活や社会，職業などとの関連を意識させる学習であることから，その実施に当たっては，職場見学や社会人講話などの機会の確保が不可欠である。
イ　教育活動全体の中で基礎的・汎用的能力を育むものであることから，夢を持つことや職業調べなどの固定的な活動だけに終わらないようにすることが大切である。
ウ　保護者と共通理解を図った上で，将来，児童が社会の中での自分の役割を果たしながら，自分らしい生き方を実現していくための働きかけを行うことが必要である。
エ　日常生活に必要な基礎的な知識や技能を身に付け，生活をよりよくしようと工夫する資質・能力を育てることで，自分の生活を見直すことにつながるようにする。
オ　世界と日本との関わりについて考え，日本人としての自覚をもって，文化の継承・発展・創造と社会の発展に貢献し得る能力や態度が養われなければならない。
①　ア・イ・ウ　　②　ア・イ・オ　　③　ア・ウ・エ
④　イ・エ・オ　　⑤　ウ・エ・オ

【19】「学校安全資料『生きる力』をはぐくむ学校での安全教育」について」(平成31年3月　文部科学省)では各学校段階における安全教育の目標を掲げている。次のア〜エは，幼稚園，小学校，中学校，高等学校の目標である。その組合せとして適切なものを，下の①〜⑤から1つ選べ。

(4点)

ア　地域の安全上の課題を踏まえ，交通事故や犯罪等の実情，災害発生のメカニズムの基礎や様々な地域の災害事例，日常の備えや災害時の助け合いの大切さを理解し，日常生活における危険を予測し自他の安全のために主体的に行動できるようにするとともに，地域の安全にも貢献できるようにする。また，心肺蘇生等の応急手当ができるようにする。

イ　安全に行動することの大切さや，「生活安全」「交通安全」「災害安全」に関する様々な危険の要因や事故等の防止について理解し，日常生活における安全の状況を判断し進んで安全な行動ができるようにするとともに，周りの人の安全にも配慮できるようにする。また，簡単な応急手当ができるようにする。

ウ　日常生活の場面で，危険な場所，危険な遊び方などが分かり，安全な生活に必要な習慣や態度を身に付けることができるようにする。また，災害時などの行動の仕方については，教職員や保護者の指示に従い行動できるようにするとともに，危険な状態を発見したときには教職員や保護者など近くの大人に伝えることができるようにする。

エ　安全で安心な社会づくりの意義や，地域の自然環境の特色と自然災害の種類，過去に生じた規模や頻度等，我が国の様々な安全上の課題を理解し，自他の安全状況を適切に評価し安全な生活を実現するために適切に意思決定し行動できるようにするとともに，地域社会の一員として自らの責任ある行動や地域の安全活動への積極的な参加等，安全で安心な社会づくりに貢献できるようにする。

① 　ア－高等学校　　イ－小学校　　ウ－幼稚園　　エ－中学校
② 　ア－中学校　　イ－小学校　　ウ－幼稚園　　エ－高等学校
③ 　ア－高等学校　　イ－幼稚園　　ウ－小学校　　エ－中学校

④　ア－小学校　　　イ－中学校　　　ウ－幼稚園　　　エ－高等学校
⑤　ア－小学校　　　イ－幼稚園　　　ウ－高等学校　　　エ－中学校

【20】次の文は，中央教育審議会「『令和の日本型学校教育』の構築を目指して～全ての子供たちの可能性を引き出す，個別最適な学びと，協働的な学びの実現～(答申)」(令和3年1月26日)の「第Ⅰ部　総論」の「4.『令和の日本型学校教育』の構築に向けた今後の方向性」の一部である。文中の各空欄に適する語句の組合せを，下の①～⑤から1つ選べ。　　(4点)

○　家庭の経済状況や地域差，本人の特性等にかかわらず，全ての子供たちの知・徳・体を一体的に育むため，これまで日本型学校教育が果たしてきた，①(　ア　)と学力の保障，②社会の形成者としての全人的な発達・成長の保障，③安全・安心な居場所・セーフティネットとしての身体的，精神的な健康の保障，という3つの保障を学校教育の本質的な役割として重視し，これを継承していくことが必要である。

○　その上で，「令和の日本型学校教育」を，社会構造の変化や感染症・災害等をも乗り越えて発展するものとし，「全ての子供たちの可能性を引き出す，個別最適な学びと，(　イ　)学び」を実現するためには，今後，以下の方向性で改革を進める必要がある。

○　その際，学校現場に対して新しい業務を次から次へと付加するという姿勢であってはならない。学校現場が力を存分に発揮できるよう，学校や教師がすべき業務・役割・(　ウ　)・内容・量を，精選・縮減・重点化するとともに，教職員定数，専門スタッフの拡充等の人的資源，ICT環境や学校施設の整備等の物的資源を十分に供給・支援することが，国に求められる役割である。

○　また，学校だけではなく地域住民等と連携・協働し，学校と地域が相互にパートナーとして，一体となって子供たちの成長を支えていくことが必要である。その際，コミュニティ・スクール(学校運営協議会制度)と(　エ　)を一体的に実施することが重要である。

① アー学習機会　　　イー協働的な
　　ウー指導の範囲　　エー地域学校協働活動
② アー教育の質　　　イー協働的な
　　ウー生徒指導　　　エー地域学校協働活動
③ アー学習機会　　　イー主体的・対話的で深い
　　ウー指導の範囲　　エー連携協力体制の整備
④ アー教育の質　　　イー主体的・対話的で深い
　　ウー生徒指導　　　エー地域学校協働活動
⑤ アー学習機会　　　イー主体的・対話的で深い
　　ウー生徒指導　　　エー連携協力体制の整備

【21】「次期教育振興基本計画について(答申)」(令和5年3月　中央教育審議会)「Ⅱ．今後の教育政策に関する基本的な方針」で示されている「5つの基本的な方針」として**誤っているもの**を，次の①〜⑤から1つ選べ。　　　　　　　　　　　　　　　　　　　　　　　　(4点)
① 社会の持続的な発展を牽引するための多様な力の育成
② 誰一人取り残さず，全ての人の可能性を引き出す共生社会の実現に向けた教育の推進
③ 地域や家庭で共に学び支え合う社会の実現に向けた教育の推進
④ 教育デジタルトランスフォーメーション(DX)の推進
⑤ 計画の実効性確保のための基盤整備・対話

【22】**心理検査法に関する記述として適切なものはどれか。次の①〜⑤から1つ選べ。**　　　　　　　　　　　　　　　　　(4点)
① 心理検査を行う際は，検査者と被験者は最低限の会話にとどめ，被験者に事前に検査の目的を明かさないことが大切である。
② 内田・クレペリン検査は一桁の計算を複数回行い，その正確さから知能を測る作業検査法の知能検査である。
③ バウムテストは，被験者に樹木を描かせ，構図や樹木の様子から心理を判断する作業検査法の心理検査である。

④　ミネソタ多面人格目録(MMPI)は550問の質問からなる質問紙法の人格検査で，精神医学的診断に利用される

⑤　文章完成法(SCT)は，数枚の絵から物語を作らせ，主人公の感情，思考，現在，過去，未来などについて語らせることで被験者の心の問題を分析する投影法の心理検査である。

【23】カウンセリングについての記述として適切なものはどれか。次の①～⑤から1つ選べ。　(4点)

①　来談者中心療法とは，来談者自身がカウンセリングの流れを決め，治療法を選択する療法である。

②　教師は，教育相談の際，相談者が直面している事実の解決にのみ対応し，相談者の感情的な問題には関わらないことが原則である。

③　スクール・カウンセラーの業務の対象は，心理的問題を抱える子どもである。

④　カウンセリングの際は，相談者の話を聞いたうえで，自分だったらどうするかということを考えながら，アドバイスや提案を行っていく。

⑤　カウンセリングでは，援助者自身が相談者に対してあるがままの自己を示し，自らの感じ方を肯定することが大切である。

【24】日本教育史上有名な人物について述べたものとして正しいものを，次の①～⑤から1つ選べ。　(4点)

①　空海は，日本の天台宗の開祖であり，比叡山における僧侶教育の創始者としても知られている。この比叡山の教育から，法然，親鸞，日蓮などが輩出し，仏教史上重要な位置を占めている。主な著作として，『山家学生式』『顕戒論』などがある。

②　世阿弥は，足利尊氏の保護をうけ，父観阿弥の死後猿楽能の芸術的洗練化を進め，高雅な幽玄能を大成した。成長段階に応じた稽古のあり方を具体的・詳細に述べた『風姿花伝』をまとめた。

③　中江藤樹は，江戸時代前期の学者である。古文献を客観的・実証

的に解釈し，そこから帰納的に結論を出す研究法を生み出した。私塾鳴滝塾を近江に開き，「近江聖人」として高い徳行を仰がれ，多くの門弟を育てた。

④ 緒方洪庵は，江戸時代の蘭学者・医学者。大坂に適々斎塾(適塾)を開いた。福沢諭吉など幕末維新期の逸材を育成した適塾は，身分など入塾前の条件に関わりなく実力主義によって貫かれていた。

⑤ 新渡戸稲造は第一高等学校長に就任し，人格の向上をめざす教養論を展開して青年に思想的影響を与え，キリスト教教育の必要性から同志社英学校を設立した。主著は『武士道』。

【25】人物とその教育思想の組合せとして誤っているものはどれか。次の①〜⑤から1つ選べ。 (4点)

① コメニウス——彼は，想像性を重視し自然の法則とは別の超自然の教育を基本原理とする。彼の『世界図絵』(1658年)は世界初の絵入り教科書であるが，これは絵からの想像をとおして事物や事象を具体的に把握させていくことを意図したものである。

② ペスタロッチ——彼は，人間に本来備わっている根本的な能力を心情力，精神力，技術力の3つに分け，3つを調和的に発展させる教育を理想とした。心と頭と手の調和的な教育が日常生活を通して展開されることを「生活が陶冶する」という言葉で表している。

③ フレーベル——彼は，遊びが子どもの発達に重要な役割を果たすとし遊びを幼児教育の中心に位置づけた。そして子どもが遊びに熱中できる遊具として「恩物」を考案し，この恩物を用い子どもの創造的な自己活動を育成する場としたのが幼稚園である。

④ デューイ——彼は，子どもの未熟性に着目し，そこに発達の可能性を見出そうとした。興味・関心や意欲などをもとに子ども自身が学習や活動の主体となる児童中心主義の教育，いわゆる新教育の提唱者である。

⑤ モンテッソーリ——彼女は，ローマのスラム街で3歳から7歳までの「敏感期」の子どもたちに，敏感力を利用した感覚の教育を行っ

た。そこから子どもの変化をもたらす要因として，整えられた環境，集中力を育てる教育，控えめな教師を導き出した。

解答・解説

【1】 ③

解説 ③は，教育基本法第3条である。①②④⑤は，順に，日本国憲法第22条第1項，第21条第1項，第25条第2項，第26条第2項の条文である。第26条第2項と学校教育法第16条は関連させて覚えておくとよい。

【2】 ⑤

解説 ① 改正前の旧法(昭和22(1947)年公布)の前文である。混同しないよう，よく注意しておくことが必要である。 ② 第1条(教育の目的)の条文であるが，「…人格の陶冶を目指し，自由な…」は，「…人格の完成を目指し，平和で民主的な…」が正しい。 ③ 第4条第3項(教育の機会均等)の条文であるが，「すべて修学が困難な者に対して」は，「能力があるにもかかわらず，経済的理由によって修学が困難な者に対して」が正しい。 ④ 学校教育法第6条の条文である。教育基本法で授業料に関する条文は「国又は地方公共団体の設置する学校における義務教育については，授業料を徴収しない」(第5条第4項)となっている。 ⑤ 第6条(学校教育)第1項の記述である。

【3】 ⑤

解説 ①は学校教育法第1条，②は同法第16条，③は同法第19条，④は同法第20条，⑤は同法第38条である。①は「中高一貫学校」ではなく「義務教育学校」，②は「義務教育」ではなく「普通教育」，③は「教育委員会」ではなく「市町村」，④は「普通教育」ではなく「義務教育」がそれぞれ正しい。

247

【4】 ③

解説 ① 正しくは「学校評議員を置かなければならない」は「学校評議員を置くことができる」(学校教育法施行規則第49条第1項)である。
② 職員会議は以前，慣例として置かれているだけだったが，平成12(2000)年の改正で初めて法令上に位置付けられるとともに，「校長の職務の円滑な執行に資するため」に「置くことができる」ものであり，あくまで「校長が主宰する」ものであることも明確化された(同第48条など)。 ③ 第59条に明記されている。 ④ 「公表することに努めなければならない」は，正しくは「…公表するものとする」(同第66条第1項)である。努力義務ではなく，実施義務であることに注意。
⑤ 「6学級以上12学級以下を標準とする」は，正しくは「12学級以上18学級以下を標準とする」(同第41条)である。

【5】 ①

解説 ① 地方公務員法第35条で，勤務時間中は職務にのみ従事しなければならないことが規定されており(いわゆる「職務専念義務」)，勤務場所を離れて研修を行う場合は，「授業に支障のない限り，本属長の承認を受け」なければならない(教育公務員特例法第22条第2項)。
② 地方公務員法第33条に規定がある。 ③ 一般公務員には所属する地方公共団体の区域外での政治的行為が認められているが(地方公務員法第36条第2項)，教育公務員には禁じられている(教育公務員特例法第18条第1項)。 ④ 任命権者が認めれば，教育に関する他の事務や事業に従事することができる(教育公務員特例法第17条第1項)。
⑤ 地方公務員法第37条第1項に規定がある。

【6】 ②

解説 下線部は「上司の職務上の命令」が正しい。地方公務員法第32条は職務上の義務のひとつを定めていることを把握していると，2の下線部が誤りであると判断できる。

【7】④

解説 ① 「インターネットを通じて行われるものは含まれない」が誤り。「インターネットを通じて行われるものを含む」が正しい。いじめ防止対策推進法第2条第1項参照。　② 「学校内においていじめが行われなくなるようにする」が誤り。「学校の内外を問わずいじめが行われなくなるようにする」が正しい。同法第3条第1項参照。　③ 「道徳及び特別活動の時間おいて」が誤り。「全ての教育活動を通じた道徳教育及び体験活動等の充実を図らなければならない」が正しい。同法第15条第1項参照。　④ 正しい。同法第16条第1項参照。　⑤ 「いじめの事実があるなしに関係なく」が誤り。「いじめの事実があると思われるときは」が正しい。同法第23条第1項参照。

【8】⑤

解説 ① 第13条(健康診断)第1項の条文である。なお，第2項に「必要があるときは，臨時に，児童生徒等の健康診断を行うものとする」とある。　② 第19条(出席停止)の条文である。　③ 第20条(臨時休業)の規定である。　④ 第28条の規定である。　⑤ これは学校給食法第9条(学校給食衛生管理基準)第2項の条文であるので，誤り。なお，学校給食法は義務教育諸学校で実施される学校給食について定めたものであり，学校給食は，栄養の補充のほか，正しい食生活習慣を身に付けるなど教育の場としても位置付けられている。平成17(2005)年度からは栄養教諭制度も創設され，「児童の栄養の指導及び管理をつかさどる」(学校教育法第37条第13項)とされている。

【9】①

解説 教育課程の定義はアの通り。「カリキュラム」には，計画的で明示的な「顕在的カリキュラム」だけでなく，教師の目標や意図に関わりなく子どもを方向づける「潜在的カリキュラム」(隠れたカリキュラム)も含まれるため，教育課程よりも広義の概念になるのでイは正しい。教科主義カリキュラムは学問体系を基本として編成するカリキュラム，経験主義カリキュラムは子どもの生活経験を基本として編成する

カリキュラムであり，両者をバランスよく配分することが求められている。よってウは正しいがオは誤り。エの学問中心カリキュラムを提唱したのはブルーナー(1915〜2016)である。

【10】 ④

解 説　①　一斉学習は原理的には個別学習の延長線上にあり，より多くの児童・生徒に効率的な指導を行おうとするものである。　②　グループ学習の構成は等質的グループと異質的グループがあり，問題文は前者を指す。　③　TTは複数の教師が1学級の指導を協力して行うことである。　④　CAIはComputer Assisted Instructionの略で，適切。なお類似の用語に，コンピュータで教師の教育活動を支援するCMI (Computer Managed Instruction)がある。　⑤　「ごっこ学習」なども含めた劇化法は，表現活動によって学習内容の理解を深化させるものである。

【11】 ④

解 説　ア　ワトソンはアメリカの心理学者で行動心理学の創始者。人間の成長は環境次第であると主張，発達における環境・経験を重視した学習優位説を説いた。　イ　スキナーは20世紀の心理学分野で大きな影響を与えたアメリカの心理学者で行動分析学の創始者。行動主義の考え方に立ったが，彼は他の行動心理学者のように，こころを心理学の研究対象から除外せず，学習への動機付けとして，こころも行動も同じ体系，考え方で捉えようした。プログラム学習を発展させた。
ウ　チョムスキーはアメリカの言語学者，思想家。彼は，言語は子どもが自らの力で獲得するものであり，しかも，その言語をつくり出す力は生得的なものであるとした。この考え方は，言語は習い覚えるものであるとしたそれまでの行動主義の考え方とは全く違ったものだった。　エ　エリクソンはドイツの発達心理学者。彼は，人間は一生をとおして身体の成長と社会との相互作用によって新しい能力を獲得していくと考え，ライフサイクルのなかでそれぞれの発達過程で達成し

なければならない課題として8つの発達段階を提唱した。　オ　フロイトはオーストリアの精神医学者で，精神分析学の創始者としてあまりにも有名である。

【12】④

解説　通級対象の障害の程度については，学校教育法施行規則第140条を参照のこと。8種の障害種別がある。通級指導教室での指導時間は週に1時間から8時間以内が標準とされている。

【13】①

解説　ウ　情緒障害者とは，主として心理的な要因による選択性かん黙等があるもので，通常の学級での学習におおむね参加でき，一部特別な指導を必要とする程度のものである。　エ　学習障害者は全般的な知的発達に遅れはないが，聞く，話す，読む，書く，計算する又は推論する能力のうち特定のものの習得と使用に著しい困難を示すもので，一部特別な指導を必要とする程度のものである。

【14】②

解説　Aは児童福祉法第1条，Bは世界人権宣言第26条第2項，Cは児童の権利に関する条約第16条第1項からの抜粋問題。子どもの人権にかかわる法律等は，内容もあわせて理解しておきたい。

【15】⑤

解説　いじめ，不登校，暴力行為などのさまざまな問題行動が多発する状況下において，生徒指導は，ややもするとこうした問題行動や非行への指導・対応と捉えがちである。しかし，生徒指導は，本来，問題行動への指導・対応にとどまらず，児童生徒一人一人の人格を尊重し，個性の伸張を図りながら社会的な資質や行動力を高めようとするねらいを有することに意義があることに留意する。

【16】 ②

解説 ① 誤り。速やかに保護者，教育委員会に報告し，適切な連携を図ること。 ③ 誤り。いじめられている児童生徒については，学校が徹底して守り通すという姿勢を日頃から示すことが重要である。学校等における相談機能を充実し，児童生徒の悩みを積極的に受け止めることができるような体制を整備することが求められている。 ④ 誤り。いじめ問題には，学校，家庭，社会が責任を転嫁し合うことなく，一体となって取り組む必要がある。 ⑤ 誤り。問題行動に対しては校長のリーダーシップの下に，全教師が対応していくものである。担任や一部の裁断のみで問題を抱え込まないようにする。

【17】 ④

解説 学校における働き方改革は，地方公共団体，さらには家庭，地域等を含めた全ての関係者がそれぞれの課題意識に基づいて，学校種による勤務態様の違いや毎日児童生徒と向き合う教師という仕事の特性も考慮しつつ，その解決に向けて取り組んでいくことが必要である。ア・オは文部科学省，イは教育委員会等が取り組むべき方策としている。

【18】 ①

解説 エは，小学校学習指導要領解説総則編の第3章第6節の「道徳教育推進上の配慮事項」の1の(4)の「各教科等における道徳教育」のク 家庭科で示された事項である。オは同解説の第3章第1節2の(2)のエの道徳教育を進めるに当たっての留意事項のウで示されている。

【19】 ②

解説 安全教育は，日常生活全般における安全確保のために必要な事項を実践的に理解し，自他の生命尊重を基盤として，生涯を通じて安全な生活を送る基礎を培うとともに，進んで安全で安心な社会づくりに参加し貢献できるような資質・能力を育成することを目指すものであ

る。各学校においては，児童生徒等や学校，地域の実態及び児童生徒等の発達の段階を考慮して学校の特色を生かした目標や指導の重点を計画し，教育課程を編成・実施していくことが重要である。

【20】①

解説 本答申で提言する新たな施策について，文部科学省を中心に実施していくに当たっては，第3期教育振興基本計画で掲げられているように，各施策を効果的かつ効率的に実施し，目標の達成状況を客観的に点検し，その結果を対外的にも明らかしつつその後の施策へ反映していくことなどにより，教育政策のPDCAサイクルを着実に推進していくことが求められている。

【21】①

解説 ①は「第3期教育振興基本計画」(平成30年6月15日閣議決定)で示されている今後の教育政策に関する基本的な方針をもとにしたものである。本答申で示されいる方針の残りの1つは，「グローバル化する社会の持続的な発展に向けて学び続ける人材の育成」である。新型コロナウイルス感染症の感染拡大及び国際情勢の不安定化により，これからはグローバルな視点を持って地域社会の活性化を担う人材の育成を推進していくことが必要となってくる。また，グローバル競争が激化する中，世界の中で我が国が輝き続けるためには，世界で活躍するイノベーターやリーダー人材を育成していくことが求められる。そのため，グローバル化に対応した教育システムの国際標準や平準化が今後進められることが予測される中で，日本の教育の位置付けを検討していくことが求められる。

【22】④

解説 ① 心理検査は被験者の心理状態や環境により結果にぶれが生じやすいので，事前に検査の目的を話して被験者の不安を取り除き，検査者との間に信頼関係を築いた上で行うべきである。 ② 内田・ク

253

レペリン検査は，初頭努力，疲労因子，終末努力など作業時に働く精神活動の状態から性格や適性などをみる性格検査である。　③　バウムテストは投影法の心理検査である。　④　適切。ミネソタ多面人格目録はミネソタ大学病院のハサウェイとマッキンリーによって開発された質問紙法の人格検査である。　⑤　問題は絵画統覚検査(TAT)についての記述である。文章完成法は未完成な文章を被験者に完成させ，パーソナリティの傾向をみる投影法の心理検査である。

【23】⑤

解説　①　来談者中心療法では，「来談者自らが気付き，成長していくこと」を重視する。　②　教育相談では，カウンセリング・マインドをもって対応する。相談者の思いを受けとめながら，自己理解や自己受容を促すよう働きかける。　③　スクール・カウンセラーはすべての子どもを対象とし，子どもが発達上直面するさまざまな心理的問題の解決を援助する職務である。　④　相談者自身がどう感じているのかということを中心に話を進める非指示的な態度が基本である。　⑤　ロジャーズ(Rogers, C. R.)はカウンセラーに必要な要素として，自己一致(カウンセラーの純粋性)，共感的理解，無条件の肯定的配慮(受容)をあげている。

【24】④

解説　①は空海ではなく最澄。②は足利尊氏ではなく足利義満。③は鳴滝塾ではなく藤樹書院。鳴滝塾はシーボルトが主宰。⑤は同志社英学校が誤り。同志社英学校を設立したのは新島襄。

【25】①

解説　①　誤り。コメニウス(1592〜1670)は自然の法則に従った合自然の教育を基本原理とする。そこから教育の基本を，子どもに観察を通して事物を客観的に認識させることに置き，事物を直観することが，学習の始まりとした。彼の『世界図絵』(1658年)は世界初の絵入り教

科書であるが，これは感覚(視覚)をとおして事物や事象をできるだけ具体的に把握させることを意図している。コメニウスは直観性，合理性，系統性の原理に立って『大教授学』(1657年)を著し「近代教育学の父」と呼ばれている。　②　正しい。心情力＝心・道徳・宗教教育，精神力＝頭・知的教育，技術力＝手・技術教育である。ペスタロッチ(1746～1827)は心・頭・手の調和的な教育が日常生活の中で行われていくことを「生活が陶冶する」と呼んだ。　③　正しい。フレーベル(1782～1852)は，子どものなかに宿る神的なもの(神性)を開発することこそ教育の本質とした。恩物についても「神からの贈り物」としている。明治時代のはじめ，恩物は幼稚園とともに我が国にも導入され，日本の保育に大きな影響を与えている。　④　正しい。19世紀後半，欧米では公教育制度が整えられていったが，子どもたちは受動的な学習が強いられた。台頭してきたアメリカの民主主義のなかで育ったデューイ(1859～1952)は，教育の「重力の中心」を「子ども自身の直接の本能と活動以外のところ」(旧教育)から，「子どもが中心にあり，この中心の周りに教育の諸々の営みが組織される」(新教育)ように移すべきだと唱えた。　⑤　正しい。モンテッソーリ(1870～1952)はローマのスラム街に「子どもの家」を設立し，3歳から7歳までの子どもたちを集めた。この時期の子どもは成長期のなかの「敏感期」にあたり，この時期にこそ一定の能力が獲得できるとしたものである。当初落ち着きがなかった子どもたちは表情豊かに集中力のある子どもに成長したといわれる。その要因として整えられた環境，集中力を育てる教育，控えめな教師があげられている。

第4部

教職教養
問題演習

日本国憲法・教育基本法

【1】 次のうち日本国憲法の条文でないものはどれか。①～⑤から1つ選べ。

① すべて国民は，法の下に平等であつて，人種，信条，性別，社会的身分又は門地により，政治的，経済的又は社会的関係において，差別されない。

② すべて公務員は，全体の奉仕者であつて，一部の奉仕者ではない。

③ 何人も，公共の福祉に反しない限り，居住，移転及び職業選択の自由を有する。

④ すべて国民は，健康で文化的な最低限度の生活を営む権利を有する。

⑤ 国民一人一人が，自己の人格を磨き，豊かな人生を送ることができるよう，その生涯にわたって，あらゆる機会に，あらゆる場所において学習することができ，その成果を適切に生かすことのできる社会の実現が図られなければならない。

【2】 次の①～⑦の文は日本国憲法に定められている基本的人権としての平等権，自由権，社会権，参政権，請求権について述べたものである。同じ権利に属するものを組み合わせたものはどれか。あとのア～オから1つ選び，記号で答えよ。

① 財産権は，これを侵してはならない。

② すべて国民は，勤労の権利を有し，義務を負ふ。

③ 何人も，裁判所において裁判を受ける権利を奪はれない。

④ すべて国民は，健康で文化的な最低限度の生活を営む権利を有する。

⑤ 公務員を選定し，及びこれを罷免することは，国民固有の権利である。

⑥　何人も，公共の福祉に反しない限り，居住，移転及び職業選択の
自由を有する。

⑦　すべて国民は，法律の定めるところにより，その能力に応じて，
ひとしく教育を受ける権利を有する。

　　ア　①②③　　イ　①⑤⑥　　ウ　②④⑦　　エ　②⑥⑦
　　オ　③④⑤

【3】次の(1)～(4)は，日本国憲法及び教育基本法の一部である。文中の空
欄に適する語句をそれぞれ答えよ。

(1)　この憲法が国民に保障する自由及び権利は，国民の（　ア　）の努
力によつて，これを保持しなければならない。又，国民は，これを
濫用してはならないのであつて，常に（　イ　）のためにこれを利用
する責任を負ふ。〈日本国憲法〉

(2)　すべて国民は，法律の定めるところにより，その保護する子女に
普通教育を受けさせる義務を負ふ。義務教育は，これを（　ウ　）と
する。〈日本国憲法〉

(3)　国及び地方公共団体は，（　エ　）のある者が，その（　エ　）の状
態に応じ，十分な教育を受けられるよう，教育上必要な（　オ　）を
講じなければならない。〈教育基本法〉

(4)　父母その他の保護者は，子の教育について（　カ　）を有するもの
であって，生活のために必要な習慣を身に付けさせるとともに，
（　キ　）を育成し，心身の調和のとれた発達を図るよう努めるもの
とする。〈教育基本法〉

【4】教育基本法に関するあとの各問いに答えよ。

第2条　教育は，その目的を実現するため，学問の自由を尊重しつつ，
　　次に掲げる目標を達成するよう行われるものとする。

一　幅広い知識と教養を身に付け，真理を求める態度を養い，豊かな
　　情操と道徳心を培うとともに，健やかな身体を養うこと。

二　個人の価値を尊重して，その能力を伸ばし，創造性を培い，自主

及び(①)を養うとともに，職業及び生活との関連を重視し，勤
労を重んずる態度を養うこと。

三　正義と責任，(②)，自他の敬愛と協力を重んずるとともに，
公共の精神に基づき，主体的に社会の形成に参画し，その発展に寄
与する態度を養うこと。

四　生命を尊び，自然を大切にし，(③)に寄与する態度を養うこ
と。

五　(④)を尊重し，それらをはぐくんできた我が国と郷土を愛す
るとともに，他国を尊重し，国際社会の平和と発展に寄与する態度
を養うこと。

第5条　国民は，その保護する子に， <u>別に法律で定めるところにより，</u>
<u>普通教育を受けさせる義務を負う。</u>

二　義務教育として行われる普通教育は，各個人の有する能力を伸ば
しつつ社会において(⑤)的に生きる基礎を培い，また，国家及
び社会の(⑥)として必要とされる基本的な資質を養うことを目
的として行われるものとする。

三　国及び地方公共団体は，義務教育の機会を保障し，その(⑦)
を確保するため，適切な役割分担及び(⑧)の下，その実施に責
任を負う。

四　国又は地方公共団体の設置する学校における義務教育について
は，授業料を徴収しない。

第9条　法律に定める学校の教員は，自己の(⑨)な使命を深く自覚
し，絶えず〈　A　〉と〈　B　〉に励み，その職責の(⑩)に努
めなければならない。

二　前項の教員については，その使命と職責の重要性にかんがみ，そ
の身分は尊重され，(⑪)の適正が期せられるとともに，〈　C　〉
と〈　D　〉の充実が図られなければならない。

(1)　(①)～(⑪)の各空欄に適する語句を答えよ。

(2)　A～Dの〈　　〉に適する語句を次のア～オからそれぞれ1つず
つ選び，記号で答えよ。

　　ア　養成　　イ　修養　　ウ　研修　　エ　研磨　　オ　研究
(3)　下線部aについて，保護者による子女の就学義務について規定
　　している法律は何か。その法律名を答えよ。

【5】　次は教育基本法の条文である。空欄に適する語句の組合せとして適
　　切なものはどれか。下の①～⑤から1つ選べ。
○　地方公共団体は，その地域における(　ア　)を図るため，その実
　情に応じた教育に関する施策を策定し，実施しなければならない。
○　国及び地方公共団体は，教育が円滑かつ継続的に実施されるよう，
　必要な(　イ　)を講じなければならない。
○　政府は，(　ア　)に関する施策の総合的かつ計画的な推進を図る
　ため，(　ア　)に関する施策についての基本的な方針及び講ずべき
　施策その他必要な事項について，基本的な計画を定め，これを国会
　に報告するとともに，(　ウ　)しなければならない。
　①　ア－教育の振興　　　　イ－財政上の措置　　　ウ－公表
　②　ア－教育の振興　　　　イ－資金的援助　　　　ウ－国民に通知
　③　ア－教育の振興　　　　イ－財政上の措置　　　ウ－国民に通知
　④　ア－学校の活性化　　　イ－資金的援助　　　　ウ－国民に通知
　⑤　ア－学校の活性化　　　イ－財政上の措置　　　ウ－公表

■■■■■■■■■■■■■■■■ 解答・解説 ■■■■■■■■■■■■■■■

【1】　⑤
解説　①の条文は日本国憲法第14条第1項で，法の下の平等を謳ってい
る。なお，第2項では貴族制度などの否定を，第3項では栄典の特権否
定・一代限りを規定している。②は憲法第15条第2項であるが，第3項
で普通選挙の保障，第4項で投票の秘密を規定している。③は憲法第
22条第1項で，「公共の福祉に反しない限り」と限定していることに注
意する。④は憲法第25条第1項で，生存権を明記し，この理念が生活
保護制度の根拠になっている。⑤だけが教育基本法第3条で，生涯学

習の理念である。教育基本法は，平成18年に昭和22年以来の全面改正
となった。

【2】ウ

解説 日本国憲法は第11条で基本的人権を謳っており，さらに具体的に
条文で明示している。①は自由権(第29条第1項)，②は社会権(第27条
第1項)，③は請求権(第32条)，④は社会権(第25条第1項)，⑤は参政権
(第15条第1項)，⑥は自由権(第22条第1項)，⑦は社会権(第26条第1項)
である。したがってウの②④⑦が同じ社会権のグループである。なお，
平等権は第13，14，24，44条などで謳われている。基本的人権につい
ては頻出なので，一度整理しておくとよい。

【3】ア　不断　　イ　公共の福祉　　ウ　無償　　エ　障害
オ　支援　　カ　第一義的責任　　キ　自立心

解説 基本的な問題なので，間違いなく書けるようにしておこう。(1)は，
日本国憲法第12条で「自由および権利の保持責任，濫用禁止，利用責
任」を規定している。(2)は，日本国憲法第26条第2項で，第1項の教育
を受ける権利をうけて，「義務教育」を規定している。(3)は，教育基
本法第4条第2項で「教育の機会均等」を規定している。第1項，第3項
も重要なので確認しておくこと。(4)は，教育基本法第10条第1項で
「家庭教育」を規定している。

【4】(1)　①　自律の精神　　②　男女の平等　　③　環境の保全
④　伝統と文化　　⑤　自立　　⑥　形成者　　⑦　水準
⑧　相互の協力　　⑨　崇高　　⑩　遂行　　⑪　待遇
(2)　A　オ　　B　イ　　C　ア　　D　ウ　　(3)　学校教育法

解説 教育基本法(平成18年法律第120号)の本則は18条である。第1章か
ら第4章までに分けられており，それぞれ「教育の目的及び理念」「教
育の実施に関する基本」「教育行政」「法令の制定」について規定され
ている。教育基本法第2条では，学校教育法第21条の義務教育の目標

もあわせて覚えておくとよい。教育基本法第5条では，保護する子に
教育を受けさせる保護者の義務及び義務教育の無償について，また義
務教育の目的や，国及び地方公共団体の役割と責任について規定して
いる。義務教育の期間については，時代の要請に応じて柔軟に対応す
ることができるよう，別に法律で定めることとしている。なお，「就
学義務」について規定している法律は，学校教育法第16条及び第17条
である。また日本国憲法第26条では，「教育を受ける権利，義務教育」
が定められている。教育基本法第9条では，教員の使命や職責，待遇
の適正等について規定している。教育公務員特例法第21条及び第22条
とあわせて覚えておくこと。

【5】①
解説　教育基本法の「教育行政」，「教育振興基本計画」に関する内容が
問われている。ア，イ，ウそれぞれ，2つの用語の選択で，より理念
として深い語を選べばよい。問題の条文は順に，教育基本法第16条第
3項，第16条第4項，第17条第1項である。

学校教育法

教職教養問題演習　教育法規

【1】 学校教育法に関する条文を読み，空欄に適する語句を答えよ。

(1) この法律で，学校とは，幼稚園，小学校，中学校，(ア)，高等学校，中等教育学校，特別支援学校，大学及び高等専門学校とする。

(2) 中学校は，小学校における教育の基礎の上に，心身の発達に応じて，義務教育として行われる(イ)を施すことを目的とする。

(3) 学校内外における社会的活動を促進し，自主，自律及び協同の精神，規範意識，公正な判断力並びに(ウ)に基づき主体的に社会の形成に参画し，その発展に寄与する態度を養うこと。

(4) 読書に親しませ，生活に必要な(エ)を正しく理解し，使用する基礎的な能力を養うこと。

【2】 教育の目標に関する(1)〜(5)の条文を読み，あとの選択肢①〜⑩から空欄に適する語句を1つずつ選べ。

(1) 生命を尊び，自然を大切にし，(ア)に寄与する態度を養うこと。

(2) 学校内外における社会的活動を促進し，自主，自律及び協同の精神，規範意識，公正な判断力並びに(イ)に基づき主体的に社会の形成に参画し，その発展に寄与する態度を養うこと。

(3) 職業についての基礎的な知識と技能，(ウ)を重んずる態度及び個性に応じて将来の進路を選択する能力を養うこと。

(4) 正義と責任，男女の平等，自他の敬愛と協力を重んずるとともに，公共の精神に基づき，(エ)に社会の形成に参画し，その発展に寄与する態度を養うこと。

(5) 我が国と郷土の現状と歴史について，正しい理解に導き，伝統と文化を尊重し，それらをはぐくんできた(オ)を愛する態度を養

うとともに，進んで外国の文化の理解を通じて，他国を尊重し，国際社会の平和と発展に寄与する態度を養うこと。

〈選択肢〉

① 勤労　　② 人類の平和　　③ 我が国と郷土
④ 公共の精神　⑤ 主体的　　⑥ 我が国
⑦ 環境の保全　⑧ 自律的　　⑨ 規範意識
⑩ 生きる力

【3】学校教育法に関する次の条文を読み，空欄に適する語句を答えよ。

(1) 学校においては，授業料を徴収することができる。ただし，国立又は公立の小学校及び中学校，（　ア　），中等教育学校の前期課程又は特別支援学校の小学部及び中学部における義務教育については，これを徴収することができない。

(2) 学校においては，別に法律で定めるところにより，（　イ　），児童，生徒及び学生並びに職員の健康の保持増進を図るため，健康診断を行い，その他その保健に必要な措置を講じなければならない。

(3) 学齢児童又は学齢生徒を使用する者は，その使用によつて，当該学齢児童又は学齢生徒が，（　ウ　）を受けることを妨げてはならない。

(4) 保護者は，次条に定めるところにより，子に9年の（　エ　）を受けさせる義務を負う。

(5) 経済的理由によつて，就学困難と認められる学齢児童又は学齢生徒の保護者に対しては，（　オ　）は，必要な援助を与えなければならない。

【4】次の(1)〜(5)までの条文を読み，各空欄に適する語句を答えよ。

(1) 高等学校は，中学校における教育の基礎の上に，心身の発達及び進路に応じて，（　ア　）及び専門教育を施すことを目的とする。

(2) すべて国民は，法律の定めるところにより，その（　イ　）に応じて，ひとしく教育を受ける権利を有する。

(3) この法律で，学校とは，幼稚園，小学校，中学校，義務教育学校，高等学校，中等教育学校，（　ウ　），大学及び高等専門学校とする。

(4) 教育は，（　エ　）を目指し，平和で民主的な国家及び社会の形成者として必要な資質を備えた心身ともに健康な国民の育成を期して行われなければならない。

(5) 中学校は，小学校における教育の基礎の上に，心身の発達に応じて，（　オ　）として行われる普通教育を施すことを目的とする。

【5】 次の(1)〜(4)までの条文を読み，空欄に適する語句を答えよ。

(1) 学校においては，別に法律で定めるところにより，幼児，児童，生徒及び学生並びに職員の健康の保持増進を図るため，（　①　）を行い，その他その保健に必要な措置を講じなければならない。(学校教育法第12条)

(2) 保護者は，次条に定めるところにより，子に9年の（　②　）を受けさせる義務を負う。(同法第16条)

(3) 経済的理由によつて，就学困難と認められる学齢児童又は学齢生徒の保護者に対しては，（　③　）は，必要な援助を与えなければならない。(同法第19条)

(4) 小学校は，文部科学大臣の定めるところにより当該小学校の教育活動その他の学校運営の状況について（　④　）を行い，その結果に基づき学校運営の改善を図るため必要な措置を講ずることにより，その教育水準の向上に努めなければならない。(同法第42条)

【6】 次は学校教育法で規定されている「義務教育学校」に関する規定の一部である。空欄に適する語句を答えよ。

第49条の2　義務教育学校は，（　①　）に応じて，義務教育として行われる（　②　）を基礎的なものから（　③　）して施すことを目的とする。

第49条の4　義務教育学校の修業年限は，（　④　）年とする。

第49条の5　義務教育学校の課程は，これを前期（　⑤　）年の前期課程

及び後期(⑥)年の後期課程に区分する。

■■ ■■ ■■■━ 解答・解説 ■■■ ■■ ■■

【1】ア 義務教育学校 　イ 普通教育 　ウ 公共の精神 　エ 国語

解説 学校教育法は13章，146条からなる。教員志望者は，日本国憲法，教育基本法とあわせて，確実に把握しておくことが必要である。(1)は第1条で，「学校の範囲」を規定しており，平成27年の学校教育法の改正により「義務教育学校」が新たに追加された。(2)は第45条で，「中学校の教育目的」を規定している。(3)は第21条第1号，(4)は同条第5号である。

【2】ア ⑦ 　イ ④ 　ウ ① 　エ ⑤ 　オ ③

解説 教育基本法および学校教育法からの問題である。両法規の規定を混同しないように整理しておこう。教育基本法は頻出問題である。選択肢がなくても正答を書けるようになるまで，確認しておきたい。(1)は教育基本法第2条第4号，(4)は同条第3号で，平成18年の改正で「教育の目標」として新しく設けられた条文である。(2)は学校教育法第21条第1号，(3)は同条第10号，(5)は同条第3号である。

【3】ア 義務教育学校 　イ 幼児 　ウ 義務教育 　エ 普通教育 　オ 市町村

解説 (1)は第6条で「授業料」を規定している。ただし書きで，教育基本法第5条第4項の「国又は地方公共団体の設置する学校における義務教育については，授業料を徴収しない」と対応している。(2)は第12条で法改正によって幼児が最初に記載されるようになった。(3)は第20条の条文である。(4)は第16条で，義務教育と勘違いしないようにしたい。保護者とは，「子に対して親権を行う者(親権を行う者のないときは，未成年後見人)をいう」としている。(5)は第19条で教育基本法第4条第

3項の「教育の機会均等」に対応しているが，経済的援助の主体が市町村であることを明確にしている。

【4】ア　高度な普通教育　　イ　能力　　ウ　特別支援学校
　エ　人格の完成　　オ　義務教育

解説　教育に関する日本国憲法，教育基本法，学校教育法からの出題である。日本国憲法の条文は(2)で第26条第1項「教育を受ける権利」，教育基本法の条文は(4)で第1条「教育の目的」，学校教育法は(1)の第50条「高等学校の教育目的」と(3)の第1条「学校の範囲」と(5)の第45条「中学校の教育目的」である。それぞれの法のもつ理念から具体的内容までのレベルのちがいを，改めて整理・確認しておこう。

【5】①　健康診断　　②　普通教育　　③　市町村　　④　評価

解説　(4)をはじめとして，「小学校」とある条文の中には，中学校や高等学校などの学校種でも準用されるものがある。受験する学校種の準用規定(例えば，高等学校志望であれば第62条)も必ず確認しておくこと。

【6】①　心身の発達　　②　普通教育　　③　一貫　　④　9　　⑤　6
　⑥　3

解説　平成27年の学校教育法等の一部を改正する法律により「義務教育学校」が新たに制度化された。関連する法規も改正されているので，確認しておきたい。

学校教育関連

【1】次の文を読み，空欄に適する語句を答えよ。

　　学校教育法第11条は，「校長及び教員は，教育上必要があると認める
ときは，文部科学大臣の定めるところにより，（　①　）に懲戒を加え
ることができる。ただし，（　②　）を加えることはできない。」と定め
ている。

　　これを受けて，同法施行規則第26条は，「校長及び教員が児童等に懲
戒を加えるに当つては，児童等の（　③　）に応ずる等教育上必要な配
慮をしなければならない。」また，「懲戒のうち，退学，停学及び
（　④　）の処分は，（　⑤　）が行う。」と定めている。

【2】次の条文中の空欄に適する語句を答えよ。

　　（　ア　）が児童等に懲戒を加えるに当つては，児童等の（　イ　）に応
ずる等（　ウ　）な配慮をしなければならない。

2　懲戒のうち，退学，（　エ　），及び（　オ　）の処分は，校長が行う。

3　前項の退学は，公立の小学校，中学校，義務教育学校又は特別支
　　援学校に在学する学齢児童又は学齢生徒を除き，次の各号のいずれ
　　かに該当する児童等に対して行うことができる。

　　一　（　カ　）で改善の見込がないと認められる者

　　二　（　キ　）で成業の見込がないと認められる者

　　三　（　ク　）がなくて出席常でない者

　　四　（　ケ　）を乱し，その他学生又は生徒としての本分に反した者

4　第2項の停学は，学齢児童又は学齢生徒に対しては，行うことがで
　　きない。(学校教育法施行規則第26条)

【3】問題行動を起こす児童生徒に対する指導に関する次の各文の空欄に適する語句を答えよ。

(1) 出席停止は, (①)行為ではなく, 学校の秩序を維持し, 他の児童生徒の教育を受ける権利を保障するために採られる措置であり, 各市町村教育委員会及び学校は, このような制度の趣旨を十分理解し, 日頃から規範意識を育む指導やきめ細かな教育相談等を粘り強く行う。

(2) 学校がこのような指導を継続してもなお改善が見られず, いじめや暴力行為など問題行動を繰り返す児童生徒に対し, 正常な教育環境を回復するため必要と認める場合には, (②)は, 出席停止制度の措置を採ることをためらわずに検討する。

(3) 校長及び教員は, 教育上必要があると認めるときは, 児童生徒に懲戒を加えることができ, 懲戒を通じて児童生徒の自己教育力や(③)の育成を期待することができる。

(4) 一時の感情に支配されて, 安易な判断のもとで懲戒が行われることがないように留意し, 家庭との十分な連携を通じて, 日頃から教員等, 児童生徒, 保護者間での(④)を築いておくことが大切である。

(5) 教員等は, 児童生徒への指導に当たり, いかなる場合においても, 身体に対する侵害(殴る, 蹴る等), 肉体的苦痛を与える懲戒(正座・直立等特定の姿勢を長時間保持させる等)である(⑤)を行ってはならない。

【4】次の各文のうち, 法令等に照らして正しいものを2つ選び, 記号で答えよ。

ア 懲戒のうち, 退学, 停学及び訓告の処分は, 校長がこれを行う。

イ 私立の小学校では, 学力劣等で成業の見込みがないと認められる者であっても, 退学させることはできない。

ウ 校長は, 性行不良であって他の児童の教育に妨げがあると認める児童があるときは, その保護者に対して, 児童の出席停止を命ずる

ことができる。

エ　校長及び教員が児童等に懲戒を加えるに当つては，児童等の心身の発達に応ずる等教育上必要な配慮をしなければならない。

オ　停学は，学齢児童又は学齢生徒に対して，行うことができる。

【5】次の文は，学校教育法第35条の一部である。あとの各問いに答えよ。

> 第35条　市町村の教育委員会は，次に掲げる行為の1又は2以上を繰り返し行う等性行不良であつて他の児童の教育に妨げがあると認める児童があるときは，その保護者に対して，児童の（　ア　）を命ずることができる。
>
> 1　他の児童に傷害，心身の（　イ　）又は財産上の損失を与える行為
> 2　職員に傷害又は心身の（　イ　）を与える行為
> 3　施設又は設備を損壊する行為
> 4　（　ウ　）その他の教育活動の実施を妨げる行為

(1)　文中の（　ア　）～（　ウ　）に適語を入れよ。

(2)　この第35条を適用する際，市町村の教育委員会は，あらかじめ保護者に対して何を行う必要があるか。また，適用後，児童に対して何を講じなければならないか。簡潔に説明せよ。

【6】次の各文で内容として誤っているものはどれか。①～⑤から2つ選べ。

①　義務教育諸学校の設置者は，当該義務教育諸学校において学校給食を実施しなければならない。

②　学年は，4月1日に始まり，翌年3月31日に終わる。ただし，高等学校において修業年限が3年を超える定時制の課程を置く場合は，その最終学年を4月1日に始まり，9月30日に終わるものとすることができる。

③　市町村立学校職員給与負担法に規定する職員の任命権は都道府県教育委員会に属するが，服務の監督は市町村教育委員会が行う。

④　公立学校(大学を除く。)の学期は，教育委員会が定める。

⑤　学校の設置者は，毎学年定期に，学校の職員の健康診断を行わなければならない。

■■■■■■■■■ 解答・解説 ■■■■■■■■■

【1】①　児童，生徒及び学生　　②　体罰　　③　心身の発達
④　訓告　　⑤　校長

解説　④　法令上の懲戒は校長が行う。「訓告」は法令上の懲戒処分であり，法令によらない事実上の懲戒には例えば「訓戒」などがある。

【2】ア　校長及び教員　　イ　心身の発達　　ウ　教育上必要
エ　停学　　オ　訓告　　カ　性行不良　　キ　学力劣等
ク　正当の理由　　ケ　学校の秩序

解説　退学は，公立の小・中学校，義務教育学校，特別支援学校に在学する学齢児童には適用できないが，国立・私立の小・中学校等の児童・生徒には適用できる。停学は，国・公・私立の学齢児童生徒のすべてに適用できない。懲戒には，「事実行為としての懲戒」と「処分（行為）としての懲戒」があるが，前者，つまり授業中一定時間立たせたり，叱責，訓戒など法的効果を伴わないものは，校長及び教員のいずれもが行うことができる。後者は，校長のみが行うことができる。

【3】①　懲戒　　②　市町村教育委員会　　③　規範意識　　④　信頼関係　　⑤　体罰

解説　文部科学省通知「問題行動を起こす児童生徒に対する指導について」（平成19年2月5日）を参照。本通知では，問題行動対策として，未然防止と早期発見・早期対応の取り組みを重視し，問題を隠すことなく，教職員一体となって対応すること，また，家庭（保護者），地域社会などの理解と協力を得て，地域ぐるみで取り組めるような体制の整備を進めていくことが必要と指摘している。

【4】ア，エ

解説　学校教育法第35条第1項，学校教育法施行規則第26条などを参照。特に，ウの出席停止については間違いやすいので注意すること。出席停止を命ずることができるのは，校長ではなく，市町村の教育委員会である。

【5】(1)　ア　出席停止　　イ　苦痛　　ウ　授業　　(2)　保護者の意見を聴取するとともに，理由と期間を記載した文書を交付しなければならない。さらに，適用後は，児童生徒への学習に対する支援その他の教育上必要な措置を講じなければならない。

解説　(1)は，基本的な用語である。(2)は，学校教育法第35条の第2項および第4項で規定されている内容を簡潔に答えればよい。なお，文部科学省は平成13年11月，「出席停止制度の運用の在り方について」を各都道府県教育委員会教育長あてに通知している。その中で「事前の手続について」「期間中の対応について」「期間後の対応について」を詳述している。時間に余裕があれば確認しておくとよい。

【6】①，④

解説　義務教育諸学校の一部，特に一部の中学校などでは給食が実施されていない事例などから選択肢①の誤りは判別しやすい。また，公立学校では，学力向上のために長期休暇の期間などを変更し，授業日と授業時間を確保する取り組みが行われており，それが，小中学校の場合，市町村単位であることはよく知られており，この事例から選択肢④の誤りを判別することができる。

教職教養問題演習　教育法規　教職員に関する法規

【1】 学校教育法に規定する職とその職務について正しいものはどれか。次の①〜④から1つ選べ。

① 副校長は，校長を助け，校務を整理し，必要に応じて児童の教育をつかさどる。

② 主幹教諭は，校長及び副校長を助け，命を受けて校務をつかさどる。

③ 指導教諭は，児童の教育をつかさどり，並びに教諭その他の職員に対して，教育指導の改善及び充実のために必要な指導及び助言を行う。

④ 副校長を置くときは，特別の事情がなければ教頭を置くことができない。

【2】 次のア〜オの各文は学校教育法第37条の一部である。下の各問いに答えよ。

ア （　A　）は，校務をつかさどり，所属職員を<u>指導</u>する。

イ （　B　）は，校長及び教頭を助け，命を受けて校務の一部を<u>管理</u>し，並びに児童の教育をつかさどる。

ウ （　C　）は，児童の教育をつかさどり，並びに教諭その他の職員に対して，教育指導の改善及び充実のために必要な指導及び<u>援助</u>を行う。

エ （　D　）は，校長を助け，命を受けて<u>公務</u>をつかさどる。

オ （　E　）は，校長が欠けたときは校長の<u>校務</u>を行う。

(1) ア〜オの各文の下線部(5箇所)は誤りである。次のうち訂正用の{語群}として正しいものはどれか。次の①〜⑤から1つ選べ。

① {教育，支援，整理，職務，校務}

② {助言，育成，監督，任務，管轄}

③ {整理，助言，監督，事務，職務}

④　{校務，職務，助言，監督，整理}

⑤　{管轄，監督，支援，校務，任務}

(2)　空欄(B)・(D)の順に適する語の組合せとして正しいもの
はどれか。次の①～⑤から1つ選べ。

①　指導教諭・教頭　　　②　主幹教諭・副校長

③　主幹教諭・教頭　　　④　指導教諭・副校長

⑤　副校長・教頭

**【3】次の文は，地方公務員法の一部を抜粋したものである。下の各問い
に答えよ。**

> 第30条　すべて職員は，<u>全体の奉仕者</u>として(ア)のために勤務
> し，且つ，職務の遂行に当つては，全力を挙げてこれに(イ)
> しなければならない。
>
> 第32条　職員は，その職務を遂行するに当つて，法令，条例，地方
> 公共団体の規則及び地方公共団体の　(ウ)の定める規程に従
> い，且つ，上司の職務上の命令に忠実に従わなければならない。
>
> 第33条　職員は，その職の信用を傷つけ，又は職員の職全体の
> (エ)となるような行為をしてはならない。
>
> 第34条　職員は，職務上知り得た(オ)を漏らしてはならない。
> その職を退いた後も，また，同様とする。
>
> 第36条　職員は，政党その他の政治的団体の結成に関与し，若しく
> はこれらの団体の役員となつてはならず，又はこれらの団体の
> (カ)となるように，若しくはならないように勧誘運動をして
> はならない。

(1)　文中の(ア)～(カ)にあてはまる語句を，それぞれ次のA～
Nから1つずつ選び，記号で答えよ。

A	構成員	B	失墜	C	専念	D	情報
E	一員	F	長	G	集中	H	遂行
I	機関	J	公共の利益	K	形式	L	不名誉

　　M　全体の福祉　　N　秘密

(2)　下線部全体の奉仕者にかかわり，教育を通じて国民全体に奉仕する公務員の職務等について規定した法令は何か。次のA～Dから1つ選び，記号で答えよ。

A　教育職員免許法

B　学校教育法施行規則

C　公立義務教育諸学校の学級編制及び教職員定数の標準に関する法律

D　教育公務員特例法

【4】　教育職員の免許に関する記述として，教育職員免許法に照らして適切なものはどれか。次の①～⑤から1つ選べ。

①　免許管理者とは，免許状を有する者が教育職員及び文部科学省令で定める教育の職にある者であるかどうかにかかわらず，その者の住所地の都道府県の教育委員会をいう。

②　免許状の授与権者は，都道府県の教育委員会であり，普通免許状は，その免許状を授与した授与権者の置かれる都道府県においてのみ効力を有する。

③　普通免許状は，その授与の日の翌日から起算して3年を経過する日の属する年度の末日まで効力を有する。

④　免許状更新講習は，免許状の授与の所要資格を得させるために適当と認める課程を有する大学等が，講習の内容，講習の講師及び講習の時間について，都道府県教育委員会の認定を受けて行う。

⑤　免許状更新講習は，教育職員及び文部科学省令で定める教育の職にある者，教育職員に任命され，又は雇用されることになっている者及びこれに準ずるものとして文部科学省令で定める者に限り，受けることができる。

【5】 次の①～⑤は地方公務員法に規定されている服務に関する事項である。このうち教育公務員特例法によって教育公務員についての特例が定められているものをすべて選べ。
① 信用失墜行為の禁止
② 政治的行為の制限
③ 秘密を守る義務
④ 争議行為等の禁止
⑤ 営利企業等の従事制限

【6】 教育公務員の服務についての説明として適切なものはどれか。次の①～⑤から1つ選べ。
① 教育公務員は，その勤務時間及び職務上の注意力のすべてをその職責遂行のために用い，職務にのみ従事しなければならない。
② 教育公務員には政治的中立が求められ政治的行為が制限されているが，所属する地方公共団体の区域外であれば，この限りではない。
③ 教育公務員は，職務上知り得た秘密を漏らしてはならないが，その職を退いた後は，この限りではない。
④ 教育公務員は，本務の遂行に支障がないと任命権者が認める場合には，教育に関する他の職を兼ねたり教育に関する他の事業や事務に従事したりすることはできるが，給与を受けることはできない。
⑤ 教育公務員は，その職の信用を傷つけ，又は職員の職全体の不名誉となるような行為をしてはならないが，勤務時間外においてはこの限りではない。

【7】 次のア～オの各文は，「教育公務員特例法」(令和4年7月1日改正法施行)の条文の一部である。内容として正しいものをア～オから選んだとき，正しい組合せはどれか。あとの①～⑤から1つ選べ。
ア 教育公務員は，その職責を遂行するために，絶えず研究と修養に努めなければならない。
イ 文部科学大臣は，教育公務員の研修について，それに要する施設，

研修を奨励するための方途その他研修に関する計画を樹立し，その実施に努めなければならない。

ウ　教員は，授業に支障のない限りは，本属長の承認を受けなくとも，勤務場所を離れて研修を行うことができる。ただし，研修後の報告義務がある。

エ　文部科学大臣は，公立の小学校等の校長及び教員の計画的かつ効果的な資質の向上を図るため，次条第1項に規定する指標の策定に関する指針(以下「指針」という。)を定めなければならない。

オ　公立の小学校等の校長及び教員の研修実施者は，指標を踏まえ，当該校長及び教員の研修について，毎年度，個々の能力，適性に応じて実施するための計画(以下この条において「教員研修計画」という。)を定めるものとする。

①　エ・オ　　②　ア・エ　　③　ウ・オ　　④　イ・ウ
⑤　ア・イ

■■■■■■■■■■■ 解答・解説 ■■■■■■■■■■■

【1】③

解説　学校教育法第37条の学校教職員の規定である。同条の第5項で「副校長は，校長を助け，命を受けて校務をつかさどる」と規定しているので①は誤りである。②は，同条の第9項「主幹教諭は，校長(副校長を置く小学校にあっては，校長及び副校長)及び教頭を助け，命を受けて校務の一部を整理し，並びに児童の教育をつかさどる」とは異なるので誤りである。③は，同条の第10項の条文どおりなので正解である。④は，同条の第3項「副校長を置くときその他特別の事情のあるときは教頭を，養護をつかさどる主幹教諭を置くときは養護教諭を，特別の事情のあるときは事務職員を，それぞれ置かないことができる。」との規定と異なるので誤りである。

【2】(1)　④　　(2)　②

解 説 学校教育法第37条は，学校職員の内容について規定している。Aは，同法第37条第4項で規定する校長であり，所属職員を監督する。Bは，同法同条第9項で規定する主幹教諭であり，校務の一部を整理する。Cは，同法同条第10項で規定する指導教諭である。教諭その他の職員に対して助言を行う。Dは，同法同条第5項で規定する副校長である。校長を助け，命を受けて校務をつかさどる。Eは，同法同条第8項で規定する教頭である。校長が欠けたときは校長の職務を行う。

【3】(1)　ア　J　　イ　C　　ウ　I　　エ　L　　オ　N　　カ　A
(2)　D

解 説 公立学校の教職員は地方公務員の身分を有する(一部除外)。その服務として，「職務上の義務」が3つと「身分上の義務」が5つある。計8つの服務事項については，十分に理解しておかなければならない重要事項だ。なお，一般の地方公務員と教育公務員は規定される事項の差異が数点あることに留意する。一例として，問題文にある第36条政治的行為の制限がある。　(2)　教育公務員特例法第1条を参照。なお「すべての公務員は，全体の奉仕者」であることを規定しているのは日本国憲法第15条である。

【4】⑤

解 説 ①は免許管理者は，免許状を有する者が教育の職にある場合，勤務する学校が所在する各都道府県の教育委員会(教育職員免許法第2条第2項)である。②は「授与権者の置かれる都道府県」ではなく「すべての都道府県」で効力を有する(同法第9条第1項)。③は3年ではなく10年(同法第9条第1項)。④は都道府県教育委員会ではなく文部科学大臣(同法第9条の3第1項)である。

【5】②・⑤

解 説 教育公務員特例法での特例があるのは，②の政治的行為の制限と

⑤の営利企業等の従事制限である。前者は，同法第18条に規定されており，地方公務員でありながらも国家公務員の例によるとされている。後者は，同法第17条に規定されており，任命権者である教育委員会が本務の遂行に支障なしと認める場合には従事することができる。

【6】①

解説 教員も地方公務員であるため，服務等については教育公務員特例法だけでなく，地方公務員法の適用も受ける。①は地方公務員法第35条である。②は地方公務員法第36条の内容だが，教員は教育公務員特例法第18条第1項により制限される。③は地方公務員法第34条第1項の内容だが，「その職を退いた後も，また，同様とする」が正しい。④は，教育公務員特例法第17条第1項の内容だが，「給与を受け，又は受けないで」が正しい。⑤は地方公務員法第33条だが，これは，勤務時間外や職務外もあてはまる。

【7】②

解説 校長及び教員の資質の向上のための施策をより合理的かつ効果的に実施するため，公立の小学校等の校長及び教員の任命権者等による研修等に関する記録の作成並びに資質の向上に関する指導及び助言等に関する規定を整備し，普通免許状及び特別免許状の更新制に関する規定を削除する等の措置を講ずるため，教育公務員特例法及び教育職員免許法の一部が改正され，改正教育公務員特例法では，研修記録の作成及び資質の向上に関する指導助言等の改正が行われた。　ア　教育公務員特例法第21条第1項。　イ　同法第21条第2項からの出題で，文部科学大臣ではなく「教育公務員の研修実施者」が正しい。　ウ　同法第22条第2項に関する出題で，本属長の承認を受けなくともではなく，「本属長の承認を受けて」が正しい。また，研修後の報告義務は規定されていない。　エ　同法第22条の2第1項。　オ　同法第22条の4第1項からの出題で，個々の能力，適性に応じてではなく「体系的かつ効果的に」が正しい。

教職教養問題演習　教育法規　児童・生徒に関する法規

【1】次の条文中の空欄に適する語句を入れ，出典法規名を答えよ。

　　保護者は，子の満(ア)歳に達した日の(イ)における最初の学年の初めから，満(ウ)歳に達した日の属する(エ)まで，これを小学校，義務教育学校の前期課程又は(オ)の小学部に就学させる義務を負う。ただし，子が，満(ウ)歳に達した日の属する(エ)までに小学校の課程，義務教育学校の前期課程又は(オ)の小学部の課程を修了しないときは，満(カ)歳に達した日の属する(エ)(それまでの間においてこれらの課程を修了したときは，その修了した日の属する(エ))までとする。

【2】次の条文中の空欄に適する語句を入れよ。

(1) 出席簿(学校教育法施行規則第25条)

　　(ア)は，当該学校に在学する児童等について出席簿を作成しなければならない。

(2) 備付表簿，その保存期間(同法施行規則第28条第1項)

　一　学校に関係のある(イ)

　二　学則，日課表，教科用図書配当表，学校医執務記録簿，学校歯科医執務記録簿，学校薬剤師執務記録簿及び学校日誌

　三　職員の名簿，履歴書，出勤簿並びに担任学級，担任の教科又は科目及び時間表

　四　指導要録，その(ウ)及び(エ)並びに出席簿及び健康診断に関する表簿

　五　入学者の選抜及び成績考査に関する表簿

　六　資産原簿，出納簿及び経費の予算決算についての帳簿並びに図書機械器具，標本，模型等の教具の目録

　七　往復文書処理簿

(3)　前項の表簿は，別に定めるもののほか，（　オ　）保存しなければ
　　ならない。ただし指導要録及びその写しのうち入学，卒業等の学籍
　　に関する記録については，その保存期間は，（　カ　）とする。(同施
　　行規則第28条第2項)

【3】次の文は，「障害を理由とする差別の解消の推進に関する法律」の
　　条文からの抜粋である。文中の各空欄に適する語句の組合せを，下の
　　①～④から1つ選べ。
　　第3条　国及び地方公共団体は，この法律の趣旨にのっとり，障害を
　　　　理由とする差別の解消の推進に関して必要な（　ア　）を策定し，及
　　　　びこれを実施しなければならない。
　　第4条　(省略)
　　第5条　行政機関等及び事業者は，（　イ　）障壁の除去の実施について
　　　　の必要かつ（　ウ　）を的確に行うため，自ら設置する施設の構造の
　　　　改善及び設備の整備，関係職員に対する（　エ　）その他の必要な環
　　　　境の整備に努めなければならない。
　　①　ア－施策　　イ－心理的　　ウ－効果的な配慮　　エ－啓発
　　②　ア－施策　　イ－社会的　　ウ－合理的な配慮　　エ－研修
　　③　ア－計画　　イ－社会的　　ウ－効果的な配慮　　エ－啓発
　　④　ア－計画　　イ－心理的　　ウ－合理的な配慮　　エ－研修

【4】次の文は，食育基本法の条文である。文中の空欄に当てはまる語句
　　を答えよ。
　　第2条　食育は，食に関する適切な判断力を養い，（　①　）にわたって
　　　　健全な食生活を実現することにより，国民の心身の健康の増進と豊
　　　　かな（　②　）に資することを旨として，行われなければならない。
　　第4条　食育を推進するための活動は，国民，民間団体等の（　③　）を
　　　　尊重し，地域の特性に配慮し，地域住民その他の社会を構成する多
　　　　様な主体の参加と協力を得るものとするとともに，その（　④　）を
　　　　図りつつ，あまねく全国において展開されなければならない。

【5】児童虐待の防止等に関する法律(児童虐待防止法)に規定される児童虐待の定義について，空欄に適する語句を答えよ。

一　児童の身体に外傷が生じ，又は生じるおそれのある(①)を加えること。

二　児童に(②)な行為をすること又は児童をして(②)な行為をさせること。

三　児童の心身の正常な(③)を妨げるような著しい減食又は長時間の放置，保護者以外の同居人による前二号又は次号に掲げる行為と同様の行為の放置その他の保護者としての(④)を著しく怠ること。

四　児童に対する著しい暴言又は著しく拒絶的な対応，児童が同居する家庭における配偶者に対する暴力その他の児童に著しい(⑤)外傷を与える言動を行うこと。

【6】発達障害者支援法の内容として適切なものはどれか。次の①〜⑤から1つ選べ。

① この法律において「発達障害」とは，自閉症，アスペルガー症候群その他の広汎性発達障害，知的障害，注意欠陥多動性障害その他これに類する脳機能の障害であってその症状が通常低年齢において発現するものとして政令で定めるものをいう。

② この法律において「発達障害者」とは，発達障害があるものであって発達障害及び社会的障壁により日常生活又は社会生活に制限を受けるものをいい，「発達障害児」とは，発達障害者のうち15歳未満のものをいう。

③ この法律において「発達支援」とは，発達障害者に対し，その心理機能の適正な発達を支援し，及び円滑な社会生活を促進するため行う個々の発達障害者の特性に対応した医療的，福祉的及び教育的援助をいう。

④ 市町村の教育委員会は，母子保健法第12条及び第13条に規定する健康診査を行うに当たり，発達障害の早期発見に十分留意しなければならない。

⑤　各学校は，学校保健安全法第11条に規定する健康診断を行うに当たり，発達障害の早期発見に十分留意しなければならない。

【7】次は学校保健安全法で示されている学校安全に関するものである。各空欄に適する語句を答えよ。

(1)　学校の設置者は，児童生徒等の安全の(①)を図るため，その設置する学校において，事故，加害行為，災害等により児童生徒等に生ずる(②)を防止し，及び事故等により児童生徒等に危険又は危害が現に生じた場合において適切に対処することができるよう，当該学校の施設及び設備並びに(③)の整備充実その他の必要な措置を講ずるよう努めるものとする (学校保健安全法第26条)。

(2)　校長は，当該学校の施設又は設備について，児童生徒等の安全の(①)を図る上で支障となる事項があると認めた場合には，(④)なく，その改善を図るために必要な措置を講じ，又は当該措置を講ずることができないときは，当該学校の(⑤)に対し，その旨を申し出るものとする (学校保健安全法第28条)。

【8】次の記述は，いじめ防止対策推進法の条文からの抜粋である。文中の各空欄に適する語句の組合せを，下の①～④から1つ選べ。

第15条　学校の設置者及びその設置する学校は，児童等の豊かな(ア)と(イ)を培い，心の通う対人交流の能力の素地を養うことがいじめの防止に資することを踏まえ，全ての(ウ)を通じた道徳教育及び(エ)等の充実を図らなければならない。

① ア　情操　イ　道徳心　ウ　教育活動　エ　体験活動
② ア　情操　イ　公共心　ウ　教育活動　エ　キャリア教育
③ ア　教養　イ　公共心　ウ　教科授業　エ　体験活動
④ ア　教養　イ　道徳心　ウ　教科授業　エ　キャリア教育

■■■■■■■■■■■■ 解答・解説 ■■■■■■■■■■■■

【1】ア　6　　イ　翌日以後　　ウ　12　　エ　学年の終わり

オ　特別支援学校　　カ　15　　出典法規名：学校教育法

解説　学校教育法第17条第1項の規定によると，満6歳未満，つまり学齢
　　未満子女の入学はできないことになっている。また，同法第144条の
　　規定で，保護者が就学義務を不履行の場合，10万円以下の罰金に処せ
　　られるとしている。同法第20条では，「学齢児童又は学齢生徒を使用
　　する者は，その使用によつて，当該学齢児童又は学齢生徒が，義務教
　　育を受けることを妨げてはならない」と規定し，違反すれば10万円以
　　下の罰金に処せられる(同法第145条)。就学義務は，満6歳から満15歳
　　の間の9年間と明示しており，小学校や中学校を卒業することを義務
　　としているのではないことにも注意したい。関連条項として，日本国
　　憲法第26条，教育基本法第4条も見ておくとよい。

【2】(1)　ア　校長　　(2)　イ　法令　　ウ　写し　　エ　抄本

(3)　オ　5年間　　カ　20年間

解説　出席簿は校長に作成義務があることを把握しておかなければなら
　　ない。また，指導要録の保存期間は，「学籍に関する記録」が20年，
　　「指導に関する記録」が5年である。

【3】②

解説　「障害を理由とする差別の解消に関する法律」第3条は「国及び地
　　方公共団体の責務」を定めた条文である。なお，この法律に「計画」
　　に関して策定を義務づける規定はないが，第6条で政府に「基本方針」
　　を策定する義務があることを規定している。同第5条は「社会的障壁
　　の除去の実施についての必要かつ合理的な配慮に関する環境の整備」
　　に関する条文である。「行政機関」と「事業者」の双方にその努力義
　　務があることをおさえておきたい。

【4】 ① 生涯　　② 人間形成　　③ 自発的意思　　④ 連携

解 説 学校教育においても栄養職員ではなく，栄養教諭を配置するなど食育の推進に向けた実践的な取り組みが始まっている。

【5】 ① 暴行　　② わいせつ　　③ 発達　　④ 監護　　⑤ 心理的

解 説 児童虐待の防止等に関する法律第2条を参照。ここでの定義は，保護者や児童を監護する者が，18歳に満たない児童に対して行う内容である。

【6】 ③

解 説 それぞれの誤りの箇所は，①知的障害→学習障害(第2条第1項)，②15歳未満→18歳未満(第2条第2項)，③(第2条第4項)，④市町村の教育委員会は→市町村は，(第5条第1項)，⑤各学校は→市町村の教育委員会 (第5条第2項)である。

【7】 ① 確保　　② 危険　　③ 管理運営体制　　④ 遅滞
⑤ 設置者

解 説 学校安全について，学校保健安全法では，学校においては，児童生徒等の安全の確保を図るため，施設設備の安全点検，児童生徒等への通学を含めた学校生活等の安全に関する指導等について，学校安全計画を策定し，実施しなければならないこととするとしている。

【8】 ①

解 説 いじめ防止対策推進法第15条は「学校におけるいじめの防止」に関する条文である。第1項は頻出条文になっているので，しっかり把握したい。特に把握したい点は次の2点である。第1は「豊かな情操と道徳心を培い」という部分である。この部分は教育基本法第2条第1号と同様の文言が用いられていることに注意したい。第2はいじめ防止のために「道徳教育」と「体験活動等」の充実を図ることを明記している点である。

教育行政に関する法規

教職教養 問題演習　**教育法規**

【1】 次の文を読み，空欄に当てはまる適語を下のア～コから1つずつ選び，記号で答えよ。

(1)　地方教育行政の組織及び運営に関する法律第50条の2では，文部科学大臣は，都道府県または市町村の教育委員会に対して求め若しくは指示を行つたときは，遅滞なく，当該地方公共団体の（　①　）に対して，その旨通知すると規定されている。

(2)　学校評議員は，当該小学校の職員以外の者で教育に関する理解及び識見を有するもののうちから，校長の推薦により，当該（　②　）が委嘱する。

(3)　文部科学大臣は，都道府県委員会又は市町村委員会の教育に関する事務の管理及び執行が法令の規定に違反するものがある場合又は当該事務の管理及び執行を怠るものがある場合において，児童，生徒等の生命又は身体に現に被害が生じ，又はまさに被害が生ずるおそれがあると見込まれ，その被害の拡大又は発生を防止するため，緊急の必要があるときは，当該教育委員会に対し，当該違反を是正し，又は当該怠る事務の管理及び執行を改めるべきことを（　③　）ことができる。

(4)　学校運営協議会の委員は，対象学校の所在する地域の住民，対象学校に在籍する生徒，児童又は幼児の保護者その他教育委員会が必要と認める者について，（　④　）が任命する。

(5)　教育は，（　⑤　）に服することなく，この法律及び他の法律の定めるところにより行われるべきものであり，教育行政は，国と地方公共団体との適切な役割分担及び相互の協力の下，公正かつ適正に行われなければならない。

ア　議会　　　　　　イ　教育委員会　　ウ　指示する
エ　小学校の設置者　オ　不当な指示　　カ　小学校の監督者

　　キ　長及び議会　　　　　ク　不当な支配　　ケ　校長
　　コ　命令する

【2】 次の文は，地方教育行政の組織及び運営に関する法律の一部抜粋である。下の各問いに答えよ。

> 第1条の3　地方公共団体の長は，教育基本法第17条第1項に規定する基本的な方針を参酌し，その地域の実情に応じ，当該地方公共団体の教育，学術及び文化の振興に関する総合的な施策の大綱(以下単に「大綱」という。)を定めるものとする。
>
> 第1条の4　地方公共団体の長は，大綱の策定に関する協議及び次に掲げる事項についての協議並びにこれらに関する次項各号に掲げる構成員の事務の調整を行うため，(a)を設けるものとする。
> 　一　教育を行うための諸条件の整備その他の地域の実情に応じた教育，学術及び文化の振興を図るため重点的に講ずべき施策
> 　二　児童，生徒等の(b)に現に被害が生じ，又はまさに被害が生ずるおそれがあると見込まれる場合等の緊急の場合に講ずべき措置
> 2　(a)は，次に掲げる者をもつて構成する。
> 　一　地方公共団体の長
> 　二　教育委員会
>
> 第4条　教育長は，当該地方公共団体の長の被選挙権を有する者で，人格が高潔で，教育行政に関し識見を有するもののうちから，地方公共団体の長が，議会の同意を得て，任命する。
>
> 第5条　教育長の任期は(c)とし，委員の任期は(d)とする。ただし，補欠の教育長又は委員の任期は，前任者の残任期間とする。
>
> 第13条　教育長は，教育委員会の(e)し，教育委員会を代表する。

(1)　文中の(a)・(b)に当てはまる語句の組合せを選んだとき，正しい組合せはどれか。次のア～オから1つ選び，記号で答えよ。

　ア　a－教育推進会議　　b－身体又は精神

　イ　a－総合教育会議　　b－心身又は生命

　ウ　a－総合教育会議　　b－生命又は身体

　エ　a－教育企画会議　　b－生命又は身体

　オ　a－教育企画会議　　b－心身又は生命

(2)　文中の(c)・(d)・(e)に当てはまる語句の組合せを選んだとき，正しい組合せはどれか。次のア～カから1つ選び，記号で答えよ。

　ア　c－4年　　　d－6年　　　e－会務を総理

　イ　c－1年　　　d－4年　　　e－会議を主催

　ウ　c－1年　　　d－2年　　　e－会議を主催

　エ　c－3年　　　d－6年　　　e－会務を総理

　オ　c－3年　　　d－4年　　　e－会務を総理

　カ　c－4年　　　d－2年　　　e－会議を主催

【3】 学校評議員制度に関する学校教育法施行規則の記述として適切なものを，次の①～⑤から1つ選べ。

①　学校には，学校評議員会を置くものとする。

②　学校評議員は，校長が委嘱する。

③　学校評議員は，校長の求めに応じて意見を述べる。

④　校長は，学校運営の方針を作成し，学校評議員の承認を得なければならない。

⑤　教育委員会は，学校評議員の意見を尊重しなければならない。

【4】 次の各文は，「教育職員免許法」(令和4年7月1日改正法施行)に関する条文である。(ア)～(エ)に適する語句の組合せを，下の①～⑤から1つ選べ。

(1)　免許状更新講習を行う者は，免許状の授与又は免許状の有効期間の更新を受けようとする者から請求があつたときは，その者の免許状更新講習の課程の修了又は免許状更新講習の課程の一部の履修に

関する(ア)を発行しなければならない。

(2) (イ)は，全ての都道府県において効力を有する。

(3) (ウ)は，その免許状を授与した授与権者の置かれる都道府県
においてのみ効力を有する。

(4) 教育職員で，その有する相当の免許状が二種免許状であるものは，
相当の(エ)の授与を受けるように努めなければならない。

① ア－証明書　イ－普通免許状　ウ－特別免許状
エ－一種免許状

② ア－修了書　イ－普通免許状　ウ－特別免許状
エ－一種免許状

③ ア－修了書　イ－特別免許状　ウ－普通免許状
エ－専修免許状

④ ア－証明書　イ－特別免許状　ウ－普通免許状
エ－一種免許状

⑤ ア－修了書　イ－普通免許状　ウ－特別免許状
エ－専修免許状

■■■■■■■ ■解答・解説■ ■■■■■■■

【1】 ① キ　② エ　③ ウ　④ イ　⑤ ク

解 説 (2)　学校教育法施行規則第49条第3項を参照。学校評議員につい
ては，その任用形式や役割を押えておこう。また，学校運営協議会の
委員との異動を整理しておくことも重要である。　(3)　地方教育行政
の組織及び運営に関する法律第50条を参照のこと。また，第49条につ
いても確認しておこう。　(4)　地方教育行政の組織及び運営に関する
法律第47条の6の第2項を参照。なお，学校運営協議会については，委
員の任用形式，委員の役割を押さえておこう。　(5)　教育基本法第16
条を参照しておくこと。

【2】 (1)　ウ　(2)　オ

解 説　「地方教育行政の組織及び運営に関する法律」の平成26年の改正

ポイントの一つとして，教育行政における首長の権限が強化され，その具体例として地方公共団体の長と教育委員会を構成員とする「総合教育会議」の設置があげられる。もう一つのポイントが教育行政における責任体制の明確化があり，教育委員長と教育長を一本化した新「教育長」を創設した。この新「教育長」は教育委員会を代表し，教育委員会の会議は新「教育長」が招集する。新「教育長」の任期は3年である。教育委員は新「教育長」の職務をチェックすることが主な職務であり，任期は4年である。

【3】③

解説　学校教育法施行規則第49条では，・学校の設置者の定めるところにより，学校評議員を置くことができる。・学校評議員は，校長の求めに応じ，学校運営に関し意見を述べることができる。・学校評議員は，当該小学校の職員以外の者で教育に関する理解及び識見を有するもののうちから，校長の推薦により，当該小学校の設置者が委嘱する。――と規定されている。学校評議員「会」ではなく，評議員個人に対して，学校の設置者(教育委員会や学校法人など)が委嘱するものとされていることに注意する必要がある。よって①②は誤り。学校評議員制度も「開かれた学校づくり」を目指すものであるが，④⑤については「学校運営協議会」(コミュニティ・スクール)と混同しないよう注意したい。

【4】①

解説　改正教育職員免許法では，普通免許状及び特別免許状の更新制に関する規定の削除等(教育職員免許法の一部改正)施行の際現に効力を有し，改正前の規定により有効期間が定められた普通免許状及び特別免許状には，施行日以後は有効期間の定めがないものとする等の経過措置を設けられた。　(1)　教育職員免許法第7条第4項を参照。　(2)同法第9条第1項を参照。　(3)　第9条第2項を参照。　(4)　同法第9条の2を参照。

教職教養問題演習 | **教育原理** | **教育課程**

【1】 次の文の空欄にあてはまる語句を下から選び，その組合せとして適切なものを，下の①～⑤から1つ選べ。

　教育課程とは，国や教育委員会が示す基準(法令や(1)や通達など)に基づいて，地域や学校の実態及び児童・生徒の心身の発達段階や特性を考慮して，(2)を編成した(3)のことである。

　ア　教育内容　　　　イ　教育方法　　ウ　計画　　エ　条例
　オ　学習指導要領　　カ　法律　　　　キ　カリキュラム

　　①　1－カ　　2－ウ　　3－キ
　　②　1－カ　　2－イ　　3－ウ
　　③　1－エ　　2－ア　　3－ウ
　　④　1－オ　　2－イ　　3－キ
　　⑤　1－オ　　2－ア　　3－ウ

【2】 次の文は，小学校学習指導要領，中学校学習指導要領(平成29年3月告示)に示されている小学校(中学校)教育の基本と教育課程の役割について述べた箇所を一部修正して作成した説明文である。(　　　)に当てはまる語句として正しいものはどれか。

> 　学校の教育活動を進めるに当たっては，各学校において主体的・(　　　　)で深い学びの実現に向けた授業改善を通して，創意工夫を生かした特色ある教育活動を展開する中で，児童(※中学校は「児童」を「生徒」とする)に生きる力を育むことを目指すものとする。

　1．協同的　　2．協働的　　3．意欲的　　4．積極的　　5．対話的

【3】 次の文は，中央教育審議会「幼稚園，小学校，中学校，高等学校及び特別支援学校の学習指導要領等の改善及び必要な方策等について(答

申)」(平成28年12月21日)の一部である。文中の(A)〜(D)にあてはまる語句の正しい組合せはどれか。1〜6から1つ選べ。

> 　教育課程とは，学校教育の目的や目標を達成するために，教育の内容を子供の(A)に応じ，授業時数との関連において総合的に組織した学校の教育計画であり，その編成主体は各学校である。各学校には，学習指導要領等を受け止めつつ，子供たちの姿や(B)の実情等を踏まえて，各学校が設定する(C)を実現するために，学習指導要領等に基づき教育課程を編成し，それを実施・評価し(D)していくことが求められる。これが，いわゆる「カリキュラム・マネジメント」である。

	A	B	C	D
1	心身の発達	地域	学習到達目標	改善
2	心身の発達	学校	学校教育目標	検証
3	心身の発達	地域	学校教育目標	改善
4	能力と適性	学校	学校教育目標	改善
5	能力と適性	地域	学習到達目標	検証
6	能力と適性	学校	学習到達目標	検証

【4】教育課程に関する次のア〜エの説明として適切なものの組合せを，下の①〜⑤から1つ選べ。

ア　各小・中学校においては，学校教育法施行規則に定められた授業時数を標準として，各教科等の授業時数を，その学校の実態等を考慮して定める必要がある。

イ　学校の教育目標は，法律で定められている教育の目的や目標などを前提としながら，地域や学校等の実態に即して設定する。

ウ　各学校においては，一定の教育水準を確保するため，教育課程の実施状況について，文部科学省が定める項目に基づいて自己評価する。

エ　学校が学校教育法施行規則によらないで教育課程を編成できるのは，教育課程に関する研究開発を行う学校として，教育委員会によ

り指定された場合に限られる。

① ア・イ　② ア・ウ　③ ア・エ　④ イ・ウ
⑤ ウ・エ

【5】 次の文は，小学校学習指導要領(平成29年3月告示)「総則」の「第3
教育課程の実施と学習評価」の一部である。文中の各空欄に適する語
句を答えよ。ただし，同じ問いの空欄には，同じ解答が入るものとす
る。

> (5)　児童が生命の有限性や自然の大切さ，(　①　)に挑戦してみる
> ことや多様な他者と協働することの重要性などを実感しながら
> 理解することができるよう，各教科等の特質に応じた(　②　)を
> 重視し，家庭や地域社会と連携しつつ体系的・(　③　)に実施で
> きるよう工夫すること。
> (7)　学校図書館を計画的に利用しその機能の活用を図り，児童の
> (　①　)・(　④　)で深い学びの実現に向けた授業改善に生かす
> とともに，児童の自主的，自発的な学習活動や読書活動を充実
> すること。また，地域の図書館や博物館，美術館，劇場，音楽
> 堂等の施設の活用を積極的に図り，資料を活用した(　⑤　)や鑑
> 賞等の学習活動を充実すること。

■■■■■■■■■■ 解答・解説 ■■■■■■■■■■

【1】 ⑤

解説 教育課程に関する法令としては，学校教育法(第23条，第30条，
第49条，第52条，第68条，第77条)，学校教育法施行規則(第38条，第
50条，第72条，第83条他)等があげられる。

【2】 5

解説 「主体的・対話的で深い学び」とはアクティブ・ラーニングの視
点に立った授業改善のことである。平成29年告示の学習指導要領にお

いて「主体的・対話的で深い学び」の実現に向けた授業改善を進める
際の指導上の配慮事項が総則に記載され，また各教科等の「指導計画
の作成と内容の取扱い」において，単元や題材など内容や時間のまと
まりを見通して，その中で育む資質・能力の育成に向けて，主体的・
対話的で深い学びの実現に向けた授業改善を進めることが示された。

【3】3

解説 中央教育審議会は平成28(2016)年12月に，「幼稚園，小学校，中学
校，高等学校及び特別支援学校の学習指導要領等の改善及び必要な方
策等について(答申)」を取りまとめ，平成30年度から順次施行される
新しい学習指導要領等の姿と，その理念の実現のために必要な方策等
を示した。この答申には出題にある「カリキュラム・マネジメント」
の他にも「社会に開かれた教育課程」「アクティブ・ラーニング」「主
体的・対話的で深い学び」等をキーワードとして示している。

【4】①

解説 ウについて，学校評価における教育課程の評価は，学校教育法第
42条に，「小学校は(中高準用規定)，文部科学大臣の定めるところによ
り当該小学校の教育活動その他の学校運営の状況について評価を行
い，その結果に基づき学校運営の改善を図るため必要な措置を講ずる
ことにより，その教育水準の向上に努めなければならない」とある。
エについて，学校教育法施行規則によらずに編成の特例が認められる
ものとして研究開発学校以外に，複式学級，特別支援学級，私立学校
の宗教教育，重複障害者の教育，不登校児童生徒対象の教育等がある。

【5】①　主体的　　②　体験活動　　③　継続的　　④　対話的
　　⑤　情報の収集

解説 問題となっているのは，今回の学習指導要領の改訂で新規に追加
された部分である。今回の学習指導要領改訂のポイントの1つに主体
的・対話的で深い学びの実現に向けた授業改善がある。

教職教養 問題演習	教育 原理	学習指導法・教育方法

【1】 次の文中の空欄に該当する語句は何か。下の①～④から1つ選べ。

　ドイツのヘルバルト(Herbart, J. F.)は，「人間は外界の刺激に対して
それを表象として知覚しつつ，それが次第に概念に発展していく」と
いう教授段階論を示した。この過程が，「明瞭→連合→(　　　　)→方法」
の4段階として定式化されている。

　①　予備　　②　提示　　③　系統　　④　比較

【2】「一斉指導」「グループ別指導」「個別指導」のいずれかの長所につ
いて述べたア～カのうち「個別指導」の長所の記述を選んだ組合せと
して適切なものはどれか。下の①～⑤から1つ選べ。

ア　学び手の学習スタイルや学習ペースの差異に対応しやすく，その
　子なりの納得のいく学習への具体的な支援が行いやすい。

イ　協議，討議，討論等を通して，思考力や創造的な態度を育てやす
　い。

ウ　学び手の学習状況・学習力に即して学習内容や方法を選択でき，
　その子に応じた指導・支援が行いやすい。

エ　役割を分担することなどを通して，責任感や自己コントロールす
　る力を磨くことができる。

オ　同じカリキュラムと教材に基づく指導のために，比較的均質な資
　質を養うことができる。

カ　情報を同時的に多数の学び手に伝達することができるなど，教師
　主導のため，指導過程の制御が容易で一定の目標を達成しやすい。

　①　ア・イ　　②　ア・ウ　　③　イ・カ　　④　ウ・エ

　⑤　オ・カ

【3】 次の文の(1)，(2)のそれぞれの説明について，A群からは教育方法を，B群からは当てはまる人名を1つずつ選べ。

(1)　学習者がすでにできあがった知識体系を学ぶのではなく，知識が生成されるプロセスに参加し，関係，規則性，法則などを自ら見つけ出していく学習方法である。

(2)　計算のタイプを徹底的に分析して，それを一般的なものから特殊なものへと学んでいく教授法である。

A群　① 範例学習　　② バズ学習　　③ 発見学習
　　　④ 仮説実験授業　　⑤ 水道方式

B群　⑥ フィリップス(Phillips, J. D.)　　⑦ 遠山啓
　　　⑧ ブルーナー(Bruner, J. S.)　　⑨ 板倉聖宣
　　　⑩ シュテンツェル(Sutenzel, A.)

【4】 次の(1)～(6)にあげた事項に関連のあるものをA群，B群からそれぞれ1つずつ選べ。

(1)　ドルトン・プラン　　(2)　問題解決学習

(3)　モラトリアム　　(4)　ゲス・フー・テスト

(5)　プロジェクト法　　(6)　発見学習

A群

　(ア)　ブルーナー　　(イ)　ハーツホーン　　(ウ)　パーカースト

　(エ)　エリクソン　　(オ)　デューイ　　(カ)　キルパトリック

B群

　(a)　子どもが実践的な作業を通して，自主的に問題解決を目指すもので，その過程は，目標設定，計画，実行，評価の4段階からなる。これらがまとまって「作業単元」が構成される。

　(b)　人間が成長してなお社会的義務の遂行を猶予される期間，またその猶予にとどまろうとする心理状態のこと。

　(c)　1920年，マサチューセッツ州のハイスクールで最初に試みられた。従来の学級単位の一斉授業を廃止して，それに代わって数学，国語，理科など教科別の「実験室(ラボラトリー)」を設けた。

(d)　1960年頃提唱された教授理論。子どもに既成の知識を教え込むのではなく，知識が生まれてきた過程を追体験させ，子ども自らに発見させる方法である。発見の過程で子どもは，仮説検証的な手続きや帰納的手法を学習する。

(e)　教育の過程を成長の過程と等置し，生活即教育の経験主義的教育論を展開した。子どもが自発的に問題を見つけ，これを解決していく中で科学的知識や探求の方法を身につけさせようとするものである。

(f)　20世紀前半に考案されたもので，児童・生徒の行動や態度などを評価するために，その児童・生徒を熟知している同集団の成員から資料を集める方法である。

【5】次のア～オの各文は，教育理論について述べたものである。内容として正しいものの組合せを，下の①～⑤から1つ選べ。

ア　「発見学習」はデューイ(Dewey, J.)が提唱した学習法で，子どもの生活における具体的な問題に対して主体的に働きかけ，解決の方途を目指して活動し思考させるものである。

イ　パーカースト(Parkhurst, H.)は子どもの自主的な学習を中心とした新しい教育方法の確立をめざし，「イエナ・プラン」を考案した。

ウ　「五段階教授法」はヘルバルト(Herbart, J. F.)の教授理論を改良したもので「予備－提示－比較－総括－応用」の段階に分けて1時間または，1単元の授業展開の過程を定式化したものである。

エ　パーカー(Parker, F. W.)は，地域社会との間に，人的，物的，文化的資源の相互活用を求めた「コミュニティ・スクール」を提唱した。

オ　書物による知識の注入ではなく，感覚的知覚をもとに学習者が経験的に概念を作り出していく教授法を提唱したコメニウス(Comenius, J. A.)は『大教授学』を著した。

①　ア・イ・エ　　②　ア・ウ・オ　　③　イ・エ・オ
④　ア・エ　　　　⑤　ウ・オ

【6】次の教育用語の説明のうち誤っているものはどれか。次の①〜⑤から1つ選べ。

① 「コア・カリキュラム」は，学習活動がなんらかの主題や教材を中心として行われ，この中心との関連で，その他の学習が進められるといった構造をもっている。

② 「バズ学習」とは，学習の途中で隣同士や6〜8名の小集団で自由に討議しながら学習を進めていく方法で，一種のグループ学習である。

③ ある側面でより評価を得た児童生徒を，他の場面でもよいとみてしまう現象を「ハロー効果」という。

④ 子どもの生活における生きた具体的問題をとらえて，その問題に対して子どもたちが能動的に働きかけ，その解決の方途をめざして活動・思考する学習法を「プログラム学習」という。

⑤ 複数の教師が指導の責任を分担し，協力して授業を行う教育を「ティーム・ティーチング」という。

【7】OJT(on−the−job training)の説明として最も適切なものはどれか。次の①〜⑤から1つ選べ。

① 外部の講師を招き，一般化された技能や知識を学ぶトレーニングである。

② 実務経験を積むことにより，業務上必要とされる知識や技術を身につけていくトレーニングである。

③ 職場以外の研修などに自主的に参加し，業務遂行にかかわる能力を習得するトレーニングである。

④ 現場で上司から伝えられるのではなく，大学や専門機関等で，自らの技術，能力を開発していくトレーニングである。

⑤ インターネットなどのコンピュータネットワークを通じて，ビデオ配信などの技術を活用して行うトレーニングである。

■■ ■■■■■ ■■ **解答・解説** ■■ ■■■ ■ ■

【1】 ③

解説 ヘルバルトは「明瞭→連合→系統→方法」の教授の4段階を明ら
かにしている。具体的には，対象に専心して対象を明確にする「明瞭」，
明瞭にされた対象を他の知識や対象と比較し関連づける「連合」，連
合された知識を一定の構造に系統化する「系統」，系統化された知識
を他の事象に応用する「方法」である。後に，この4段階の教授段階
論は，ヘルバルトの弟子であるツィラーやラインにより5段階に修正
されていった。このうちラインの提唱した予備・提示・比較・総括・
応用の5段階教授法が日本に明治中頃ハウスクネヒトによって紹介さ
れて流行した。

【2】 ②

解説 イ・エは「グループ別指導」の長所についての記述である。
オ・カは「一斉指導」の長所についての記述である。各学習指導法の
長所・短所を整理しておこう。

【3】 (1) ③, ⑧ (2) ⑤, ⑦

解説 (1) 発見学習は，アメリカの心理学者ブルーナーによって開発さ
れた。 (2) 水道方式とは，遠山啓らによって考え出された計算練習
の理論のことである。少ない練習量で確実に計算力がつくように工夫
された計算練習の方式であり，膨大な計算量を型分けし，その計算指
導の道筋を示した点に特色がある。

【4】 (1) (ウ), (c) (2) (オ), (e) (3) (エ), (b) (4) (イ), (f)
(5) (カ), (a) (6) (ア), (d)

解説 モラトリアムおよびゲス・フー・テストに関連のある人物を選ぶ
のは難しいかもしれないが，それ以外は頻出の人物である。なお，ブ
ルーナーの著書として『教育の過程』，デューイの著書として『学校

と社会』および『民主主義と教育』を，それぞれ覚えておこう。

【5】⑤

解説　アは誤り。「発見学習」ではなく，「問題解決学習」が正しい。なお，「発見学習」を提唱したのは，ブルーナーである。イは誤り。パーカーストが考案したのは，「イエナ・プラン」ではなく，「ドルトン・プラン」である。「イエナ・プラン」を考案したのはペーターゼンである。ウは正しい。なお，この「五段階教授法」はラインによって考案された。エは誤り。パーカーは，教科書の抽象的な事実の記憶より実際の事物研究の重視などを進め，学校を教育共同体とするクインシー運動を展開させた。オは正しい。よって，以上を正しく組み合せた⑤が正解となる。

【6】④

解説　④は問題解決学習の説明である。プログラム学習とは生徒が学習目標に達する経路を細かく分析してステップに分け，その各ステップごとに一人ひとりの反応や応答を確認し，その正誤をはっきりさせながら進める学習形式をいう。

【7】②

解説　学校現場におけるOJTは，すべての教員を対象とした職務を通した育成であり，身につけるべき力を意識的，計画的，継続的に高めていく取り組みとされる。結果として，学校全体として質の高い教育を提供することができ，学校が抱える課題の解決にもつながると考えられている。

教職教養問題演習　教育原理　**生徒指導**

【1】 次の文は，「生徒指導提要」(令和4年12月　文部科学省)の「まえがき」から抜粋したものである。(　①　)～(　③　)適する語句を下のア～コから1つずつ選び，記号で答えよ。

> 　特に，今回の改訂では，課題予防・早期対応といった課題対応の側面のみならず，児童生徒の(　①　)を支えるような生徒指導の側面に着目し，その指導の在り方や考え方について説明を加えています。
> 　子供たちの(　②　)が進み，様々な困難や課題を抱える児童生徒が増える中，学校教育には，子供の(　①　)や教育的ニーズを踏まえつつ，一人一人の(　③　)を最大限伸ばしていく教育が求められています。

ア　可能性	イ　多様化	ウ　成長	エ　悩み
オ　願い	カ　二極化	キ　少子化	ク　発達
ケ　学力	コ　個性		

【2】 スクールカウンセラーに関する説明として正しいものの組合せを，あとの①～⑤から1つ選べ。

ア　スクールカウンセラーとは教育機関において心理相談業務に従事する心理職の専門家の職業名である。

イ　スクールカウンセラーの仕事の一つに，児童生徒を対象とした面接相談がある。個人面接が中心であるが，集団面接を行うこともある。

ウ　保護者の面接相談は，相談室で不安や悩みを語ってもらうことで，親自身が心の安定を回復し，児童生徒の心理に間接的な影響を与えることもできる。

　エ　教師へのコンサルテーションも大きな位置を占めるが，児童生徒
　　との面接の情報は，守秘義務があるので一切教師に提供しないよう
　　留意する必要がある。

　オ　教員対象の研修会や保護者に向けての講演などは，行ってはなら
　　ないことになっている。

　カ　虐待や家庭の問題など，学校内だけでは解決不可能な事例につい
　　ては，対応してはならないことになっている。

　①　ア・イ・ウ
　②　ア・ウ・オ
　③　イ・ウ・エ
　④　イ・エ・カ
　⑤　エ・オ・カ

【3】　生徒指導についての説明として<u>誤っているもの</u>を，次の①～⑤から1つ選べ。

　①　生徒指導とは，一人一人の児童生徒の人格を尊重し，個性の伸長
　　を図りながら，社会的資質や行動力を高めることを目指して行われ
　　る教育活動のことである。

　②　生徒指導は，学校の教育目標を達成する上で重要な機能を果たす
　　ものであり，学習指導と並んで，学校教育において重要な意義を持
　　つものと言える。

　③　生徒指導は，将来において社会的に自己実現できるような資質・
　　態度を育成していくための指導・援助であり，個々の児童生徒の自
　　己指導能力の育成を目指すものである。

　④　生徒指導は，問題を抱えた児童生徒を対象として行われる教育活
　　動であり，全教職員がその役割を担い，全校を挙げて計画的・組織
　　的に取り組むことが必要である。

　⑤　生徒指導は，全教職員によって進められるべきものだが，学級・
　　ホームルームは，児童生徒の学校生活の基盤をなすものであり，学
　　級担任・ホームルーム担任の果たすべき役割は大きい。

【4】Aさんは学級でのいじめが原因となり，不登校気味になった。あなたは担任(または養護教諭)として，どのような対応をとるか。簡潔に5つ答えよ。

【5】いじめ，校内暴力をはじめとした児童生徒の問題行動は，極めて深刻な状況にあり，平成19年2月には文部科学省から「問題行動を起こす児童生徒に対する指導について」という通知が出された。次の文はその通知の一部である。文中の各空欄に適する語句を答えよ。

○　問題行動への対応については，まず第一に未然（　①　）と早期（　②　）・早期対応の取組が重要です。学校は問題を隠すことなく，教職員(　③　)となって対応し，教育委員会は学校が適切に対応できるようサポートする体制を整備することが重要です。

○　いじめ問題への対応では，いじめられる子どもを最後まで守り通すことは，児童生徒の生命・身体の安全を預かる学校としては当然の責務です。同時に，いじめる子どもに対しては，（　④　）とした対応と粘り強い指導により，いじめは絶対に(　⑤　)行為であること，卑怯で恥ずべき行為であることを認識させる必要があります。

○　学校においては，日常的な指導の中で，児童生徒一人一人を把握し，性向等についての理解を深め，教師と児童生徒との(　⑥　)関係を築き，すべての教育活動を通じてきめ細かな指導を行う。また，全教職員が(　③　)となって，児童生徒の様々な(　⑦　)を受け止め，積極的に(　⑧　)やカウンセリングを行う。

【6】生徒指導や教育相談について説明した文として適切なものを，次の①〜⑤から2つ選べ。
①　生徒指導は，問題行動を引き起こした児童生徒を対象とするものである。
②　生徒指導は，教育課程の全領域において行われるものであり，全教職員が共通して取り組むべきである。
③　問題行動が起きたときは，初動の措置として感動的な道徳資料を

　　　用いて指導を行うべきである。

④　スクールカウンセラーの業務には，児童生徒に対する相談のほか，保護者および教職員に対する相談も含まれる。

⑤　生徒指導を総括するものとして，すべての学校に生徒指導主事が位置づけられている。

【7】「不登校児童生徒への支援の在り方について(通知)」(令和元年10月文部科学省)の「2　学校等の取組の充実」の「(3)不登校児童生徒に対する効果的な支援の充実」に関する内容として誤っているものを，次の①〜⑤から1つ選べ。

①　校長のリーダーシップの下，教員だけでなく，様々な専門スタッフと連携協力し，組織的な支援体制を整えることが必要である。

②　不登校児童生徒の支援においては，予兆への対応を含めた初期段階からの組織的・計画的な支援が必要である。

③　不登校の要因や背景を的確に把握するため，学級担任の視点のみならず，スクールカウンセラー及びスクールソーシャルワーカー等によるアセスメント(見立て)が有効である。

④　学校においては，相談支援体制の両輪である，スクールカウンセラー及びスクールソーシャルワーカーを効果的に活用し，学校全体の教育力の向上を図ることが重要である。

⑤　学校は，プライバシーに配慮するために，できるだけ家庭訪問はせずに，児童生徒の理解に努める必要がある。

■■■■■■■■■■■■■■ 解答・解説 ■■■■■■■■■■■

【1】①　ク　　②　イ　　③　ア

解説　①　令和4年12月に改訂された「生徒指導提要」では，生徒指導を「発達支持的生徒指導」，「課題予防的生徒指導」，「困難課題対応的生徒指導」の3種に整理している。課題に対応することと発達を支えることは，それぞれ生徒指導において重視されている。　　②　外国人

児童生徒の増加，通常の学級に在籍する障害のある児童生徒，子ども
の貧困等，子どもの多様化が進んでいる。　③　生徒指導の目的の一
つに「個性の発見とよさや可能性の伸長と社会的資質・能力の発達を
支える」ことが挙げられている。このことをおさえておくと，(ア)の
「可能性」が正答であることが導出できるだろう。

【2】①

解 説 スクールカウンセラーについては，生徒指導提要(平成22年3月
文部科学省)第5章　教育相談　第4節　スクールカウンセラー，専門機
関等との連携などを参考に，その位置づけや役割，教育相談体制を整
理しておこう。　エ　学校では1人の児童生徒に複数の教職員等が関
わるので，守秘義務を盾に児童生徒についての情報が閉じられてしま
うと，学校としての働きかけに矛盾や混乱が生じてしまうおそれがあ
る。そこで，学校における守秘義務は情報を「校外に漏らさない」意
味に解すべきであるとの意見などが参考になる。こうした考えからす
れば，教師へのコンサルテーションにおいて子供との面接の情報を教
師に提供することもありうることになる。　オ　教員対象の研修会や
保護者に向けての講演なども，スクールカウンセラーの職務に含まれ
るとされている。　カ　虐待や家庭の問題など，学校内だけでは解決
不可能な事例についても，スクールカウンセラーは一定の対応をする
ことが期待されている。

【3】④

解 説 生徒指導については，「生徒指導提要」(平成22年)が頻出資料とな
っているため，本資料を中心に学習するとよい。④について，生徒指
導は問題を抱えた児童生徒を対象としたものではなく，「すべての児
童生徒のそれぞれの人格のよりよき発達を目指すとともに…」として
いる。

【4】①　登校を強制することは避け，共感的にその子の相談にのり状況を理解し援助する姿勢をとる。　②　家庭や本人と関係を密にとりつつ，いつでも登校出来る状況をつくり促す姿勢をとる。　③　問題となるいじめに対して，いじめが悪であることを毅然とした態度で示し対応する。　④　いじめをおこなった側の生徒の問題も理解する。　⑤　直接いじめに加わらなくても，それを見ていた他の生徒などを含めた学級全体の問題としていじめを捉え，学級全体のあり方を改善していく。

【5】①　防止　　②　発見　　③　一体　　④　毅然　　⑤　許されない　　⑥　信頼　　⑦　悩み　　⑧　教育相談

解説　今後の取組について，文部科学省は問題文に示された「1　生徒指導の充実について」に続き，「2　出席停止制度の活用について」において，これまで運用のすくなかった出席停止の措置を適正に運用するべきであることとし，また児童生徒の懲戒・体罰に関する考え方を，本通知で具体例を出して初めて示した。

【6】②，④

解説　①は「問題行動を引き起こした」ではなく「すべての」。⑤は中学校及び高等学校，中等教育学校，特別支援学校中学部及び高等部には，特別の事情のあるときを除き，生徒指導主事を置くものとされるため，「すべて」ではない。

【7】⑤

解説　⑤は，「学校は，プライバシーに配慮しつつ，定期的に家庭訪問を実施して，児童生徒の理解に努める必要があること。また，家庭訪問を行う際は，常にその意図・目的，方法及び成果を検証し適切な家庭訪問を行う必要がある」が正しい記述。

教職教養問題演習　教育原理　学習指導要領

【1】 次の表は，学習指導要領の改訂の特色について表したものである。
表中の①〜⑤に適する語句を下のア〜オから1つずつ選び，記号で答
えよ。

改訂年	改訂の特色
昭和33〜35年	①
昭和43〜45年	教育内容の一層の向上
昭和52〜53年	②
平成元年	③
平成10〜11年	④
平成20〜21年	改正教育基本法を踏まえた学習指導要領
平成29年	⑤

ア　ゆとりある充実した学校生活の実現

イ　教育課程の基準としての性格の明確化

ウ　「社会に開かれた教育課程」を重視，主体的・対話的で深い学び
　　の実現

エ　社会の変化に自ら対応できる心豊かな人間の育成

オ　基礎・基本を確実に身に付けさせ，自ら学び自ら考える力などの
　　〔生きる力〕の育成

【2】 学習指導要領に関する文として適切なものを，次の①〜⑤から1つ
選べ。

①　学習指導要領に示されている内容はすべての児童・生徒に対して
　　確実に指導しなければならないものであり，示されていない内容を
　　加えて指導することは認められていない。

②　学習指導要領は，学校教育について一定の水準を確保するために

法令に基づいて文部科学省が公示するものである。

③　学習指導要領は，小学校，中学校，高等学校，中等教育学校，特別支援学校のいずれにおいても，総則，各教科，道徳科，特別活動，生活指導の各章から構成されている。

④　学習指導要領では，総合的な学習の時間について，設定すべき時間数，目標やねらい，各学年での学習活動例などが示され，これに基づいて各学校が具体的な内容を定めるものとされている。

⑤　学習指導要領は，公立の学校における教育課程編成の基準である。

【3】小学校学習指導要領(平成29年3月告示)では，前文において，「必要な教育の在り方を具体化するのが，各学校において教育の内容等を組織的かつ計画的に組み立てた教育課程である。」と示されている。教育課程の基準の改善についての基本的な考え方はどのようなことか，述べよ。

【4】中学校学習指導要領(平成29年3月告示)の「総則」では，主体的・対話的で深い学びの実現に向けた授業改善をしていくことの重要性が示されている。この「主体的・対話的で深い学び」とはどういうことか，具体的に述べよ。

【5】小学校学習指導要領(平成29年3月告示)「総則」の「第1　小学校教育の基本と教育課程の役割」の内容として誤っているものを，次の①〜⑤から1つ選べ。

①　各学校においては，児童の人間として調和のとれた育成を目指し，児童の心身の発達の段階や特性及び学校や地域の実態を十分考慮して，適切な教育課程を編成する。

②　道徳教育や体験活動，多様な表現や鑑賞の活動等を通して，豊かな心や創造性の涵養を目指した教育の充実に努める。

③　学校における体育・健康に関する指導を，児童の発達の段階を考慮して，学校の教育活動全体を通じて適切に行うことにより，健康

で安全な生活と豊かなスポーツライフの実現を目指した教育の充実に努める。

④　学校の教育活動を進めるに当たっては，基礎的・基本的な知識及び技能を確実に習得させ，これらを活用して課題を解決するために必要な思考力，判断力，表現力その他の能力をはぐくむとともに，主体的に学習に取り組む態度を養い，個性を生かす教育の充実に努めなければならない。

⑤　各学校においては，児童や学校，地域の実態を適切に把握し，教育の目的や目標の実現に必要な教育の内容等を教科等横断的な視点で組み立てていく。

【6】 小学校学習指導要領(平成29年3月告示)の「総則」の「第3　教育課程の実施と学習評価」について記述内容が正しいものの組合せを，あとの①～⑤から1つ選べ。

ア　各教科等の指導に当たっては，体験的な学習や基礎的・基本的な知識及び技能を活用した問題解決的な学習を重視するとともに，児童の興味・関心を生かし，自主的，自発的な学習が促されるよう工夫すること。

イ　児童が生命の有限性や自然の大切さ，主体的に挑戦してみることや多様な他者と協働することの重要性などを実感しながら理解することができるよう，各教科等の特質に応じた体験活動を重視し，家庭や地域社会と連携しつつ体系的・継続的に実施できるよう工夫すること。

ウ　学校図書館を計画的に利用しその機能の活用を図り，児童の主体的・対話的で深い学びの実現に向けた授業改善に生かすとともに，児童の自主的，自発的な学習活動や読書活動を充実すること。

エ　児童のよい点や進歩の状況などを積極的に評価するとともに，指導の過程や成果を評価し，指導の改善を行い学習意欲の向上に生かすようにすること。

オ　各教科等の指導に当たっては，児童の思考力，判断力，表現力等

をはぐくむ観点から，基礎的・基本的な知識及び技能の活用を図る学習活動を重視するとともに，言語に対する関心や理解を深め，言語に関する能力の育成を図る上で必要な言語環境を整え，児童の言語活動を充実すること。

① ア・イ　　② ア・ウ　　③ ア・エ　　④ ア・オ
⑤ イ・ウ

【7】次の文は，小学校学習指導要領(平成29年3月告示)「総則」の「第4 児童の発達の支援」の一部である。文中の各空欄に適する語句の組合せを，下の①～⑤から1つ選べ。

> 　教育課程の編成及び実施に当たっては，次の事項に配慮するものとする。
>
> (1)　学習や生活の基盤として，教師と児童との信頼関係及び児童相互のよりよい人間関係を育てるため，日頃から（　ア　）の充実を図ること。また，主に集団の場面で必要な指導や援助を行うガイダンスと，個々の児童の多様な実態を踏まえ，一人一人が抱える課題に個別に対応した指導を行うカウンセリングの双方により，児童の発達を支援すること。
>
> 　あわせて，小学校の低学年，中学年，高学年の学年の時期の特長を生かした指導の工夫を行うこと。
>
> (2)　児童が，自己の存在感を実感しながら，よりよい人間関係を形成し，有意義で充実した学校生活を送る中で，現在及び将来における自己実現を図っていくことができるよう，児童理解を深め，学習指導と関連付けながら，（　イ　）の充実を図ること。
>
> (3)　児童が，学ぶことと自己の将来とのつながりを見通しながら，社会的・職業的自立に向けて必要な基盤となる資質・能力を身に付けていくことができるよう，特別活動を要としつつ各教科等の特質に応じて，（　ウ　）の充実を図ること。

① ア-道徳教育　　イ-生徒指導　　ウ-キャリア教育
② ア-道徳教育　　イ-教育相談　　ウ-キャリア教育

③　アー学級経営　　　イー生徒指導　　　ウー職業訓練
④　アー学級経営　　　イー教育相談　　　ウー職業訓練
⑤　アー学級経営　　　イー生徒指導　　　ウーキャリア教育

【8】次の文は，小学校学習指導要領(平成29年3月告示)の「第3章　特別の教科　道徳」の目標である。文中の各空欄に適する語句を下のア～カから1つずつ選び，記号で答えよ。

> 第1章総則の第1の2の(2)に示す道徳教育の目標に基づき，よりよく生きるための基盤となる(　①　)を養うため，道徳的諸価値についての理解を基に，自己を見つめ，物事を(　②　)に考え，自己の生き方についての考えを深める学習を通して，道徳的な判断力，(　③　)，実践意欲と態度を育てる。

ア　道徳性　　　　　　イ　人間性　　　ウ　横断的・総合的
エ　多面的・多角的　　オ　心情　　　　カ　思考力

【9】次の文は，小学校学習指導要領(平成29年3月告示)の「第5章　総合的な学習の時間」の目標である。文中の各空欄に適する語句をあとのア～カから1つずつ選び，記号で答えよ。

> 　探究的な見方・考え方を働かせ，横断的・総合的な学習を行うことを通して，よりよく課題を解決し，自己の生き方を考えていくための資質・能力を次のとおり育成することを目指す。
> (1)　探究的な学習の過程において，課題の解決に必要な知識及び技能を身に付け，課題に関わる(　①　)を形成し，探究的な学習のよさを理解するようにする。
> (2)　実社会や実生活の中から問いを見いだし，自分で課題を立て，情報を集め，整理・分析して，(　②　)することができるようにする。
> (3)　探究的な学習に(　③　)に取り組むとともに，互いのよさを生かしながら，積極的に社会に参画しようとする態度を養う。

ア　機会　　　　　イ　概念　　　　　　ウ　有効活用
エ　まとめ・表現　オ　多面的・多角的　カ　主体的・協働的

【10】次の文は，小学校学習指導要領(平成29年3月告示)の「第6章　特別
活動」の目標である。文中の各空欄に適する語句を下のア～カから1
つずつ選び，記号で答えよ。

> 　集団や社会の形成者としての見方・考え方を働かせ，様々な集団
> 活動に自主的，実践的に取り組み，互いのよさや可能性を発揮しな
> がら集団や自己の生活上の課題を解決することを通して，次のとお
> り資質・能力を育成することを目指す。
> (1)　多様な他者と協働する様々な集団活動の意義や活動を行う上
> 　　で必要となることについて理解し，(　①　)を身に付けるように
> 　　する。
> (2)　集団や自己の生活，人間関係の課題を見いだし，解決するた
> 　　めに話し合い，(　②　)を図ったり，意思決定したりすることが
> 　　できるようにする。
> (3)　自主的，実践的な集団活動を通して身に付けたことを生かし
> 　　て，集団や社会における生活及び人間関係をよりよく形成する
> 　　とともに，自己の生き方についての考えを深め，(　③　)を図ろ
> 　　うとする態度を養う。

ア　自分の役割　　イ　行動の仕方　　ウ　合意形成
エ　共通認識　　　オ　自己探求　　　カ　自己実現

━━━━━━━━━━ 解答・解説 ━━━━━━━━━━

【1】①　イ　　②　ア　　③　エ　　④　オ　　⑤　ウ
解説　①　それまでの「試案」としての性格から，法的拘束力がある国
家基準としての性格に変わった。　②　「ゆとりの時間」の導入，授業
内容・時間の削減がなされた。　③　「個性重視」「生涯学習体系への
移行」「変化への対応(情報化，国際化等)」を教育改革の視点として打

ち出した臨教審答申に基づき改訂された。　④　新たに「総合的な学習の時間」が創設され，学校週5日制の完全実施を視野に置いて行われ，子供たちの自ら学び自ら考える力の育成を重視した。　⑤　子供たちに求められる資質・能力とは何かを社会と共有し，連携する「社会に開かれた教育課程」を重視し，主体的・対話的で深い学びの実現に向けた授業改善を行う。

【2】④

解説　①は誤り。示されていない内容を加えて指導することも認められている。学習指導要領総則を参照のこと。②は誤り。文部科学省ではなく，文部科学大臣が正しい。学校教育法施行規則第52条を参照のこと。③は誤り。小学校では総則，各教科，特別の教科　道徳，外国語活動，総合的な学習の時間，特別活動から，中学校では総則，各教科，特別の教科　道徳，総合的な学習の時間，特別活動から構成されるなど，学校段階によって異なっている。④は正しい。学習指導要領の総合的な学習の時間の章を参照のこと。⑤は誤り。学習指導要領は国公私立の別を問わず，適用されるものである。

【3】〈解答例〉　教育基本法，学校教育法などを踏まえ，我が国のこれまでの教育実践の蓄積を生かし，豊かな創造性を備え持続可能な社会の創り手となることが期待される子供たちが急速に変化し予測不可能な未来社会において自立的に生き，社会の形成に参画するための資質・能力を一層確実に育成すること。

解説　今回の学習指導要領では，新たに「前文」を設け，学習指導要領等を定めるに当たっての考え方を，明確に示している。

【4】〈解答例〉子供の「学び」の本質を捉えて，子供たちに求められる資質・能力を育むために学びの在り方を考え，授業の工夫・改善を重ねていくこと。

解説　「主体的・対話的で深い学び」は，ここ数年話題になっているア

クティブ・ラーニングの考え方に基づく学びの在り方である。平成28年12月に出された中央教育審議会の答申では「『主体的・対話的で深い学び』の実現とは，以下の3つの視点に立った授業改善を行うことで，学校教育における質の高い学びを実現し，学習内容を深く理解し，資質・能力を身に付け，生涯に渡って能動的(アクティブ)に学び続けるようにすることである。」としたうえで，次の3点が示されている。

① 学ぶことに興味や関心を持ち，自己のキャリア形成の方向性と関連付けながら，見通しを持って粘り強く取り組み，自己の学習活動を振り返って次につなげる「主体的な学び」が実現できているか。

② 子供同士の協働，教職員や地域の人との対話，先哲の考え方を手掛かりに考えること等を通じ，自己の考えを広げ深める「対話的な学び」が実現できているか。

③ 習得・活用・探究という学びの過程の中で，各教科等の特質に応じた「見方・考え方」を働かせながら，知識を相互に関連付けてより深く理解したり，情報を精査して考えを形成したり，問題を見いだして解決策を考えたり，思いや考えを基に創造したりすることに向かう「深い学び」が実現できているか。

【5】④
解説 ④は現行の小学校学習指導要領平成20年3月告示，平成27年3月一部改正)の「第1　教育課程編成の一般方針」の一部である。

【6】⑤
解説 ア，エ，オは，現行の学習指導要領(平成20年3月告示，平成27年3月一部改正)の内容である。今回の改訂では，「主体的・対話的で深い学び」の実現(「アクティブ・ラーニング」の視点)が取り入れられているのが特徴の1つであり，子供たちが，学習内容を人生や社会の在り方と結びつけて深く理解し，これからの時代に求められる資質・能力を身に付け，生涯にわたって能動的に学び続けることができるよう，「主体的・対話的で深い学び」の実現に向けて，授業改善に向けた取

組を活性化していくことが重要である。

【7】⑤

解 説 「児童の発達の支援」は，学習指導要領の改訂に伴い，新しく設けられた。子供の発達を踏まえた指導は，今回の大きな変更点の1つである。

【8】① ア　②エ　③オ

解 説 「第3章　特別の教科　道徳」については，平成27年3月の一部改正の内容と大きな変更点はない。学習指導要領解説とあわせて学習しておきたい。

【9】① イ　②エ　③カ

解 説 総合的な学習の時間の目標は，現行のものより，より細かく具体的な内容へと変更されている。

【10】① イ　②ウ　③カ

解 説 現行の小学校学習指導要領は，「望ましい集団活動を通して，心身の調和のとれた発達と個性の伸長を図り，集団の一員としてよりよい生活や人間関係を築こうとする自主的，実践的な態度を育てるとともに，自己の生き方についての考えを深め，自己を生かす能力を養う。」である。総合的な学習の時間と同様，特別活動の目標についても，より具体性をもった目標へと変更されている。

特別支援教育

教職教養問題演習　**教育原理**

【1】特別支援学校についての説明として<u>適切でないもの</u>を，次の①～⑤から1つ選べ。

① 特別支援学校の目的は，障害による学習上又は生活上の困難を克服し自立を図るために必要な知識技能を授けるものとされている。

② 特別支援学校には小学部及び中学部を置かなければならないが，特別の必要がある場合には，その一方のみを置くことも許容されている。

③ 特別支援学校の学級編制は，特別の事情のある場合を除いて，視覚障害者，聴覚障害者，知的障害者，肢体不自由者又は病弱者の別ごとに行うものとされている。

④ 特別支援学校には，各部に教諭等をもって充てられる主事を置くことができる。

⑤ 特別支援学校は，幼稚園，小学校，中学校，義務教育学校，高等学校及び中等教育学校の要請に応じて，発達障害を含まない障害のある幼児児童生徒のための個別の指導計画の作成や個別の教育支援計画の策定などへの指導を行うよう努めることとされている。

【2】特別支援学校の果たすべき地域の特別支援教育のセンター的機能に<u>あてはまらないもの</u>を，次の①～⑤から1つ選べ。

① 小・中学校等の教員への支援機能

② 特別支援教育等に関する相談・情報提供機能

③ 小・中学校等の教員に対する研修協力機能

④ 福祉，医療，労働などの関係機関等との連絡・調整機能

⑤ 障害のある幼児児童生徒の就学先の決定機能

【3】 次の各文は文部科学省の「特別支援教育の推進について(通知)」(平成19年4月)の一部である。下線部に誤りがあるものを①〜⑤から2つ選べ。

① 各学校においては，特別支援教育コーディネーターのリーダーシップの下，全校的な支援体制を確立し，発達障害を含む障害のある幼児児童生徒の実態把握や支援方策の検討等を行うため，校内に特別支援教育に関する委員会を設置すること。

② 特別支援学校においては，長期的な視点に立ち，乳幼児期から学校卒業後まで一貫した教育的支援を行うため，医療，福祉，労働等の様々な側面からの取組を含めた「個別の教育支援計画」を活用した効果的な支援を進めること。

③ 特別支援学校においては，これまで蓄積してきた専門的な知識や技能を生かし，地域における特別支援教育のセンターとしての機能の充実を図ること。

④ 障害のある幼児児童生徒への支援に当たっては，障害種別の判断に最も重点を置いた対応を心がけること。

⑤ 企業等への就職は，職業的な自立を図る上で有効であることから，労働関係機関等との連携を密にした就労支援を進められたいこと。

【4】 次のア〜エは，特別支援教育に関係する事項を記したものである。各事項について古い順に正しく並べられているものを，あとの①〜⑤から1つ選べ。

ア 日本で「障害者の権利に関する条約(障害者権利条約)」が批准される。

イ 中央教育審議会初等中等教育分科会報告「共生社会の形成に向けたインクルーシブ教育システム構築のための特別支援教育の推進」における提言をふまえ，改正学校教育法施行令が施行される。

ウ 特別支援教育が法的に位置付けられた改正学校教育法が施行されるに当たり，幼稚園，小学校，中学校，高等学校，中等教育学校及び特別支援学校において行う特別支援教育について，基本的な考え

方，留意事項等が示される。

エ　日本で「障害を理由とする差別の解消の推進に関する法律(障害者差別解消法)」が施行される。

① ウ→イ→ア→エ　　② イ→ウ→ア→エ

③ イ→ア→エ→ウ　　④ エ→ウ→イ→ア

⑤ ウ→エ→イ→ア

【5】「共生社会の形成に向けたインクルーシブ教育システム構築のための特別支援教育の推進(報告)」(平成24年7月23日)において示された，「合理的配慮」に関する説明として適切でないものを，次の①〜⑤から1つ選べ。

① 合理的配慮の決定に当たっては，人間の多様性の尊重等の強化，障害者が精神的及び身体的な能力等を可能な最大限度まで発達させ，自由な社会に効果的に参加することを可能とするといった目的に合致するかどうかの観点から検討が行われることが重要である。

② 合理的配慮とは，障害のある子どもが，他の子どもと平等に「教育を受ける権利」を享有・行使することを確保するために，第三者委員会が必要かつ適当な変更・調整を行うことである。

③ 定期的に教育相談や個別の教育支援計画に基づく関係者による会議等を行う中で，必要に応じて合理的配慮を見直していくことが適当である。

④ 複数の種類の障害を併せ有する場合には，各障害種別の合理的配慮を柔軟に組み合わせることが適当である。

⑤ 現在必要とされている合理的配慮は何か，何を優先して提供するかなどについて，学校の設置者及び学校と本人及び保護者により，可能な限り合意形成を図った上で決定することが望ましい。

【6】「発達障害を含む障害のある幼児児童生徒に対する教育支援体制整備ガイドライン〜発達障害等の可能性の段階から，教育的ニーズに気付き，支え，つなぐために〜」(平成29年3月文部科学省)に記されてい

る内容として適切なものを，次の①～⑤から1つ選べ。

① 校長のリーダーシップの下，全校的な教育支援体制を確立し，教育上特別の支援を必要とする児童等の実態把握や支援内容の検討等を行うため，特別支援教育に関する委員会(校内委員会)を既存の学校内組織(生徒指導部会等)ではなく，独立した委員会として新規に設置しなければならない。

② 教育上特別の支援を必要とする児童等については，家庭や医療・保健・福祉・労働等の関係機関と連携し，様々な側面からの取組を示した個別の教育支援計画を作成・活用しつつ，必要な支援を行うことが有効である。ただし，特別な支援を必要とする子供に対して提供されている「合理的配慮」の内容については，個別の教育支援計画には明記しない。

③ 個別の教育支援計画は，関係機関と共有したり，進学先の学校へ引き継いだりすることでその目的を果たすことができるが，その内容には多くの個人情報を含むため，本人や保護者の同意なく，第三者に提供することはできない。

④ 特別支援教育コーディネーターは，学校教育に関する心理の専門家として児童等へのカウンセリングや困難・ストレスへの対処方法に資する教育プログラムの実施を行うとともに，児童等への対応について教職員，保護者への専門的な助言や援助，教員のカウンセリング能力等の向上を図る研修を行う。

⑤ スクールカウンセラーは，福祉の専門家として課題を抱える児童等が置かれた環境への働きかけや関係機関等とのネットワークの構築，連携・調整，学校内におけるチーム体制の構築・支援等の役割を果たす。

■■■■■■ 解答・解説 ■■■■■■

【1】⑤

解説 ⑤は「特別支援教育の推進について(通知)」(平成19年4月，文部科学省)によると，発達障害を「含む」。また，「指導を行うよう」以下

も適切でなく，「援助を含め，その支援に努めること」が適切である。なお，①は学校教育法第72条，②は同法第76条第1項，④は学校教育法施行規則第125条第1，2項に規定される。③は公立義務教育諸学校の学級編制及び教職員定数の標準に関する法律第3条第3項などの条文で，2つ以上の障害を併せ有する児童生徒で学級を編制する場合を別に示していることから，原則として1つの学級は単一の障害種の児童生徒で編成されることがわかる。

【2】⑤

解説「特別支援教育のセンター的機能について」(文部科学省)に記されている特別支援教育のセンター的機能とは，1．小・中学校等の教員への支援機能　2．特別支援教育等に関する相談・情報提供機能　3．障害のある幼児児童生徒への指導・支援機能　4．福祉，医療，労働などの関係機関等との連絡・調整機能　5．小・中学校等の教員に対する研修協力機能　6．障害のある幼児児童生徒への施設設備等の提供機能である。　⑤　学校教育法施行令の規定では，障害のある児童生徒の就学先の決定は，市町村の教育委員会が保護者や障害のある児童生徒等の就学に関する専門的知識を有する者から意見聴取した上で行う。

【3】①，④

解説①は，正しくは校長。④は，正しくは「障害種別の判断も重要であるが，当該幼児児童生徒が示す困難に，より重点を置いた」。②の「個別の教育支援計画」とは，LD，ADHD等を含めすべての障害のある子どもについて教育的支援の目標や基本的な内容等からなる。その策定・実施・評価が重視されている。

【4】①

解説選択肢の事項それぞれは知っていても，年代となるといささか戸惑うかもしれない。現代教育の事項については流れを知る上でも，年代を必ず覚えておくこと。年表を作成してもよい。アは2014年，イは

2013年，ウは「特別支援教育の推進について(通知)」と思われ2007年，エは2016年である。

【5】②

解説 「共生社会の形成に向けたインクルーシブ教育システム構築のための特別支援教育の推進(報告)」(平成24年7月23日)は近年出題頻度が高まっている資料である。特に「合理的配慮」は障害者の権利に関する条約で定義されている重要な語句なので，正しく理解しておくこと。② 本報告では障害者の権利に関する条約での定義に照らして定義した「合理的配慮」では，必要かつ適当な変更・調整を行うのは第三者委員会ではなく，学校の設置者及び学校である。

【6】③

解説 「発達障害を含む障害のある幼児児童生徒に対する教育支援体制整備ガイドライン～発達障害等の可能性の段階から，教育的ニーズに気付き，支え，つなぐために～」は，その後の状況の変化や，これまでの間に培ってきた発達障害を含む障害のある児童等に対する教育支援体制の整備状況を踏まえ，平成16(2004)年のガイドラインが見直されて平成29(2017)年3月に策定されたものである。 ① 校内委員会を設置することについては，「独立した委員会として新規に設置したり，既存の学校内組織(生徒指導部会等)に校内委員会の機能を持たせるなどの方法があります」と記載されている。 ② 特別な支援を必要とする子供に対して提供されている「合理的配慮」の内容については，「個別の教育支援計画に明記し，引き継ぐことが重要です」と記載されている。 ④ ここに記されている内容は，スクールカウンセラーに関するものである。特別支援教育コーディネーターは，「主に，校内委員会・校内研修の企画・運営，関係機関・学校との連絡・調整，保護者の相談窓口等の役割を担います」と記載されている。 ⑤ ここに記されている内容は，スクールソーシャルワーカーに関するものである。

人権教育

【1】 次の文は，人権教育の歴史的な流れに関するものである。（　①　）〜（　⑥　）に最も適する語句を，下のア〜サから1つずつ選び記号で答えよ。

　　昭和40年に（　①　）が，「同和地区に関する（　②　）及び（　③　）諸問題を解決するための基本的方策」について内閣総理大臣に答申して以来，四半世紀が経過した。この間，この答申を受けて昭和（　④　）年に（　⑤　）が10年の時限法として制定されて以来，同法の3年間の延長，それに引き続く（　⑥　）が制定された。

　　ア　同和対策審議会　　　　　イ　同和対策事業特別措置法
　　ウ　社会的　　　　　　　　　エ　経済的
　　オ　政治的　　　　　　　　　カ　道徳的
　　キ　45　　　　　　　　　　　ク　44
　　ケ　全国同和教育研究協議会　コ　地域改善対策特別措置法
　　サ　人権擁護施策推進法

【2】 人権教育の取り組みとして正しいものはどれか。次の①〜⑤から1つ選べ。
　　①　人権教育は，人権問題が起こった時にだけ行えばよい。
　　②　道徳の時間にだけ人権教育に取り組めばよい。
　　③　人権教育は，各学校に任されているので，行われないときもある。
　　④　小学校時にだけ，人権教育が必修化されている。
　　⑤　人権教育は，学校と地域との連携が重要である。

【3】 人権教育及び人権啓発の推進に関する法律の趣旨と<u>矛盾するもの</u>はどれか。次の①〜⑤から1つ選べ。
　　①　人権教育とは，人権尊重の精神の涵養を目的とする教育活動をい

い，人権啓発とは，国民の間に人権尊重の理念を普及させ，及びそれに対する国民の理解を深めることを目的とする広報その他の啓発活動のうち人権教育を除くものを指す。

② 国は，人権教育及び人権啓発に関する施策の総合的かつ計画的な推進を図るため，人権教育及び人権啓発に関する基本的な計画を策定しなければならない。

③ 地方公共団体は，基本理念にのっとり，国との連携を図りつつ，その地域の実情を踏まえ，人権教育及び人権啓発に関する施策を策定し，及び実施する責務を有している。

④ 国及び地方公共団体が行う人権教育及び人権啓発は，主として学校を通じて行い，国民が，その発達段階に応じ，人権尊重の理念に対する理解を深め，これを体得することができるよう，効果的な手法の採用を旨として行われなければならない。

⑤ 国民は，人権尊重の精神の涵養に努めるとともに，人権が尊重される社会の実現に寄与するよう努めなければならない。

【4】 次の文を読んで，文中の各空欄に適する語句を答えよ。

平成6年，国連は「人権教育のための国連（　①　）年行動計画」を採択し，人権教育を「知識と技術の伝達及び態度の形成を通じ，人権という（　②　）文化を構築するために行う研修，普及及び広報努力」と定義した。我が国では平成7年12月，閣議決定により人権教育のための国連（　①　）年推進本部を設置し，平成9年7月，「『人権教育のための国連（　①　）年』に関する国内行動計画」を制定した。

平成11年7月，「人権尊重の理念に関する国民相互の理解を深めるための教育及び啓発に関する施策の総合的な推進に関する基本的事項について」では，人権を「人々が（　③　）を確保し，それぞれの幸福を追求する権利」と定義した。

平成14年3月，「人権教育・啓発に関する基本計画」では，「人権とは，（　④　）に基づいて各人が持っている（　⑤　）であり，社会を構成するすべての人々が個人としての（　③　）を確保し，社会において幸福な

生活を営むために欠かすことのできない権利である」とした。

【5】 次の文章は，「人権教育の指導方法等の在り方について[第3次とりまとめ]」(平成20年3月　文部科学省)からの抜粋である。文章中の(①)～(③)に入る正しい語句を，それぞれ下のア～コから1つずつ選び，記号で答えよ。

　人権尊重の精神に立つ学校づくりは，教科等指導，生徒指導，(①)など，学校における教育活動全体を通じて進めていくべきものであり，そのための取組は，授業をはじめとした「学習活動づくり」とともに，人権が尊重される「(②)づくり」，「(③)づくり」として，推進していく必要がある。

　人権尊重の「(③)づくり」は学校全体の雰囲気そのものにかかわるものであり，こうした雰囲気は，教職員の日常的な言動の在り方や，教職員と児童生徒の間，児童生徒同士の間の(②)の在り方等によって形作られるものであるが，同時に，校内において，人権尊重の雰囲気を積極的に醸成するために，人権をテーマとした様々な取組の工夫を行うことも，(③)づくりの取組として有効である。

　さらに，日々の(①)においては，教室が，安心して過ごせ，学べる場となるよう，人権尊重の視点に立った教室環境の整備に努めることも重要である。

　ア　人権感覚　　イ　心情　　　ウ　人権意識　　エ　環境
　オ　指導方法　　カ　人権教育　　キ　学級経営　　ク　人権問題
　ケ　知的理解　　コ　人間関係

【6】 平成28年12月に成立，施行された「部落差別の解消の推進に関する法律」の条文として誤っているものを，次の①～⑤から1つ選べ。

① 部落差別の解消に関する施策は，全ての国民が等しく基本的人権を享有するかけがえのない個人として尊重されるものであるとの理念にのっとり，部落差別を解消する必要性に対する国民一人一人の理解を深めるよう努めることにより，部落差別のない社会を実現することを旨

として，行われなければならない。

② 国は，前条の基本理念にのっとり，部落差別の解消に関する施策を講ずるとともに，地方公共団体が講ずる部落差別の解消に関する施策を推進するために必要な情報の提供，指導及び助言を行う責務を有する。

③ 地方公共団体は，国との適切な役割分担を踏まえて，その地域の実情に応じ，部落差別に関する相談に的確に応ずるための体制の充実を図るよう努めるものとする。

④ 地方公共団体は，国との適切な役割分担を踏まえて，その地域の実情に応じ，部落差別を解消するため，必要な教育及び啓発を行うよう努めるものとする。

⑤ 地方公共団体は，部落差別の解消に関する施策の実施に資するため，国の協力を得て，部落差別の実態に係る調査を行うものとする。

■■■■■■ 解答・解説 ■■■■■■

【1】① ア ② ウ ③ エ ④ ク ⑤ イ ⑥ コ
解説 同和対策審議会の答申や教育基本法第4条，日本国憲法第11条，第14条，第26条等を確認すること。なお，同和教育に関する諸施策は平成14年に終了し，以降は人権教育に移行している。

【2】⑤
解説 人権教育についての基本問題である。人権教育は道徳の時間だけではなく，学校教育全体を通して行われる必要がある。また，地域との連携が非常に重要になってくるものである。

【3】④
解説 人権教育・啓発推進法によれば，人権教育及び人権啓発は，学校，地域，家庭，職域その他の様々な場を通じて行う必要がある。また，多様な機会の提供，効果的な手法の採用，国民の自主性の尊重及び実施機関の中立性の確保を旨として行うことが求められている。

【4】①　10　　②　普遍的　　③　生存と自由　　④　人間の尊厳
　⑤　固有の権利

解説　3つの報告書いずれも頻出のものである。日ごろから細部にわた
る読み込みを心がけておくこと。

【5】①　キ　　②　コ　　③　エ

解説　「第1次とりまとめ」では人権教育とは何かということをわかりや
すく示すとともに，学校教育における指導の改善・充実に向けた視点
が示された。「第2次とりまとめ」では各地の人権教育の実践事例等を
収集し，指導方法等の工夫・改善方策などについての考え方が示され
た。「第3次とりまとめ」ではその実践のための「指導等の在り方編」
と「実践編」の2編が示されている。人権教育に関する文書は数多く
出されており，近年の動向は必ず把握しておくこと。平成9(1997)年以
降各都道府県で策定された人権教育の行動計画は特に注意。

【6】⑤

解説　この法律は，部落差別は許されないものであるとの認識のもとに，
部落差別の解消の必要性について国民の理解を深めるよう努めること
により，部落差別のない社会を実現することをめざしたものである。
また，解消のための施策として，国及び地方公共団体は，相談体制の
充実や教育啓発の推進に努めることを規定している。①は第2条，②
は第3条第1項，③は第4条第2項，④は第5条第2項である。⑤は第6条
の条文であるが，「国」と「地方公共団体」の位置が逆になっている。

教職教養問題演習 | **教育時事** | 答申・文科省資料

【1】平成23年1月に，中央教育審議会から「今後の学校におけるキャリア教育・職業教育の在り方について」という答申が出された。次の文は，「キャリア教育・職業教育の基本的方向性」に関連するものである。文中の各空欄に当てはまる語句を，あとのア〜タから1つずつ選び，記号で答えよ。

○ キャリア教育と職業教育の基本的方向性は次の3つである。

(1) 幼児期の教育から高等教育まで（ ① ）的に（ ② ）を進めること。その中心として，（ ③ ）的・汎用的能力を確実に育成するとともに，（ ④ ）・職業との関連を重視し，（ ⑤ ）的・（ ⑥ ）的な活動を充実すること。

(2) 学校における（ ⑦ ）は，（ ③ ）的な知識・技能やそれらを活用する能力，仕事に向かう意欲や態度等を育成し，専門分野と隣接する分野や関連する分野に応用・発展可能な広がりを持つものであること。（ ⑦ ）においては実践性をより重視すること，また，（ ⑦ ）の意義を再評価する必要があること。

(3) 学校は，生涯にわたり社会人・職業人としての（ ⑧ ）を支援していく機能の充実を図ること。

ア	実践	イ	職業教育	ウ	学習活動
エ	計画	オ	能力向上	カ	経験
キ	地域	ク	基礎	ケ	自立
コ	体験	サ	キャリア形成	シ	社会
ス	体系	セ	キャリア教育	ソ	連鎖
タ	人格形成				

【2】次の文は，平成27年12月に中央教育審議会から答申された「チームとしての学校の在り方と今後の改善方策について」の一部である。文

中の各空欄に適する語句をあとのア～スから1つずつ選び，記号で答えよ。ただし，同じ問いの空欄には，同じ解答が入るものとする。

　学校が，より困難度を増している生徒指導上の課題に対応していくためには，教職員が心理や福祉等の専門家や関係機関，（　①　）と連携し，チームとして課題解決に取り組むことが必要である。

　例えば，子供たちの問題行動の背景には，多くの場合，子供たちの（　②　）の問題とともに，家庭，友人関係，地域，学校など子供たちの置かれている（　③　）の問題があり，子供たちの問題と（　③　）の問題は複雑に絡み合っている。単に子供たちの問題行動のみに着目して対応するだけでは，問題はなかなか解決できない。学校現場で，より効果的に対応していくためには，教員に加えて，心理の専門家であるカウンセラーや福祉の専門家である（　④　）を活用し，子供たちの様々な情報を整理統合し，アセスメントやプランニングをした上で，教職員がチームで，問題を抱えた子供たちの支援を行うことが重要である。

　さらに，（　⑤　）など，子供たちの生命・身体や教育を受ける権利を脅かすような重大事案においては，校内の情報共有や，専門機関との連携が不足し，子供たちのSOSが見過ごされていることがある。（　⑥　）のリーダーシップの下，チームを構成する個々人がそれぞれの立場や役割を認識しつつ，情報を共有し，課題に対応していく必要がある。

ア　自治体　　　　　　イ　地域　　　　ウ　心身
エ　心　　　　　　　　オ　環境　　　　カ　心理カウンセラー
キ　ソーシャルワーカー　ク　理学療法士　ケ　家族
コ　いじめ　　　　　　サ　暴力行為　　シ　学年主任
ス　校長

【3】次の文は，平成27年12月に中央教育審議会から答申された「これからの学校教育を担う教員の資質能力の向上について～学び合い，高め合う教員育成コミュニティの構築に向けて～」で示されている「これ

からの時代の教員に求められる資質能力」である。文中の各空欄に適する語句をあとのア〜シから1つずつ選び，記号で答えよ。

◆これまで教員として不易とされてきた資質能力に加え，(　①　)に学ぶ姿勢を持ち，時代の変化や自らのキャリアステージに応じて求められる資質能力を(　②　)にわたって高めていくことのできる力や，情報を適切に収集し，選択し，活用する能力や知識を有機的に結びつけ(　③　)する力などが必要である。

◆アクティブ・ラーニングの視点からの授業改善，(　④　)の充実，小学校における外国語教育の早期化・(　⑤　)，ICTの活用，発達障害を含む特別な支援を必要とする児童生徒等への対応などの新たな課題に対応できる力量を高めることが必要である。

◆「チーム学校」の考えの下，多様な専門性を持つ人材と効果的に連携・分担し，組織的・(　⑥　)に諸課題の解決に取り組む力の醸成が必要である。

ア	生涯	イ	道徳教育	ウ	自発的	エ	自律的
オ	将来	カ	実践	キ	教科化	ク	構造化
ケ	効率的	コ	教育課程	サ	協働的	シ	実用化

【4】「新しい時代の教育に向けた持続可能な学校指導・運営体制の構築のための学校における働き方改革に関する総合的な方策について(答申)」(中央教育審議会　平成31年1月25日)において，学校及び教師が担う業務の明確化・適正化を図るため，「基本的には学校以外が担うべき業務」の例としてあげられているものはどれか。次の①〜⑤から1つ選べ。

①　給食時の対応　　②　授業準備　　③　学校行事の準備・運営
④　校内清掃　　　　⑤　登下校に関する対応

【5】中央教育審議会「『令和の日本型学校教育』の構築を目指して〜全ての子供たちの可能性を引き出す，個別最適な学びと，協働的な学びの実現〜(答申)」(令和3年1月26日)の「第Ⅱ部　各論」の「2.　9年間

を見通した新時代の義務教育の在り方について」であげられている内容として誤っているものを，次の①〜⑤から1つ選べ。

①　義務教育は，憲法や教育基本法に基づき，全ての児童生徒に対し，各個人の有する能力を伸ばしつつ社会において自立的に生きる基礎や，国家や社会の形成者として必要とされる基本的な資質を養うことを目的とするものである。

②　経済的理由によって，就学困難と認められる児童生徒の保護者に対しては，市町村は，必要な援助を与える必要がある。

②　児童生徒の一人一人の能力，適性等に応じ，その意欲を高めやりたいことを深められる教育を実現するとともに，学校を安全・安心な居場所として保障し，様々な事情を抱える多様な児童生徒が，実態として学校教育の外に置かれてしまわないように取り組むことが必要である。

③　新学習指導要領では，児童生徒の発達の段階を考慮し，言語能力，情報活用能力，問題発見・解決能力等の学習の基盤となる資質・能力を育成していくことができるよう，各教科等の特質を生かし，教科等横断的な視点から教育課程の編成を図るものとされており，その充実を図ることが必要である。

⑤　補充的・発展的な学習を行う際には，例えば知識及び技能の習得に当たって，ICTを活用したドリル学習等を組み合わせていくことも考えられるが，併せて思考力，判断力，表現力等や学びに向かう力，人間性等の育成も十分に行われるよう，計画的に指導を行うことが必要である。

【6】次のア〜エは，「次期教育振興基本計画について(答申)」(令和5年3月中央教育審議会)の「(2)　日本社会に根差したウェルビーイングの向上」に示されいるものである。内容として適切なものの組合せを，下の①〜⑤から1つ選べ。

ア　一人一人の置かれた状況によって多様なウェルビーイングの求め方あるが，ウェルビーイングの捉え方はすべての国や地域で同一で

ある。

イ　ウェルビーイングと学力は対立的に捉えるものであり，学力の向
　上が個人のウェルビーイングを支える要素とはならない。

ウ　子供たちのウェルビーイングを高めるためには，教師のウェルビー
　イングを確保することが必要であり，学校が教師のウェルビーイ
　ングを高める場となることが重要である。

エ　ウェルビーイングが実現される社会は，子供から大人まで一人一
　人が担い手となって創っていくものである。

①　ア・イ　　②　ア・ウ　　③　イ・ウ　　④　イ・エ
⑤　ウ・エ

━━━━━━━━━━━━━ 解答・解説 ━━━━━━━━━━━━━

【1】①　ス　　②　セ　　③　ク　　④　シ　　⑤　ア　　⑥　コ
　　⑦　イ　　⑧　サ

解説　中教審答申「今後の学校におけるキャリア教育・職業教育の在り
　方について」は頻出である。第6章までの長いものであるが，高等教
　育までの内容を把握しておくことを勧める。本問題の「キャリア教
　育・職業教育の基本的方向性」については，併せて方向性を考える上
　での重要な視点も確認しておくとよい。

【2】①　イ　　②　エ　　③　オ　　④　キ　　⑤　コ　　⑥　ス

解説　学校という場において子供が成長していく上で，教員に加えて，
　多様な価値観や経験を持った大人と接したり，議論したりすることは，
　より厚みのある経験を積むことができ，本当の意味での「生きる力」
　を定着させることにつながる。そのためにも，「チームとしての学校」
　が求められている。本答申は，そのような現状認識に基づき，今後の
　在るべき姿としての「チームとしての学校」と，それを実現していく
　ための改善方策について示したものであり，その実現のために，国，
　教育委員会も「チームとして」取り組み，学校や校長を支援すること

が求められている。本文は，答申の最初の「1.「チームとしての学校」が求められる背景」「(2)　複雑化・多様化した課題を解決するための体制整備」「(生徒指導上の課題解決のための「チームとしての学校」の必要性)」である。

【3】①　エ　　②　ア　　③　ク　　④　イ　　⑤　キ　　⑥　サ

解説　今後，改めて教員が高度専門職業人として認識されるために，学び続ける教員像の確立が強く求められる。このため，これからの教員には，自律的に学ぶ姿勢を持ち，時代の変化や自らのキャリアステージに応じて求められる資質能力を，生涯にわたって高めていくことのできる力も必要とされる。また，変化の激しい社会を生き抜いていける人材を育成していくためには，教員自身が時代や社会，環境の変化を的確につかみ取り，その時々の状況に応じた適切な学びを提供していくことが求められることから，教員は，常に探究心や学び続ける意識を持つこととともに，情報を適切に収集し，選択し，活用する能力や知識を有機的に結びつけ構造化する力を身に付けることが求められる。

【4】⑤

解説　①と②と③は「教師の業務だが，負担軽減が可能な業務」に，④は「学校の業務だが，必ずしも教師が担う必要のない業務」に分類されている。なお答申は，⑤の登下校に関する対応は，地方公共団体や保護者，地域住民などが担うべきとしている。

【5】②

解説　②は学校教育法第19条を基にした文章である。今後の義務教育9年間を見通した教科担任制の在り方としては，令和4(2022)年度を目途に小学校高学年からの教科担任制の導入に際して，小学校と中学校の免許の教職課程に共通開設できる授業科目の範囲を拡大する特例を設け，両方の免許取得を促進や中学校免許を有する者が，小学校で専科

教員として勤務した経験を踏まえて小学校免許を取得できるよう制度を弾力化することが進められている。

【6】⑤

解説 ウェルビーイングとは，直訳すると「幸福」「健康」という意味である。幸せで，肉体的にも精神的にも，そして社会的にも，すべてが満たされた状態にあることをいう。人の生き方全体に関わるキーワードであるが，教育においても重視されている語句である。アは誤り。ウェルビーイングの捉え方は国や地域の文化的・社会的背景により異なり得るものであり，一人一人の置かれた状況によっても多様なウェルビーイングの求め方があり得る。イは誤り。ウェルビーイングと学力は対立的に捉えるのではなく，個人のウェルビーイングを支える要素として学力や学習環境，家庭環境，地域とのつながりなどがあり，それらの環境整備のための施策を講じていくという視点が重要である。

●書籍内容の訂正等について

　弊社では教員採用試験対策シリーズ（参考書，過去問，全国まるごと過去問題集），公務員試験対策シリーズ，公立幼稚園・保育士試験対策シリーズ，会社別就職試験対策シリーズについて，正誤表をホームページ（https://www.kyodo-s.jp）に掲載いたします。内容に訂正等，疑問点がございましたら，<u>まずホームページをご確認ください。</u>もし，正誤表に掲載されていない訂正等，疑問点がございましたら，下記項目をご記入の上，以下の送付先までお送りいただくようお願いいたします。

---

① **書籍名，都道府県（学校）名，年度**
　（例：教員採用試験過去問シリーズ　小学校教諭 過去問　2025年度版）
② **ページ数**（書籍に記載されているページ数をご記入ください。）
③ **訂正等，疑問点**（内容は具体的にご記入ください。）
　（例：問題文では"ア〜オの中から選べ"とあるが，選択肢はエまでしかない）

〔ご注意〕

○ 電話での質問や相談等につきましては，受付けておりません。ご注意ください。

○ 正誤表の更新は適宜行います。

○ いただいた疑問点につきましては，当社編集制作部で検討の上，正誤表への反映を決定させていただきます（個別回答は，原則行いませんのであしからずご了承ください）。

●情報提供のお願い

　協同教育研究会では，これから教員採用試験を受験される方々に，より正確な問題を，より多くご提供できるよう情報の収集を行っております。つきましては，教員採用試験に関する次の項目の情報を，以下の送付先までお送りいただけますと幸いでございます。お送りいただきました方には謝礼を差し上げます。

（情報量があまりに少ない場合は，謝礼をご用意できかねる場合があります）。

◆あなたの受験された面接試験，論作文試験の実施方法や質問内容

◆教員採用試験の受験体験記

- -

送付先	○電子メール：edit@kyodo-s.jp
	○FAX：03-3233-1233（協同出版株式会社　編集制作部 行）
	○郵送：〒101-0054　東京都千代田区神田錦町2-5
	協同出版株式会社　編集制作部 行
	○HP：https://kyodo-s.jp/provision（右記のQRコードからもアクセスできます）

　※謝礼をお送りする関係から，いずれの方法でお送りいただく際にも，「お名前」「ご住所」は，必ず明記いただきますよう，よろしくお願い申し上げます。

教員採用試験「過去問」シリーズ

鳥取県の
教職教養 過去問

編　集　　Ⓒ 協同教育研究会
発　行　　令和6年2月25日
発行者　　小貫　輝雄
発行所　　協同出版株式会社
　　　　　〒101-0054　東京都千代田区神田錦町2‐5
　　　　　電話　03‐3295‐1341
　　　　　振替　東京00190‐4‐94061
印刷所　　協同出版・POD工場

　　　　　落丁・乱丁はお取り替えいたします。
